信仰か、マインド・コントロールか

カルト論の構図

櫻井義秀

法蔵館文庫

再版（文庫収録）によせて

安倍元首相殺害事件と統一教会

二〇二二年七月八日の午前一一時半過ぎ、安倍元首相が奈良県の近鉄大和西大寺駅北側で佐藤啓参議院議員候補者（再選された）の応援演説をしていたとき、聴衆として銃撃の機会をうかがっていた山上徹也被告が元首相の背後に近づき、手製の銃を発射し、元首相を失血死させた。この事件から半年余り、一九九五年のオウム真理教事件を彷彿させる統一教会問題への報道が連日繰り広げられてきた。

なお、本稿では、統一教会（設立時は世界基督教統一神霊協会だが、二〇一五年以降は世界平和統一家庭連合と改称）の名称として、通時代的な呼称であり英語圏における通称（Unification Church）でもある通称の統一教会を用いることにする。

筆者は、二〇一〇年に『統一教会――韓日祝福と日本宣教の戦略』（中西尋子と共著、北海道大学出版会）を刊行していたが、この書籍を紹介した『週刊ポスト』（小学館）が統一教会に訴えられ、筆者も東京地裁で証人尋問を受けた。二年後に東京高裁は、記事の見出しが女性信者の名誉を毀損したとして小学館に五五万円の損害賠償を命じる一方、統一教会側の謝罪広告の要求とこの書籍では在韓日本人女性信者の調査資料を捏造しているとした教団側主張を退けた。統一教会は、書籍では調査地・調査者ともに仮名であったにもかかわらず、すべての調査対象者を調べ上げ、証言した内容と違うことを記述されたとする全員分の陳述書を裁判所に提出した。しかし、裁判官は、中西の出張記録や調査ノートから調査が適切に遂行されたことと、聞き取り資料が信頼に足るものであると裁定したのである。

当時、この事件が報道されることはなかった。メディアは統一教会問題に関心を示さなかったし、アカデミズムもまた、研究者が教団から相当のプレッシャーを受けたことに言論の自由や学問の公共性といった議論を展開することもなかった。統一教会の被害者を約四〇年にわたって支援してきた全国霊感商法対策弁護士連絡会が、筆者と中西に気遣いと支援を示してくれた。今でもカルト問題を研究する日本の学者は片手にも満たない。

十年後、筆者は統一教会問題の専門家として学問的知見を新聞や雑誌、テレビの情報番組などで述べる機会を得たが、まさに隔世の感がある。社会がようやく注目してくれた。ありがたい。しかし、メディアによる洪水のような報道は潮が引くように収まるだろうという予感を持っている。熱しやすく冷めやすいのは日本人の性格と言われるが、実にメディアや言論界のことである。だからこそ、記録が重要である。この半年間に何が論じられ、どのような対応策が取られてきたのかを三点にまとめてみよう。

①統一教会と自民党政治家　朝日新聞が全国の国会議員、都道府県の議員、知事を対象に実施したアンケート調査では、国会議員一五〇名、地方議員二九〇名が接点ありとの回答だった。国会議員の政党別では自民が一二〇名、維新が一四名、立憲が九名、公明一名、国民一名、参政一名、無所属が四名（『朝日新聞』九月四日）。なぜこれほど多くの政治家が統一教会と接点や関係を持つのか。業界団体や地域後援会の強力な支援を持たない政治家にとって、公職選挙法で規制された選挙活動の支援に無償のボランティアを頼める相手は宗教団体くらいである。支援を受けるには、集会参加や祝儀不祝儀の付き合い、会費支払い、あるいは各種の口利きがつきものである。これが常態化すれば接点から関係となる。統一教会にくいこまれた政治家がこれほど多かったことに多くの国民は驚愕し、政治不信の度合いを強めている。初期の統一教会のパトロンであった祖父の岸信介元首相から続く安倍家三代が、統一教会の組織票を差配してきたこと（元参議院議長の伊達忠一氏によるHTB取材の証言―二〇二二年七月二八日と元参議院の宮崎義一氏の証言―『朝日新聞』八月二〇

日）や、安倍晋三元首相の国葬をめぐる閣議決定なども、政治不信を増幅している。自民党は党のガバナンスコードを見直すなど政治家個人の自覚に期待しているが、選挙戦を戦うのは個々の政治家であるために、統一教会に限らず宗教団体や関係団体との関係を立つことができる政治家は限られている。

②霊感商法と献金被害、二世信者　一九八七年から二〇二一年までの被害金額が、全国霊感商法対策弁護士連絡会の集計（全国の消費者センターと弁護士会による集約）によれば、三万四五三七件、一二三七億三三五七万五四〇六円と甚大である。被害者が一般市民であれば、統一教会もしくは統一教会の販売会社による霊能を騙った壺や多宝塔など霊感商法の被害者となり、信者となったものが霊感商品や教祖のサイン入り教本に三千万円を献金した被害者となる。これほどの被害が出ていながら、警察や検察は特定商取引法違反で会社役員を逮捕し、裁判所は執行猶予付きの懲役判決を下したに過ぎない。他方で、被害金額が一桁や二桁少ない法の華三法行や明覚寺は詐欺事件となり、後者には宗教法人の解散命令が下された。こうした事件対応の差異に統一教会と自民党の関係が影響を及ぼした可能性はなかったのか。宗教法人の所轄官庁である文部科学省、事件を担当した法務省や検察庁が統一教会に対して及び腰であった可能性はないのか。被害拡大の背景についての調査報道は問題の深部に及んでいない。そして、こうした典型的な被害者家族として浮上し

てきたのが山上容疑者と信者であり続ける母親であり、統一教会信者の両親を持つ「宗教二世」を自称する子世代である。彼・彼女たちは、統一教会の苛烈な献金要請のために家庭が困窮し、養子に出されたり（統一教会は七四五件の仲介を認める）、教育の機会を奪われたり、合同結婚式への参加を強要されたり、人生の選択肢を失った心の傷を吐露している。被害者が勇気を振り絞ってメディアに登場することで、世論は急速に統一教会への対応と被害者救済を政府に迫ることになった。

③与野党の対応と岸田政権の浮沈　安倍派の萩生田光一政務調査会長が統一教会関連団体に出入りしていたことや連立与党を組む創価学会＝公明党への配慮などもあり、自民党は統一教会に対する対応に及び腰だった。しかしながら、立憲民主党や日本維新の会など野党が攻勢を強め、統一教会の調査と被害者対策の対案を提示しながら早急の問題解決を迫った。岸田政権は三〇％台の政権支持率をあげるべく、文部科学省に解散命令の請求を念頭に統一教会の調査を指示し、被害者救済の新法づくりを与野党の協議によって進めるしかなくなった。こうして会期末までに急ごしらえされた対応策において、政教関係や宗務行政をめぐる制度上の諸問題が顕わになったのである。

以下の論述は、宗教法人法による宗教団体対応の原則と政教分離や信教の自由を規定した憲法第二〇条の法的構成にかならずしも整合的ではない対応策の諸問題を論じることにしたい。そこで図らずも、マインド・コントロールをめぐる問題が再び脚光を浴びることになった。

質問権の行使と法人等不当寄附勧誘防止法

文部科学省の文化庁宗務課は宗教行政の所轄官庁だが、主たる業務は宗教法人の認証である。宗教法人法の目的は宗教団体に対して法人格を与え、活動の利便性を提供するものであり、所轄庁（都道府県知事または文部科学省）が宗教法人を管理する仕組みにはなっていない。ただし、宗教法人法の後半部分（第七八条二の第一項）に宗教法人に対する管理を行政行為として可能にする条文があり、文化庁宗務課は、包括宗教法人には宗教活動実態のない不活動宗教法人の解散や合併を勧めるなどしている。

一〇月一七日、岸田首相が国会で統一教会を調査するべく文部科学省に指示したと述べ、二五日に文化庁は報告聴取・質問権の行使を行うために有識者会議を先行して開催し、質問権の行使の基準検討に入った。文化庁は、一一月八日に基準を確定し、宗教法人審議会の審議を経て、二二日に統一教会に対して組織運営、収支・財産に関する書類・帳簿を一二月九日までに提出するよう命じた。岸田首相は国会の答弁において宗教法人の解散命令請求には、法令違反や公共の福祉を害する活動の実態があり、しかも悪質性が高く継続的かつ組織的に実行されてきているという条件をつけている。統一教会はすでに刑事事件の判決を三〇件、民事事件の判決を三〇件それぞれ受けているが、法人の責任者に対する刑事罰には至っていない。解散命令請求の基準をどのように設定するのかに関しては、宗教法人審議会のみならず政治決断が影響を及ぼすことが考えられる。ただし、あくまでも文化庁から裁判所に解散命令を請求することに留まるのであって、統一教会が宗教法人としての適格性を備えているかどうか（解散を命じるかどうか）の判断については裁判所に委ねられる。

オウム真理教事件を受けて一九九五年に改正宗教法人法によって付加された報告徴収・質問権はこれまで一度も行使されたことがなく、今後のモデルケースとなるためにデュープロセス（法律的手続き）の公正で慎重な適用が求められる。この点で言えばわずか一か月あまりで基準作りから質問権の行使、内容の策定まで突貫工事で行われたのは、国会会期や翌年の統一地方選に合わせた「スピード感のある」対応と言わざるを得ない。

また、コングロマリット（複合事業体）である統一教会にとって世界平和統一家庭連合は組織の一部でしかなく、そこが宗教法人法格を失い、任意の宗教団体となったとしても本体のダメージは少ない。すなわち、信者が「天の父母様聖会」を構成する世界平和統一家庭連合から同じ構成団体の国連NGOに登録された天宙平和連合や世界平和女性連合に移動し、教会施設なども登記を変更して従前通りの諸活動を継続するのではないか。政治家にとっても宗教団体との癒着を疑われずに関係を維持する可能性すらある。

このように考えてみると宗教法人の解散命令の請求は、象徴的な政治的行為もしくは行政行為になり得ても、実質的な効果を生み出しにくいことが予測される。そこで、実際の被害者を救済し、今後の予防になるような新法の策定が求められてきた。ただし、これらの施策は法案が可決され施行されてから効力を発する以上、これまでの被害を直接的に救済することはできない。ただし、今後、過去の被害について損害賠償請求訴訟を行った場合に司法的判断に一定の方向性を示すという意味では、立法の意義は大きい。

自民党が一一月二八日に公表し一二月一〇日の臨時国会で成立し、二〇二三年一月五日に施行された法人等不当寄附勧誘防止法（正式名称は「法人等による寄付の不当な勧誘の防止等に関する法律」）は、法人等による不当な寄付の勧誘を禁止と寄付の勧誘を受ける者の保護を図ることを目的としている。

具体的には、法人側の配慮義務（第三条）が定められている。

①自由な意志を抑圧し、適切な判断をすることが困難な状況に陥ることがないようにする

②寄付者やその配偶者・親族の生活の維持を困難にすることがないようにする
③勧誘をする法人などを明らかにし、寄付される財産の使途を誤認させるおそれがないようにする

こうした配慮義務を課した上で、法人側に不当勧誘行為で寄附者を困惑させることがないように具体的な禁止行為（第四条）を明示している。

① 法人側の不退去
② 寄附者の退去妨害
③ 勧誘することを告げず退去困難な場所へ同行して勧誘すること
④ 威迫による行動を交え相談の連絡を妨害すること
⑤ 恋愛感情等に乗じ関係の破綻を告知すること
⑥ 霊感などによる知見を用いた告知をすること

配慮義務の①や禁止行為の①から⑥は、野党が与党に対して求めていたマインド・コントロール条件下における寄附の無効をくむ内容である。不当な勧誘により困惑して寄附の

意思表示をした場合は取り消しが可能であり（第八条）、取消権の行使期間としては寄附の時点から①から⑤までは五年、⑥は一〇年とされた（第九条）。

もう一つの留意点は、債務者代位権の行使に関する特例であり、子や配偶者が婚姻費用・養育費などを保全するための特例が認められた（第一〇条）。子は親の財産に扶養義務に相当する金額分をあらかじめ権利として有していると考えられるので、寄附にその権利（債務）が含まれている場合、家族が寄附者本人に代わって債務を有する法人から相当額を取り戻すことができると明示されたのである。

宗教二世と家族の代理請求

「宗教二世」とは、近年日本で使われるようになった言葉である。統一教会の二世信者が直面している困難から容疑者の経済的・精神的苦悩を探ろうという企画の番組が相次ぎ、二世信者自身が声を上げることでこの問題がクローズアップされるようになった。しかし、二世信者がおしなべて虐待などを受け、信仰を強制されているイメージには修正が必要と考えている。ここには「宗教二世」というクレイムが、生きづらさの問題として浮上した社会背景がある。

一つに世俗化である。日本に限らず世界の諸宗教において宗教文化は家族や地域での伝承が一般的であり、親世代と異なる信仰もしくは無信仰の選択が可能になったのは近年の傾向である。家族や文化の個人化傾向ともあいまっている。このような時代にあって家族単位で宗教文化を受け継ぐという発想自体が時代に逆行していると認識され、個人の選択を制限する人権侵害とも受け取られるのである。もう一つの理由は、特定教団に入信している親が家族生活や子どもの福祉よりも教団の教えや方針を優先していることが挙げられる。もちろん、同じ教団であっても個々の家族ごとに躾や家庭教育、教団へのコミットメントをどこまでやるのかはさまざまである。

統一教会においても、文鮮明の家族や幹部家族においてすら子どもたちの中で信仰の継承がなされなかったように、一般信者においても継承されない例が少なくない。継承した中でも虐待された子どもや青年もいれば、そうではなく暖かく育てられた子たちもいる。その差異は、親たちの「信仰」の持ち方や組織との距離の取り方から生じるように思われる。

現在、高齢世代の親が統一教会に献金した金銭的被害に損害賠償請求を求める被害者家族と、親がこれまで献金してきた金額の返還を統一教会に求める信者ではない子世代がいる。先に述べた法人等不当寄附勧誘防止法によって被害の回復が可能かどうかを見ていこう。

この法律では、①配慮義務に違反しない限り、不当な寄付の要求とはならないし、②親世代や家族の一員による寄付を他の家族が債権者代位権を行使することで回復できる範囲は、家族に対する扶養義務に相当する金額にとどまる。これでは統一教会に対して数千万円から億単位の寄付をした家族の被害は救済されないのではないかという懸念が、被害者家族や二世信者から出された。立憲民主党や維新の会、および全国霊感商法対策弁護士連絡会は、①と②は統一教会の被害実態にまったく即していないと述べた。

すなわち、信者たちは毎回の献金行為においてその都度不安を煽られたり威迫的な言動を受けたりして献金しているわけではなく、外形的にはこころよく自由意志に基づいて献金しているかのように見える。それは統一教会によって信教の自由が侵害され、マインド・コントロールされて統一教会の信者という人格を持たされてしまった結果なのであり、自由意志に基づいて献金しているわけではないというのが、被害者側の主張である。ここで統一教会員は、信者である間マインド・コントロールされている状態にあると言えるのかどうかが問題になる。

元々野党側が主張していた家族による債権者代位権の行使の提案では、信者家族において親世代がマインド・コントロールされている以上、子どもは親に対する債権の行使を親に代わって統一教会に行使することができるという前提に立っている。そのうえで自民党案のように家族の構成員は扶養義務に相当する金額の範囲内で債権を統一教会に有しているという前提に立つことなく、被害回復のための当然の権利行使と被害金額の実額相当分を請求できると考えていたのである。

ここではさらに派生的な問題が二つ発生する。①統一教会の信者はマインド・コントロールされているために自己の財産に対する処分の権利を制限されても仕方がないのかという問題と、②家族は他の家族の財産に対してどの程度の権利行使が認められるのだろうかという問題である。②の問題の方が易しい。自民党案のように財産権は所有者個人に属するが、特例として扶養義務相当の債権とするか、常識的には遺産相続における遺留分相当の金額を配偶者と子どもたちは債権として有しているとみなすことが一応可能である。①については、成年後見人や補佐人が必要な程度に自律的行為や責任能力に問題があると認められた場合（重度の認知症高齢者や精神障がい者など）は代理可能であろう。しかし、統一教会信者は一般市民同様に社会生活を送る人々であり、選挙権を行使し納税者でもある。特定宗教の信仰を持つからといってマインド・コントロールされた状態にあり、自律的行為や責任能力が著しく減退しているとみなすのは、宗教的人格権や信教の自由を侵害する行為に繋がる可能性はないだろうか。

被害者救済のために用いられるマインド・コントロールの議論が、まさに人権や自由の問題に大きく関わってくるのである。

マインド・コントロールと宗教的人格権

日本国憲法第二〇条（信教の自由は、何人に対してもこれを保障する。いかなる宗教団体も、国から特権を受け、又は政治上の権力を行使してはならない。②何人も、宗教上の行為、祝典、儀式又は行事に参加することを強制されない。③国及びその機関は、宗教教育その他いかなる宗教的活動もしてはならない）において、いわゆる信教の自由と呼ばれている基本的な権利は第一項と第二項に定められている。宗教を信仰する自由と信仰を強要されない自由が保障されていると解釈される。

統一教会が宗教法人としての認証を得て宗教法人格を有しているか否かにかかわらず、統一教会の信者は日本国内において信教の自由を認められている。同時に、日本国民は統一教会の布教・勧誘に際して信仰を強要されない自由も有している。ところが、一九八〇年代以降、統一教会は霊感商法などの悪評を隠すべく、ビデオセンターや教養講座など正体を隠した勧誘活動を三〇年以上にわたって行い、多くの信者を獲得してきた。そこで信者となり、後に脱会して統一教会による被害を訴える人たちが、信教の自由を侵害されたということで損害賠償請求の訴訟を行い、法廷では元信者たちが信教の自由を侵害されたと認定された（消費者契約法の脈絡では不実告知に相当）。勧誘された後の教化過程において統一教会の教義を信じ込まざるを得ないような状況に追い込まれ（畏怖困惑、欺罔などされ）、統一教会の信者としての人格を形成された（いわゆるマインド・コントロールされた）と考えられている。ここでマインド・コントロールがきわめて強力であり、自分では解除不能であって長期間持続するものという前提に立てば、統一教会の信者である間に霊感商法や献金強要などの被害を受けたこと（あるいは信者として一般市民や入信年次の若い信者に対して同じ行為を行ってきたこと）もマインド・コントロール状況下にあったためということになる。

被害者がこの主張をなす事情は理解できるものの、マインド・コントロール状況下における信者の宗教的人格権や信教の自由をどのように考えていくべきか、近年の統一教会をめぐる議論において十分に検討されているとは言えない。

家族による代位権行使の発想に立てば、統一教会信者に自律的な判断能力や自由意志を認めがたいということになるので、信者の宗教的人格権や信教の自由を最大限尊重することはできないだろう。逆に、信教の中身を問うことなく宗教的人格と信教の自由を認めるのであれば、統一教会信者による寄付行為は、信者自身がそのことを是とする限り自由意志によるものと認めざるを得ないだろう。この場合、被害の回復は被害者自身によらなければならず、家族による代位権の行使はできない。自民党法案が特例措置と限定しているのがその理由である。

誰しもが信教の自由を侵すべからざる価値であると認めるだろう。この基準を統一教会信者に対しても同様に適用すべきと考えるのか、そうではないと考えるのか。私はこの問題を憲法学や法哲学上の問題としてではなく、具体的なレベルでどのように解決していくべき社会問題なのかという捉え直しが必要ではないかと考えている。

二〇二二年における統一教会をめぐる議論において、マスメディアも識者も統一教会による霊感商法や高額献金を問題視し、それをいかに防ぐべきかという観点から解散命令の請求や被害者救済のための新法を考えてきた。しかしながら、その先に日本に約六万人から八万人ほど（統一教会による組織票から推定）居住している日本人信者とどう付き合っていくのかという議論はまったくなされなかった。この人たちをマインド・コントロール状況下にある人たちとして遇するのか、宗教的人格権を認め、基本的人権と社会権を有する市民として対応していくのか。

私の考えはシンプルである。統一教会信者であっても宗教的人格権は認められるし、憲法で保障されたすべての権利が認められる。ただし、信教の中身については、信仰が実践されて人権を侵害し公共の福祉を害する結果を生み出したものであれば強く批判され、是正を求めてしかるべきである。なぜ統一教会が霊感商法や高額献金の強要を四〇年近くやり続けてきたのか。

統一教会の教義に従えば、人間の原罪は再臨のメシヤによって神の血統に生み変えられなければならない。それは統一教会信者となり、文鮮明夫妻（真の父母を称する）や文鮮明の死後は妻の韓鶴子（真の母、もしくは独生女ー神の一人娘）を主礼とする合同結婚式（祝福）に参加し、無原罪の子どもたちを何代にもわたって産み育てることで成し遂げられる。こうした神の摂理に対して、メシヤの生まれた国である朝鮮半島を三五年間にわたって植民地支配してきた日本の罪は重く、日本は韓国に対してあらゆる手段を尽くして贖罪しなければならないとされる。失楽園の物語においてサタンに唆されて神の戒めを破ったエバはアダムにも善悪を知る木の実を取って食べさせた。この物語の解釈については、拙著（櫻井・中西 二〇一〇）を参考にしてもらうことにして、文鮮明によれば韓国がアダム国であり日本がエバ国なのだという。アダムを堕落させたエバの罪は重い。しかも、エバ国である日本の女性信者は韓国の男性信者に対して捧げきる覚悟を求められ、約七千人の日本人女性信者が韓国に渡り、大半が未信者の韓国人男性に嫁いだのである。日本が韓国に対して送金した献金額は一千億円を優に超える。

このような教義と実践によって日本の国益と国民の権利が侵害されてきたのであるから、

統一教会の信者には日本が一方的に韓国に従属しなければいけないという教義や日韓関係の歴史認識を改めてもらう必要がある。統一教会には批判されるべき教義や歴史認識がある。このことをストレートに言わずに、金の問題だけを議論し、いかに規制するかということで法律的な議論やマインド・コントロール論で対応する現状でよいのだろうか。

統一教会信者の宗教的人格権を認めた上で批判する。このような議論の方向性がないのだろうかと私は考えている。信教の自由を行使する主体同士が、必ずしも法律的な規制によらずに議論し、批判し合うことが宗教的行為としても行われるべきであり、日本の宗教界がその役割を積極的に担うべきだとすら考えている。こうした宗教同士の相互批判によってこそ、宗教の思想や倫理としての水準が高められるだろう。宗教を信じない側から宗教を信じる側への批判があり、宗教の側からも世俗社会へ宗教的視点からの批判的提言があるという状態こそ、信教の自由が行使されている社会と言えるのではないか。

もっとも、これができれば苦労はない、できないからこそ法律的な規制によって統一教会を縛らなければいけないのだという考え方もわからないではない。しかしながら、この方向性が日本国憲法や宗教法人法で想定されている信教の自由が認められ、自由闊達な議論がなされるべき社会に合致しているのかどうか、今一度検討する必要があると思われる。そのためには、本書のカルト論やマインド・コントロール論争の展開などを参照していただきたい。何がこれまでわかってきたのか、学術的な知見をコンパクトにお伝えしたいと考えている。

二〇二三年二月

はじめに

カルト問題とは何か

本書は、カルト問題とは何か、現代の公共性はどのような社会空間に立ち上げられるべきかを明らかにすべく書かれたものである。この執筆意図を理解してもらうためには、カルト問題における「カルト」は社会的実体ではなく、公共性を参照軸として構築された批判的概念であることを説明しておく必要がある。「公共性」もまた人間社会の維持発展を考える際に普遍的な参照軸とされるものではあるが、人々の現実の行動によって形成される理念であることをも確認しておきたい。

今でもカルトの隆盛は現代的な社会現象と捉えられることが多いが、「宗教」ではない「カルト」が出現したわけではない。日本において公共性に対する意識が鋭敏になったことで、従来は見過ごされてきた特定団体の宗教実践や社会活動が問題視されるようになった。同時に被害者の支援者や告発者として宗教者やメンタルヘルス、法律の専門家がこの問題に関わり、「カルト」や「マインド・コントロール」という概念を用いて社会問題のアピールを行ってきた。本書では、一九九〇年代初頭から現在までの間、日本においてカルト問題が認識されるプロセスを通して、日本社会が公共性をどのように捉え直そうとしてきたのかを描き出したいと考えている。

　公共性を個人の人権と福祉を守り、社会の秩序や安寧を作りあげる価値や実践と考えるならば、そのような価値をないがしろにし、人間の尊厳や個人の資産を奪う行為を厳しく批判する行為こそ、公共性の構築に資するものである。カルト問題とは、特定教団の反社会性をカルト的性格として問題視し、違法行為や社会的相当性を逸脱した行為を社会問題として対処を考えていく過程において生まれた。

「反社会性」や「社会的相当性」なる概念が、時代や地域・文化・政治体制において相対的なものであることは言うまでもない。社会的逸脱というラベリングが体制側や多数派の恣意的烙印であるという指摘もあながち間違いではない。ある種の真理概念や信条、あるいは特定の秩序・法体系に依拠して違法・逸脱を指摘するのは、社会学はもとより多元主義的な文化の構成を自明なものとする現代社会の学的水準からしても留保がつけられよう。しかしながら、カルト問題として指摘された具体的な事件や行為を見れば、何らかの対応が必要であることは容易にわかるはずだ。その際、どのような理屈や論理によって問題に対処するかである。

公共性や公益性を尊重し、公共圏を維持するためには、公共に反する行為を指摘し、明確な根拠を持って批判していかなければならない。これがカルト問題に介入する根拠である。法律家であれば公共性の基準を憲法他の法体系に求めるだろうが、公共的価値に基づいて対立的な主張がなされる場においては、具体的な問題状況において公共的なるものが確定されていく。典型的には、カルト問題における信教の自由の問題である。

信教の自由とカルト批判

オウム真理教（アーレフ＝Aleph、二〇〇八年にアレフと再び改称）に対する観察処分や統一教会（正式名称は世界基督教統一神霊協会、二〇一五年に世界平和統一家庭連合と改称）の裁判においては、「信教の自由」という公共的価値を論拠として特定教団への批判や統制の行き過ぎが、カルト視される教団側のみならず、憲法学者やマスメディアにおいて指摘されたりした。そもそもカルトとしての問題化そのものが虚構であると主張する宗教学者や宗教社会学者も欧米には少なくない。宗教多元主義の時代において、主流派ではないマイノリティや外来宗教への入信・加入をマインド・コントロールという論理によって説明することにためらいをおぼえる研究者の方が多いのかもしれない。問題を一般的かつ抽象的水準で議論すれば、学的討議や裁判での専門家証言として争うことにもなろうが、いわゆる欧米で三〇年来繰り広げられたカルト論争は利害関係者間のイデオロギー的言い争いに終始したという印象がある。

やはり問題は具体的な相の下で捉えなければならない。以下で述べることはカルト視される団体による勧誘という大学の日常である。無差別テロ事件を主導した教祖や実行犯はいないとはいえ、事件当時とほとんど変わらぬ教義体系と組織構造を維持したアレフが大学生への勧誘を継続している。アレフの自由に布教する行為を大学は容認できるだろうか。信者と確認された学生に対して教職員が辞めるよう説諭した際に、自分たちは事件と何の関係もないし、個人の自由ではないか、大学が信教の自由を侵害してよいのかと学生たちは主張する。この学生たちを前に事件の被害者や遺族への道義的責任や市民的倫理を説けなくて大学は学問の府などといい得るのだろうか。また、日本社会に数千億円の金銭被害をもたらし、違法な伝道を三〇年来継続してきた統一教会信者による学内勧誘を公認できるだろうか。宗教的信条を理由に正体を隠してでも勧誘し、他人の財産を奪うよう教化され、最終的に合同結婚式で教祖により決められた相手と結婚することを唯一の救済とする教団（合同結婚式によって韓国の男性と結婚し渡韓した日本人女性は七千名を超える）に学生が入ることをも自由な選択として認めるべきだろうか。

カルト視される教団が説く信教の自由と大学が対峙する具体的な問題状況がこれである。家族の問題として言えば、信仰に反対する家族を悪魔呼ばわりして家を出ようとする子をそのまま行かせられるのか。献金のためには自己破産も辞さない覚悟の配偶者や全財産の寄付を考える子や親と共に生活できるのか。信教の自由の内実が問われる場面である。

このような具体的な問題を他人事として形式論で信教の自由を考えるのか、わがこととして信教の自由を実質的に考えるのか。筆者は後者の立場でカルト問題を具体的な社会問題と捉え、その解決の方策を探ることこそ公共的価値の実現と考えている。

本書の構成

第一部の「カルト論の構図」では、第一章「カルト論の射程」において、宗教学や宗教社会学、心理学や精神医学、文化人類学、およびマスメディアにおいて用いられたカルト論をミクロレベルの入信・回心・脱会論、メゾレベルの教団類型・組織論、マクロレベルの社会運動・文化変動の理論として整理した。カルト論の限定的展開としては公共圏との関わりから論じる必要性を説明する。

第二章「カルト問題におけるフレーミングとナラティブ」では、カルト視される教団に入信したものが自発的に入信したとみなせるのか、それとも洗脳・マインド・コントロールされたと考えられるのかは、調査環境と証言の質（現役信者による信仰の語りか、脱会信者による欺されたという語りか）、および知見をサポートする関係者との関係において認識の枠が決定されることを述べる。そして、社会的アピールのフィードバックが現役信者や脱会信者の証言（ナラティブ）をも規定する構造が指摘され、過去の記憶の社会的構築をめぐるアメリカの認知心理学の研究を紹介する。

第三章「カルトと宗教のあいだ」では、共に近現代的な概念的構築物ではあるものの、実体的なものとして認識されてもいる「宗教」と「カルト」に差異を求めるならば、それは何かといった踏み込んだ議論を展開している。もちろん、その基準は価値的評価によるのではなく、「教会のカルト化」と指摘されるハラスメントへの批判、教勢拡大のために信者養成や布教組織体制を組み上げる成長至上主義の教団体制への批判という観点によって外形的にも把握しやすくものになるのではないか。

第Ⅱ部「マインド・コントロール論争と公共性」では、第四章「マスメディアによるカルト、マインド・コントロール概念の構築」において、一九九〇年以降の宗教記事のデータベースを活用しながら、カルト論、マインド・コントロール概念がどのように日本社会に導入され、特定教団を超えた宗教諸団体や他の社会問題にまで応用されるようになったのかを見ていく。カルトの用例、マインド・コントロールの用例を計量的・内容分析的に提示したのは、日本で初めての作業ではないかと考えられる。

第五章「「宗教被害」と人権・自己決定」においては、統一教会に対して元信者が正体を隠して伝道され、物品購入や霊感商法等に従事させられる等の被害を受けたとして損害賠償を求めた札幌の裁判を中心に、「違法伝道」という概念を構成する法理と認定の中身を紹介する。二〇〇一年の札幌地裁判決は全国各地で一九八〇年代末から提起された違法伝道訴訟の一つであるが、その後の違法伝道訴訟に影響を与える判例となった。統一教会による組織的な勧誘を認定することで教団の信者に対する使用者責任が認められている。

第六章「強制的説得と不法行為責任」は、一九八〇年代のアメリカのカルト論争において画期となるモルコ、リール裁判で専門家として出廷した心理学者マーガレット・シンガーのマインド・コントロール論に対して、宗教学と宗教社会学者の一部が宗教的リベラリズムと宗教的寛容の立場から反論を試みた論争を解説したものである。カルト視される教団の中にはこの論争の経緯と結末を正しく認識することなく、マインド・コントロール論はアメリカ心理学会や宗教社会学では否定されていると主張するものがいる。実際は、心理学会がカルト論やマインド・コントロール論には資料不十分として判断を保留しただけであり、カルト批判側の元信者と対峙する教団側において宗教社会学を専攻する会員有志がさらなる疑義を法廷助言書で申し立てただけのことだった。学会としての公式見解はない。

第七章「カルト問題と公共性」は本書のまとめをなす部分である。その中身は、最初に「カルト問題とは何か」の項で述べた内容を詳しく展開することにある。また、カルト問題において的確で建設的な批判をなすために何をなすべきか、公共哲学や公共宗教論の展開を追ったり、筆者自身の批判実践をも振り返ったりしながら、カルト批判運動が留意すべき点を述べて結びとする予定である。

目次

第Ⅱ部　マインド・コントロール論争と公共性

本書は、櫻井義秀『カルト問題と公共性——裁判・メディア・宗教研究はどう論じたか』（北海道大学出版会、二〇一四年、A5判・三六二頁）からオウム真理教事件と宗教研究史に関する約三章分相当と松本智津夫裁判報道の付録を割愛し、統一教会関連の裁判記録などは二〇二二年時点のものにあらためたものである。参考のために、元の章を記載しておく。

信仰か、マインド・コントロールか——カルト論の構図

第Ⅰ部　カルト論の構図

第一章　カルト論の射程

一　終わらないカルト問題

いま、なぜ、カルト問題を論じる必要があるのか。そのような疑問は、マスメディアによるカルト問題の報道量を見ていれば自然に出てくる疑問だろう。

一九九五―九六年にオウム真理教事件は連日報道され、カルト教団、マインド・コントロールされた信者というセンセーショナルな記事や書籍が相次いで出された。カルト問題が初めて日本の主要な社会問題になったが、メディアの関心は旬の話題に移っていく。

二一世紀に入り、二〇〇一年九月一一日のテロ、アフガン戦争、二〇〇二年秋の日朝平壌宣言、北朝鮮による拉致問題の噴出、二〇〇三年春のイラク戦争という大事件が相次ぐと、カルト問題の存在は忘れられたかのようだ。二〇〇三年四―五月に、白装束集団ことパナウェーブ研究所と千之正法のキャラバン隊に報道陣が殺到し、二〇〇五年には聖神中央教会の主管牧師金保、二〇〇六年には摂理の教祖鄭明析による多数の女性信者に対する性支配が明らかになると世間は仰天したが、メディアにおいてカルト問題は明らかに旬を過ぎた話題である。二〇一一年三月一一日の東日本大震災、福島原発事故以降の日本社会において、被災地の復興や社会の構造転換が進められる今日、カルト問題は些細な話題かもしれない。

しかしながら、カルト問題の当事者（加害者としての教団、被害者としての信者や一般市民）や研究者にとって、この問題は終わっていない。正確にいうならば、メディアによるカルト報道とは関係なく、宗教集団と市民のトラブルはずっとあったし、今後もなくなることはない。統一教会による霊感商法や正体を隠した伝道は一九八〇年代初期から現在まで続いているし、オウム真理教はアレフ、ひかりの輪と改称して教団として勢力を拡張しつつある。同教団には一九九九年成立の団体規制法に基づく観察処分が四度更新され、公安警察の監視下にある（信者名簿の提出義務等）にもかかわらず、二〇〇七年から一一年にかけて五〇〇名もの新規信者を獲得し、出家信者約四〇〇名、在家信者約一一〇〇名を擁している（公安調査庁 二〇一二：四三―五五）。

『消費者法ニュース』別冊の「宗教トラブル特集」（消費者法ニュース発行会議 二〇〇三）

では、二〇〇三年の刑事・民事事件の判決として、統一協会、明覚寺（霊視商法）、泰道、ヤマギシ会、エホバの証人、オウム真理教、ライフスペース、加江田塾に関わる事件を記載しているが、司法による被害者の救済はようやく緒についた段階である。『消費者法ニュース』には毎年宗教トラブルの事例が報告されている。

これほど解決にはほど遠い宗教トラブルやカルト問題があるにもかかわらず、宗教研究においてカルトの研究は遅れている。宗教研究にとってオウム真理教事件は重大な転機であった。一つは研究者の社会的責任が強く認識されたことと、もう一つは調査研究への方法論的反省が起こったことである（櫻井 二〇〇二c）。この論点は第七章で詳しく述べるつもりだが、カルト問題の研究者がほとんどいない以上、研究の蓄積が進まなかった。

本書をカルト論の紹介から始めるのは、宗教研究の関連学会においてすら「日本のカルト問題」を考察する適切な視座なり、分析の枠組みが十分に整理されていないからである。端的にいえば、欧米の理論を直輸入して日本の現状を解釈するという宗教研究の古いやり方をカルト問題研究でも払拭できていない。これからは日本の問題状況に即したカルト問題への視点を提示していかなければならない。それにはやはり欧米のカルト論とそれが提示された社会・文化的コンテキストを批判的に検討した上で、正確なカルト論の構図を把握しておくことが肝要であろう。そのためにカルト論を歴史的に、社会学的に整理し直してみようと思う。

二　カルトとは何か

カルトの由来

カルトとはラテン語の cultus からできた言葉で「儀礼・祭祀」の意味で用いられる。祭祀は「聖なるもの」に対する人間の制度化された崇拝行為であるから、どのような宗教集団にも民俗宗教にもある。キリスト教の聖人崇拝は cult of saints であり、日本の先祖祭祀は ancestral cult である。ところが、二〇世紀のアメリカではカルトに独特な意味をあてがうようになった。アメリカの著名な新宗教研究者であるゴードン・メルトンは、①主要な宗教伝統に属さないアメリカ発生の宗教（クリスチャン・サイエンス、ヴェーダンタ協会等）を指して一九二〇年代から使われるようになった社会科学者の用法、②異端的キリスト教（モルモン教、エホバの証人等）を指す一九三〇年代からの保守的福音派の用法、③破壊的カルトという意味で反カルト運動家が用いて一九七〇年代以降広まった用法の三つをあげている（Melton 1986: 3–11）。

第一の用法は、秘教的教え、カリスマ的指導者への熱烈な崇拝、ゆるやかな信者集団を持つ教団を示す記述的概念として宗教社会学で洗練された。第二の用法は特定の宗派から見た規範的な用法であり、アジアやアフリカからアメリカに移入された諸宗教および非正統的なキリスト教を指す。第三の用法は、教団や教会に批判的な元信者と現役信者の家族、および脱会カウンセリングの専門家が当該教団に介入するべく、マインド・コントロールを行う集団を規定するための用法である。これらの用法が出現した順序を見ると、まずは社会現象としてのカルトに注目する社会科学者が第一の用法を適用し始め、次いで、保守的な宗教者から第二の用法が出された。最後に、カルトの社会問題性を批判する第三の用法がメディアにより広範に普及した。現在、カルトといえば一般的には第三の含意で用いられ、一部の慎重な人が社会学的用法にも留意して用いている。

ヨーロッパではこうした用法を適用される教団をセクトと呼ぶことが多い。イギリスの宗教社会学者であるブライアン・ウィルソンは、新大陸で誕生したアーミッシュ・メノナイトの共同体、エホバの証人、クリスチャン・サイエンス、近年のサイエントロジー教会、あるいは東洋宗教系の「神の子どもたち」(現在「愛の家族」に名称変更)やクリシュナ意識運動、超越瞑想等をセクト主義運動として分析している(ウィルソン 二〇〇二:一二一—一三二)。

しかし、宗教社会学の教団類型論では、セクトはプロテスタンティズムの諸教派のようにカトリック（支配的宗教伝統の意味でチャーチと概念化）からの分派であり、創唱型（教祖が新しい宗教を創始）のカルトとは異なる。もちろん、どのような宗教であれ、それまでの歴史的宗教の伝統をなにほどかは受け継いでいるのであるから、完全な創唱型というのはありえない。西欧においては新宗教といってもキリスト教伝統の枠内に留まるのであるから、セクト運動という言い方をするのもわからないではない。既存の宗教的権威に反対する急進主義的特徴を示すという意味で、広義のセクト運動というのも筋が通っている。

ただし、セクトやカルトと呼ばれる宗教運動には、政治を含む世俗的事柄にかかわらず、隠遁的生活を好むものもある。マックス・ウェーバー（ウェーバー 一九七二b）やエルンスト・トレルチ（トレルチ 一九八一）は、このタイプをセクト、チャーチに対比させて神秘主義と（mysticism, Mystik）呼んだが、これに近い小規模な教団も多い（Nelson 1968）。近代化の過程においてヨーロッパではセクト活動と神秘主義が見られたが、セクトが新天地を求めたアメリカでは、セクトが既成化・馴化したデノミネーション（教派）が興隆した。そして、デノミネーション間の平和的共存を可能にするための宗教多元主義の下で、国家統合をアメリカ文化という次元で可能にする市民宗教の発展が見られたとされる。現代の高度産業社会において、カルト／セクトは、既存のデノミネーションが作りあげるコミュニティに根ざした教会（congregation）に満足できない人々に対して、新たな生活の指針や思考・行動の様式を提供することで信奉者を増やしているのだと考えられる。

カルト論の展開

カルト（カルトに含まれる偏見や侮蔑的含意を嫌う人は新宗教という言い方を好む）研究は、一九八〇―九〇年代にアメリカで活発に行われた。短期間で誕生し、発展あるいは衰退をとげる比較的小規模なカルトという宗教集団は、宗教社会学者にとって教団組織、入信・回心の心理や社会過程を実際に参与観察し、信者にインタビューして検証する格好の素材だったからである。それまでの宗教社会学は、ウェーバーやエミール・デュルケムの古典的宗教社会学を発展させた近代化論・世俗化論を洗練させるか、既成教会における礼拝出席率等を調査する程度であったのが、大きく変わった。大半の研究はカルトの質的・量的な実態調査だったとはいえ、調査による仮説検証が可能になったことで理論的水準はかなり上がったのである。

現在検討されている重要な論点はおおよそ次の三つにまとめられる。

第一に、後に述べるマインド・コントロール論争の一方の当事者に宗教社会学者がなったのは、カルト信者の入信・脱会過程の研究がかなりなされたことによる（Lofland and Stark 1965）。第二に、世俗化論への反駁として新宗教運動の活性化が主張された（Stark and Bainbridge 1981)。伝統宗教が世俗化する一方、新宗教がその分活性化してきたのは、宗教とは自分は何のために生きるのかといった人間学的意味の欲求に応える救済財を提供するシステムであるとロドニー・スタークとウィリアム・ベインブリッジがみなしたからである。救済財を提供する主体が伝統宗教から新宗教に変化しても、提供される救済財の総量に変化はないと考えるわけである。この考え方は、合理的選択や市場モデルで分析する社会行動論や宗教経済学という分野の提唱にもつながっている(Stark and Bainbridge 1980)。第三の論点として、カルトをチャーチ、セクト、カルトという教団類型論として洗練する研究がある。

スタークはそれぞれの分野で重要な仕事をしている研究者だが、第一の研究領域は後に論じるとして、まず第三の点では、カルトの形態についてどのような宗教的報酬を与えるかによって三つに分類している。すなわち、①精神世界に関心を持つ一般人を対象に市販本等で宗教情報を与えるオーディエンス・カルト(ニューエイジ)、②特定の顧客に対価を払わせることで特殊な効用や呪術的効果を与えるクライアント・カルト(自己啓発セミナー等の集団心理療法団体・ビジネスや、さまざまな代替療法を用いるカルト)、③包括的救済を約束する代わりに全人格的な献身を要求するカルト運動(新宗教運動)という三つの下位分類である(Stark and Bainbridge 1979)。

この分類は、それぞれの類型のままで持続することもあれば、条件次第では①→②→③という発展形態を示すこともある。ロン・ハバートのダイアネティクス（能力開発技法）→サイエントロジー（多額の報酬を要求する心理療法）→サイエントロジー教会（ヨーロッパでセクト対策の対象となる教団）などは典型的なカルト運動や教団化の事例だし、あるいは日本のライフスペース（自己啓発セミナーからシャクティパット・グル・ファンデーションとして教団化し、内部でグルの高橋弘二が崇拝され始め、ミイラ事件を起こした団体）にも該当しよう。

第二の分野については、「アメリカ宗教社会」学とでもいうべきもので、その貢献は限定的なものであろう（沼尻 二〇〇二）。市場原理主義は最近のアメリカ型グローバリズムを形容する言葉になっているが、これは経済活動に限らない。ボランタリー・アソシエーション（自発的結社）の自由な活動を最大限に認め、また、活動の価値と成果を信頼し、結社もそれぞれのやり方でソーシャル・キャピタル（社会関係資本、信頼性等）を確立していくというやり方がアメリカにはあるようである。これは、アレクシス・ド・トクヴィルが一九世紀の半ばにアメリカの民主主義の特徴として記していることであるが、市民の自由な活動がそれなりの秩序を生み出していくというアメリカの歴史的経験とそれゆえの発想が、アメリカの市場原理主義の社会的バックボーンにある（トクヴィル 一九八七）。

アメリカにおいては宗教も価値多元的状況の中で、宗教的ニーズに合わせて消費者に合理的に選択され、結果的に、宗教市場においては優良なもの、必要とされているものが残っていくと考えられているようだ。だから、カルトも社会にとって有害無益なものであれば宗教市場において早晩淘汰されるのだから、あえて社会から排除することはないという アメリカ的市場主義への信頼やカルトへの寛容という価値意識がリベラルな人ほど強い。特定の価値観に基づいて予め問題の多い団体には規制を加えようという考え方は保守的だとみなされる。

他者に介入されないアメリカ的自由（ただし、国内に関してのみの基準であり、国外へは積極的に介入し、ほとんどの国際紛争に関わっている）に対して、中央集権型共和制国家であるフランスは、反セクト法によって市民の自由を侵害するようなカルト／セクトには積極的に介入して、精神の自由や人権の尊重を政治的に実現することを志向しているように見える。

さて、アメリカで近代化における宗教的信念や制度、機能の縮小を説く世俗化論への批判を企図したカルト研究が盛んになり、カルトへの寛容を主張するアカデミズムの動きによって反カルト運動が穏健化してきたこの時期は、カルトと呼ばれる新宗教運動が下降線をたどり、キリスト教保守派が勢力を拡大した時期でもあった。つまり、アメリカ経済が低迷し、新宗教に入れ込んでいた新中間層が階層的に二極分化する中で、ファンダメンタル、エヴァンジェリカルと呼ばれるキリスト教保守勢力が、社会階層を下降移動した人たちと低階層の人たちの不満を吸収したといわれる。この時期に発生した宗教的事件はこれらの教団によるものであり、一九九〇年代から現代まで、カルト問題よりもファンダメンタリズムおよび過激派によるテロリズムがアメリカの主要な宗教的話題であった。特に、九・一一のテロ事件以降は宗教的過激主義が問題となり、自爆犯になる若者をリクルートし、イデオロギーの教化や薬物などによって思考と行動をコントロールする過激集団のやり方がカルトとの比較で論じられた。確かに、この種の事件には類似性が見られるが、紛争地域で発生する宗教テロと先進国で高学歴の若者や移民の青年たちが巻き込まれるテロ事件とでは、個別に判断すべき事件の社会背景がある。

三　カルト論の諸相

レビューの対象と方法

社会学では社会をマクロ（社会構造、社会変動）、メゾ（社会集団、地域社会）、ミクロ（社会的相互作用、社会過程）の三つの領域に分け、領域に応じた分析方法に限定する研究方法がとられている。もちろん、社会学の諸領域は相互に関連しているし、カルト問題も実際は個人の意志決定、信者間の相互作用、教団組織、教団と社会の緊張関係、グローバルな社会変動の相互連関で生起したものである。それを一つの特定の視座から統合することはいたずらに議論を単純化・矮小化させるし、分析のレベルと範囲を設定しなければ社会学的分析ではなくなる。本章では、マクロ、メゾ、ミクロの水準ごとにカルト論を検討して、最終的におおよその見取図を描き出したいと思う。なお、ここではカルト性／宗教性という二項対立の価値的議論にも、宗教現象学的な人間学にもあえて踏み込まない。分析の対象は社会的存在としての宗教集団に限定される。

ミクロレベルのカルト論

・入信論

人が宗教集団に勧誘されて、入信（affiliate）および回心（convert）し、一定期間信者となった後に脱会（defect）し、棄教（apostate）していく一連の過程が宗教社会学において考察されてきた。入信が回心に先行するのは教団から勧誘を受けた場合であり、回心が入信に先行するのは宗教体験を直接経験したパウロ（熱心なユダヤ教徒としてキリスト教徒を迫害する側にいたが、ダマスコへの道で復活したイエスに会い、回心したと彼は述べた）のような場合である。新宗教の場合、入信に続いて回心が起こるケースが多い。

この一連のプロセスを理解するために、ロフランド＝スターク・モデルと呼ばれる入信・回心の漸次的継起（drift）モデルが提唱され、その理論的妥当性を新宗教教団の実態調査によって明らかにしようという研究が続いた（Lofland and Stark 1965）。入信・回心要因としてあげられた七つの要因は以下の通りである。①持続的緊張の経験、②宗教的視角の保持、③前記①②の先行要因により宗教的求道者になっていること、④転機となる宗教運動との出会い、⑤教団内の信者と感情的紐帯を結ぶこと、⑥教団外の社会関係が弱くなること、⑦信者となることが要求されること、という七つの要因である。そのうちどの教団にも共通するものは⑤と⑦だった。つまり、教団内の人間関係に愛着を持ち、それを継続させようと思えば、宗教的回心がなくとも信者になることがある。回心の語りや信者としてのふるまいは生活の中で学習されていくのではないかと、教化過程を社会化の側面から考察したのである。

社会行動論や社会的交換論を用いた一般論をめざすスタークに対して、ジョン・ロフランドは、入信・回心の一般論よりも、教団の特徴によるパターン化に関心を示した。個人の内的動機よりも集団としての働きかけの要素が強い、という類型に一部のカルト視される新宗教をあてはめている（Lofland 1977, Lofland and Skonovd 1981）。この類型論に着目し、教団の働きかけによる信者の態度変容を心理学的モデルで考えたのが、洗脳論やマインド・コントロール論だといえよう。

• 洗脳／マインド・コントロール論争

マインド・コントロールとはカルト集団が一般の人々を入信させ、教化し、脱会しづらくさせる心理学的操作と行動の統制であると、カルトに批判的な研究者が定義している。人は社会心理学的な承諾誘導の技術により徐々に組織に関わりを持たされ、組織内で行動・思想・感情・情報の統制を受ける中でアイデンティティが変えられていく（西田 一九九五）。特定教団においては宗教的回心による入信という心理過程が、実は認知的不協和理論や集団力学の応用による操作的な介入の結果もたらされたものであり、それは倫理的に許されるものではないと批判される（Singer 1995＝一九九五、Hassan 1988＝一九九三）。したがって、本人が望まないままに入信し、組織により独自の認知枠組み（ビリーフ・システム）を強制されているのであるから、その状態からの解放こそ、本人や親族等の関係者にとって望ましい状態と考えられるのである。

マインド・コントロールに類した言葉に洗脳がある。これは東西冷戦体制時に、マスメディアが社会主義、共産主義政権の思想教育を批判する際に用いた言葉である。朝鮮戦争で捕虜となった連合国軍兵士が中国の思想教育を受けて共産主義者になったことから、アメリカでは思想改造の研究が開始され、ファシズム下で戦争犯罪に従った人々の心理が社会的影響力から研究された（リフトン 一九七九）。これらの洗脳の研究を一九七〇年代以降のアメリカの新宗教運動、カルトにも適用したのが、マインド・コントロール論である。臨床家、心理学者は数多くのカルト信者が教団を訴える裁判において専門家として信者たちは違法にマインド・コントロールされてきたと証言をなしてきたし、それに対して宗教社会学者はカルトの信者であっても自発的に入信したのだと反駁した（櫻井 二〇〇三a）。

日本では一九九〇年代初期から、統一教会の元信者が教団の違法伝道を訴えて起こした全国各地の裁判においてマインド・コントロール論が導入され、なぜ原告が不当にも入信させられたのかを説明した。近年、違法伝道訴訟では原告勝訴が続いている。判決はマインド・コントロールの概念それ自体には言及していないが、正体を隠した勧誘や不安を煽る勧誘方法等により元信者の宗教選択の自由が不当に侵害された点を認めている（櫻井 二〇〇二a）。

また、一九九五年のオウム真理教による地下鉄サリン事件において、殺人で起訴された実行犯はマインド・コントロールを受けていたのであるから、死刑からの減刑措置が望ましいと弁護団は主張した。しかし、事件の社会的重大性に鑑み、未成年で入信した井上嘉浩の東京地裁判決を除き、殺人の実行犯に対してこの主張は考慮されなかった。井上には東京高裁では死刑の判決が出され、最高裁は弁護側の上告を棄却したので、死刑が確定した。

・脱会論

カルト視される教団に入信すると脱会がきわめて困難になるというのが、マインド・コントロール論の主張であった。しかし、新宗教では試しに入信したものが多いために、入信者と同様に脱会者も多く、出入りが激しい。アイリーン・バーカーによるイギリスの統一教会の調査によれば、勧誘されて初期のセミナーに参加したもののうちで二年後も統一教会に留まっていたものは数パーセントであったとされる（Barker 1984: 146）。ただし、カルトとみなされるほどの団体では中核的なメンバーに対する脱会阻止の圧力が強く、やめた後に不幸になった人の話は耳にたこができるほど聞かされるし、泣き落としが利かないものには組織内で体験した事柄は他言無用といった脅しも付け加えられる。そのために入信初期のものと違って、中長期のメンバーにとって脱会のハードルは高いものになる。

脱会・棄教には三つの類型が考えられる。①信者が忠実ではない、役立たない等の理由で教団から放逐される。②信者が教団に不満を抱き、自発的に去る。③反カルト運動の介入により脱会する（Robbins 1988: 88-99）。脱会した信者が世俗社会に再適応するか、また別の新宗教や既成宗教の門を叩くかは状況次第だが、脱会研究においてきわめて重要な証言をなす人たちは③である。マスメディア、反カルト運動に関わる心理学者・精神医学者たちは、こぞって彼ら・彼女らの証言から入信・回心・脱会までの過程を考察した。その理由は①、②の信者を組織的に捕捉するのが難しいことに加えて、③の信者はカルトにいかに囚われ救出されたのかという多くの社会的アピールをしながら、反カルト運動に加わっていたからである。先に述べた洗脳論やマインド・コントロール論の主要なデータは③の元信者たちの証言である。

他方で、宗教社会学者たちは、従来、現役信者からの証言や参与観察により教団を研究していたので、元信者たちの「騙された」という定番の語りに疑問を抱き、脱会カウンセラーの介入するカウンセリングによって元信者の証言が構成されたと考えたり（Kim 1979）、自発的脱会者の事例と対照したりすることで、脱会者の言説を相対化する傾向がある（Wright 1984）。

脱会カウンセリングとは、カルト信者を家族が説得して脱会させる際に、カルト問題の専門家がカウンセラーとして脱会を支援する方法である。一九七〇、八〇年代のアメリカでは、カルトから子どもや配偶者を奪い返し、棄教させることを高額の成功報酬で請け負うディプログラマー（信者はプログラミングされたと考えるので、それを解くこと（ディプログラミング））が現れた。これは強制改宗として、宗教団体や宗教研究者から信仰の自由を奪う行為として厳しく批判され、また、信者がディプログラマーを人権侵害で提訴し、勝訴する事件が相次いだ。日本でも、統一教会、エホバの証人の信者が、家族とカウンセラーによる脱会カウンセリングが信教の自由を侵害したとして提訴する事件が起こっている。判決は個別ケースごとに違法性が判断され、信者の意に反した外形力の行使が違法とされた事件もあれば、信者も納得した上での家族の話し合いとして問題ないとされた例もある（櫻井 二〇〇六）。

脱会過程の研究は、次項に述べるように、脱会者の証言に依拠した反カルト運動によるカルト問題の構成というメゾ・マクロレベルの領域へ現在転換しつつある。

脱会者の役割や証言が、教団と社会との緊張関係の中で構築されるという議論をデヴィッド・ブロムリーが提出している（Bromley 1998: 19-48）。彼は、脱会者を①制度化された集団からの離脱者（defector）、②競合する結社組織の内部告発者（whistle blower）、③社会と軋轢のある集団からの離反者（apostate）に分けた。そして、脱会者が、自身の語りや利害を理解し、調停し、支援してくれる資源を外部社会からどの程度動員できるかによって、脱会者の役割が変わってくるという。③の脱会者はカルトに所属していた負い目を解消するために、自分たちは囚われていたが救われたこと、公益のために当該団体に反対するという証言をしがちであり、それはその団体に反対する反カルト運動から支援を受けるために彼ら・彼女らが選択した役割だったというものである。北米の新宗教研究者たちの基本的見解といってもよいだろうが、カルトの現役信者が誰から物心両面のサポートを得ているのかといった逆の見方に対して多くを語らない。新宗教研究者は基本的に教団側に立つが、それが教団側からの物心両面にわたる支援のゆえでないことを期待したいものである。

日本でも、脱会過程と脱会者の証言の対応関係を示す研究（猪瀬 二〇〇二）や脱会者の証言が状況の中で変化していく過程を追った注目すべき研究（渡辺 二〇〇三）が出てきている。猪瀬優理はエホバの証人の元信者を事例に、脱会カウンセリングを経験したものと自らインターネット等で教団に係る批判の情報収集を行い自発的にやめたもの、自ら入信した信仰一世と親が信者であった信仰二世を対応させており、渡辺学は裁判の過程で変容するオウム真理教幹部信者の証言の揺れを追っている。また、脱会カウンセリングの機能をめぐっては、強制棄教によって信者の信仰の自由が侵害され、強引なやり方でＰＴＳＤ（心的外傷後ストレス障害）が生じたという信者やカルト側の主張に対して、脱会カウンセリングはむしろ脱会後の精神衛生にプラスの働きをなしていると多くの脱会カウンセリング経験者を対象に精神的健康状態を評価した事後調査も出てきている（西田・黒田 二〇〇三）。

管見の限りでは、構築性の強い回顧的証言を用いて入信・回心の過程を明らかにする調査研究には限界があり、むしろ、時間的に近接し、現在の状況と直接関わる脱会過程の研究の方が良質なデータが得られるという意味において発展の可能性があるのではないだろうか。

メゾレベルのカルト論

・教団類型論としてのカルト

カルト視される団体を対象として、スタークのカルト下位類型論から新宗教運動を理解しようとする調査研究は日本では進展しなかった。創唱的・カリスマ的教祖による小規模集団やネットワークといった教団類型論の枠にカルト運動自体が収まらなかったことに加えて、オウム真理教のようにカルトが社会問題化するケースへの発言が社会的に求められたこともあろう。自重気味な研究動向にあって異彩を放つ三木英（Miki 1995: 141–159）と島薗進（島薗 一九九六、一九九七）のカルト論をここでは取り上げたい。

三木はポストモダン社会における社会運動の志向性である自律志向性（対極に権威志向

性）、ネットワーク型（対極に組織運営重視型）を宗教現象に適用し（四類型）、さらにそれを創唱型宗教と伝統型宗教に分けて教団類型論を構成した（八類型）。創唱型で、①権威志向組織運営重視型がカルト運動、②権威志向ネットワーク型が新類型（原宗教組織か組織能力が低下したカルトに相当）、③自律志向組織運営重視型が自己啓発セミナー等、④自律志向ネットワーク型がニューエイジ・精神世界の愛好者、伝統型で、⑤権威志向組織運営重視型が伝統教団、⑥権威志向ネットワーク型が小さな神々・拝み屋、⑦自律志向組織運営重視型がセクト、⑧自律志向ネットワーク型が新類型となる。三木が現代社会の趨勢として注目しているのは、④と⑧であり、前者は島薗が新霊性運動と呼ぶものに、後者は三木自身が「宗教的無党派層」と呼ぶものが相当する。

宗教的無党派層という概念は日本の宗教文化をいいえて妙だ。日本人は七割の人々が無信仰を自認するが、その実多くの人々は年中行事や通過儀礼の際に宗教的慣行を実践する。阪神大震災の後、復興地にあるメモリアルな場を巡礼する人々が現れたり、震災時にボランティアに駆けつける人々が「おたがいさま、おかげさま」と語ったりする意識の中に、教団に所属はしないが宗教的意識は保持し続ける日本的宗教性や、現代の個性・自律性感覚にもかなった新しい宗教意識の萌芽に三木は着目する。この発想は、西欧の宗教社会学がいう拡散型宗教（diffused religion）を意識したものである。すなわち、特定の教会に所属しないキリスト教徒や個人でスピリチュアリティを探求する若い世代の宗教意識に対応した概念である。

島薗は新宗教研究において、消費型宗教、教団の内閉化という独特の概念で、カルト問題に答えようとしてきた。前者は、教団が宗教的な救済を遍く及ぼすというあり方（救済宗教）を変えて、相対的価値観に立って自分に必要で都合のよい生活の意味を探す消費者に対して行や教えの効能を相応の対価を得て提供する業務遂行型組織に変貌しているのではないかという議論である。さらに、サービスの質が劣化したり法外な対価が要求されたりする宗教消費者的な問題も起こりうるが、問題の告発を未然に防ぐべく行や教えに身を委ねた人々をコミューン型組織に囲ってしまう団体も出てくる。これを島薗は内閉化の傾向と呼び、これがカルト視される教団特有の組織的統制力の強さ、社会との葛藤につながるのではないかという仮説を提示し、オウム真理教がいかに暴力的組織へ変貌していったかをあとづけている。カルト問題へ宗教研究の枠内で可能な限り誠実な応答を試みた例だと思われる。しかし、教団類型論によるカルト論者は二人の後に続かなかった。

• カルトの社会的構築論

アメリカではカルト視される教団の実態調査から反カルト運動の研究へと宗教社会学は

移行しつつある。その流れを作ったのは、ゴードン・メルトン、デヴィッド・ブロムリー、アンソン・シュウプといった宗教社会学者だろう。反カルト運動とは、カルト視される特定集団に批判的な人々や、カルト問題を社会的に啓発しようとする専門家によって推進されるさまざまな社会活動を指す。反カルト運動という呼称は、カルト概念に批判的な宗教社会学者たちが用いるようになったものであり、活動の当事者や一般社会ではあまり用いられてはいない。しかし、カルト概念の社会的構築性を指摘する場合、誰がそれらの概念を作り、自分たちの利害関係を社会問題として一般社会にアピールしたのかという説明が必要になり、運動主体として措定された概念がこれである。アメリカでは一九七八年の人民寺院の集団自殺以降、マスメディアが競ってカルトの危険性を報道したことで、特定の教団を批判する活動が、新宗教運動に加入した息子・娘たちを取り戻そうとした親たちによる草の根運動として始まったのである。

ここに精神病理学や臨床心理の専門家が介入するようになり、マインド・コントロールという精神操作の概念やカルトという全体主義的組織の概念が生み出された。個々の地域的反対運動は一九八〇年代に入り、Cult Awareness Network（CAN）や American Family Foundation（AFF）（現在はICSA：International Cultic Study Association）といったカルト情報・相談機関に組織化されていった。

シュウプとブロムリーによれば、アメリカで反カルト運動がなされた時期は三期に分けられる（Shupe and Bromley 1994）。①一九七〇年代、運動の組織化と専門化が進行し、②一九八〇年代、運動の拡大の一方で政治的問題化が失敗した。その結果、③一九九〇年代、運動の専門職化と社会的啓蒙の停滞が生じた。①は上記の通りであり、②は反カルト運動が議会に働きかけて調査委員会を設けさせ（統一教会に対するフレーザー委員会などだが、この委員会の設置によって教祖文鮮明は脱税による収監にまで追い込まれた）、元信者が教団を告訴し、カルト批判の心理学者が専門家として法廷で証言するといった活動が拡大したことを指す。しかし、元信者に対する司法的救済は限定されたものであり、教団の布教活動や信者がカルトで活動する「信教の自由」を最大限に認める判例がほとんどだった。上述したCANは一九九五年に強制改宗を仲介した賠償責任を問われ、教団側に負けて賠償金を支払えずに破産した。後にサイエントロジー教会が、CANの商標登録権や団体資料等を買収している。AFFは活動の停滞を意識して、反カルト運動の主たる担い手である元信者・家族、カウンセラーや心理学者に加えて、新宗教研究者や当のカルト団体にまでひらかれたカルト研究の国際学会組織ICSAを志向することになった。この結果、ICSAは当のカルト団体やカルト・新宗教研究者も交えてオープンに議論をなせる組織になったが、元信者・家族側にとっては安心して自分たちの被害と損害賠償を含む権利の回復を主張できる場ではなくなった。なにしろ研究の発表会場ではカルト側と元信者側が口角泡を飛ばして論争するという法廷さながらの場面が散見され、それが毎年の大会で繰り返されるのである。

③の時期における専門職化というのは、元信者が脱会カウンセラーやセラピストになり、カルト問題を扱う研究が一つの分野を形成したという意味である。しかし、その反面で反カルト運動のアピールが、問題の当事者や素人に担われつつも社会問題の中心であった時代から、専門家が扱いうる特殊な問題領域に移行したともいえる。

日本において特定教団の活動に反対する活動が開始されたのは、一九六七年に結成された「原理運動対策父母の会」(一九七五年に全国原理運動被害者父母の会へと再編)が最初である。その後、一九八七年に全国霊感商法対策弁護士連絡会が結成され、統一教会元信者の訴訟を支援している。一連の訴訟の中でマインド・コントロール論が伝道方法の違法性の根拠として導入された。

一九九五年のオウム真理教事件以後、アメリカからカルト概念が導入され、オウム真理教を形容する言葉になり、そのほかに信者とトラブルを抱える団体にも適用されていった。ヤマギシ会やエホバの証人等の活動が、カルト、マインド・コントロール概念で批判され、自己啓発セミナーや、病者を遺棄致死させたり、遺体をミイラ化するまで保持したりする事件を起こした団体を指して使われたのである。プロテスタント教会諸派や、一九九五年結成の日本脱カルト研究会（Japan De-Cult Council）〈二〇〇四年から日本脱カルト協会（Japan Society for Cult Prevention and Recovery）に名称変更し、研究調査部会・カウンセラー部会・家族関係者部会を擁する〉、マスメディア、個々の団体を批判するホームページを作成する元信者や関係者・諸団体などが、日本の反カルト運動を進めているといえよう。

なお、反カルト運動については、第七章において公共圏を構築する社会組織・運動の担い手として批判的に検討することにしたい。

マクロレベルのカルト論

●カーゴ・カルトと再活性化運動

人類学では、西欧の植民地支配と移入されたヨーロッパ文化にメラネシアの地域住民が積極的に反応した文化形態として、カーゴ・カルト（積荷崇拝）の研究が進められてきた。再活性化運動とは土着主義運動とも呼ばれ、異文化の導入に積極的に反対し、これを取り除くために自文化の復興（創造）を図る運動であり、カーゴ・カルトの一部もそれであるという（Lawrence 1987: 74-81、ワースレイ 一九八一）。

一九世紀にメラネシアはイギリス、ドイツ、オーストラリアに領有され、開発とキリスト教化が進められた。メラネシア人は鉱山やプランテーション農場で働き始め、貨幣や西欧の物資（ピジン英語でカーゴ）に触れ、西欧への憧れを抱くようになったといわれる。彼ら・彼女らは根茎類の栽培と豚を飼う農耕民や零細な漁民であり、島嶼部と高地という地形から村落を越えた政治組織が発達していなかった。一九世紀の中頃から第二次世界大戦まで、パプアニューギニア高地、ソロモン諸島、フィジー諸島、ニューヘブリディーズ諸島の各地では、ヴァイララ狂信、マンブー運動と呼ばれる熱狂的な宗教運動が発生した。カーゴ・カルトとはこれらの宗教運動の総称である。

地域、時期、植民地行政や経済状況によって運動発生の要因はさまざまであったが、およそ次のような説明がなされる。メラネシアは祖先や神からの贈り物である収穫物や獲物を分かち合い、宴会で散財することで社会的地位を確保するフラットな小社会であった。そのため西欧人もカーゴを分けてくれるものと期待し、友好関係を保ち、カーゴの秘密を知るべく教会に通ったりした。ところが、西欧人がカーゴを独占し自分たちに分け与えてくれないために徐々に反感を持ち始め、西欧人は自分たちの祖先が作ったカーゴを横取りしていると考えるものが出てきた。産業革命にも資本主義にも想像が及ばない現地民なりのカーゴの由来と自分たちが収奪されている現状への説明であった。そして、祖先が自分たちに蒸気船や飛行機でカーゴを届けにくるという期待を語る預言者が現れ、信者となった村人が簡素な船着き場や飛行場を作ったり、カーゴを入れる倉庫や祖先を迎える教会堂を建築したり、豚を食べ尽くしたり、カーゴへの切迫した願望を表現するため畑を焼き払ったりと、まさに狂信的と見られるふるまいを集団感染的に行ったとされる。メラネシアの伝統的世界観や神話の枠内で、彼ら・彼女らなりの期待がカルト的に表出され、ときに植民地政府に反抗したらしい。行政官は預言者たちを取り締まり、騒動の鎮静化を図った。

カーゴ・カルトと先進工業国で発生したカルト運動とは運動の形態、担い手、社会の反応において次の点でまったく異なる。①カーゴ・カルトによる異文化の拒否はファンダメンタリズムに通じるものがあるが、先進国のカルト運動は異文化の積極的な受容であった。②植民地期の抑圧された地元民と高度経済成長期における新しもの好きな中流の若者という相違、③植民地政府による統制と、基本的には宗教多元主義を尊重する国家による不介入政策の相違である。おそらく、文化人類学的な再活性化運動の定義に戻るならば、カーゴ・カルトと現代のカルト運動とで親和性があるのは、ファンダメンタリズムや反カルト運動の文化的解釈であろう。すなわち、ファンダメンタリズムにおいては、世界の矛盾や不平等の根源に近代化や資本主義を見て、これを伝統的な家族・地域社会・宗教倫理を再定立することで世界の転換を図ろうとしている。反カルト運動の方は、カルトによって引き裂かれた家族の絆や独善的なカルト団体のふるまいを近代の核家族や良識ある市民のモデルによって正していこうという運動とみなせないことはない。しかし、これでは異文化の拒絶、自文化の積極的肯定とその回復という文化形態の類似を指摘することに留まり、運動それぞれの時代や地域的差異、政治・社会的コンテキストを捨象した議論になりかねない。社会問題の解決ともおよそ無縁な議論だろう。近年、欧米の宗教社会学で盛んになった反カルト運動のグローバル化の議論も同じ文化的解釈ではないかと筆者は考えている。

• ハイパー宗教論と反カルト運動の文化論的解釈

新宗教運動（new religious movement）の展開過程は教団特有の運動理念・戦略に基づくものであるとしても、周辺社会との相互作用の中で運動の可能な道筋が決まってくる。また、新宗教運動の発生それ自体、個々の地域社会・文化的脈絡で理解されるのは当然だが、今日では世界社会のグローバル化と部分社会の対抗的ローカル化という大きな歴史的文脈で理解されるべきだ。本章ではふれないが、イスラームに顕著なファンダメンタリズムと呼ばれる宗教的政治運動も対抗的なグローカル化（ローカルな文化再構築運動でありながら、グローバルな伝播能力がある）の一つであろう。

井上順孝はハイパー宗教の一つとしてカルト運動を捉える視点を提示する。ハイパー（hyper）とは複数のテキストを組み合わせて相互参照しながら、メディアの情報発信力を高めたものである。元来、宗教伝統は文化や社会伝統に固有であったために、異文化への伝播・移入による土着化は時間のかかるものであった。しかし、情報化・消費社会化の中で、宗教的意味やふるまいがメディア上にパッケージ化され、ポータブルなものに変質してきた。宗教が一部の職能的専門家であるプロバイダーの専有物から、ユーザーがお好みで宗教的諸要素をミックスさせたり、「カリスマ」ユーザーが自らの宗教を立ち上げたりする状況が出現したのである。その一例として、オウム真理教がチベット仏教と終末論を組み合わせ、さらには宗教とビジネス・政治・軍事を一つの世界観にどんどんリンクしていった。あるいは、新宗教とセラピー産業を組み合わせ、営業する「神世界」という会社まで現れた（創業者以下幹部は詐欺で逮捕）。このように異なる宗教伝統や社会的諸制度のブリコラージュが容易になり、新宗教が発生しやすい状況において、新宗教とエスタブリッシュされた宗教や社会との葛藤は大きくなる（井上 一九九九）。葛藤の局面がカルトを生み出しているといえなくもない。

しかし、カルトにせよ、ファンダメンタリズムにせよ、特定の教団や宗教運動への反発が、そのような概念とその概念が指し示す実態を構築していると見るだけでは不十分であり、そのような名付けが行われる社会的背景の検討がなされなければならない。カルト問題は反カルト運動により惹起されるという宗教社会学的見解をさらに推し進めると、カルト問題はグローバル化時代における異文化の流入に伴う既成社会の側のモラル・パニックであるという考え方にたどりつく（Richardson and Introvigne 2001）。この考え方においても、モラル・パニックの内実こそが問題であり、カルト問題をモラル・パニックと解釈してみせたところで何の分析もなされていない。

西欧の反カルト運動に関してモラル・パニックの観点から考察を進めたのが中野毅である。中野は、一九八〇年代以降のアメリカにおいて、「保守再興の潮流の中で、新宗教運動を伝統的な信仰、家族、倫理を破壊するものとして批判し、それらにまさに「対抗する」ため発展した運動」として反カルト運動を捉える。「文化的であれ、政治的であれ、ナショナリズムは愛国主義の主張として外部に敵を想定すると共に、内部にも敵を設定する。この運動にとって、反社会的な「カルト」は伝統文化を内側から腐食させる内部の敵であった。その意味で、反カルト運動は少なくとも全体社会からのナショナリスティックな統制運動であり、逸脱を抑圧する運動である」（中野 二〇〇二：一一七）。

アメリカの反カルト運動の中には、正統なキリスト教伝統の立場から異端排除をめざしたものもあったろう。しかし、大方の運動参加者は、失われた家族の絆を取り戻し、私産や人権の回復を求めていた。これらはとりたててナショナルな価値観ではない。むしろ、人権や所有権に関する基本的な権利を主張したまでだ。

アメリカにおける反カルト運動は、その旺盛な社会的クレーム活動にもかかわらず、アメリカの文化的正統性を得ることには成功していない。全体社会の運動となっていないことに留意したい。その理由はきわめて現実的なものだ。保守政治勢力は資金力のある新宗教・既成宗教と結びつく。カルト団体は豊富な資金力を用いてロビイング活動を行う。他方、アカデミズムでは、大方の宗教学者や宗教社会学者が「文化多元主義」と「信教の自由」を擁護し、反カルト運動のクレームを背教者のイデオロギー・心理だとして切り捨てている。自由な競い合いの歴史が優れたものを生み出すという独特の歴史的経験・社会的価値観の前には、伝統宗教であれ新宗教であれ、対等な扱いが求められる。そして、特定の価値観に基づいて社会秩序へ挑戦（社会秩序の回復）をめざす運動はマイノリティとならざるをえないし、アメリカでマイノリティを主張することは権利の庇護を求めるクレームとしてきわめて効果的である。カルト団体が宗教的マイノリティを自称するのはそういう脈絡からである。

二〇世紀後半のアメリカにおけるネオリベラリズムはグローバリズムとして世界に大きな影響力をもたらしているが、そこでいわれる自由を保障する制度は必ずしも社会の安寧秩序、最低限の生活保障や、暮らしの心地よさを保障することを目的としていない。反カルト運動の主張は、豊富な資金・組織力と社会的正当性を得たカルト教団の「強者の自由」から、身体一つで対抗する「弱者」の権利を守ろうとする運動のように筆者には思われる。

アメリカでは劣勢の反カルト運動がヨーロッパでは勢いがある。この相違は、宗教文化伝統のあり方や信教の自由の捉え方に大きな差異があるからだ。

・反セクト法

ヨーロッパにおいて、フランス国民議会で成立した反セクト法（正式名称は「人権および基本的自由を侵害するセクト的運動の防止および取り締まりを強化する二〇〇一年六月一二日の法律」）は、特定教団のセクト性やセクトによる「精神操作」をねらいうちしたものではないが、社会問題化したセクトの取り締まりを意図したものであることは間違いない。

このセクト規制法成立には前史がある。一九八五年の「ヴィヴィアン報告」（原題『フランスにおけるセクト、精神的自由の表現か悪質な担ぎ屋か』）では、下院議員アラン・ヴィヴィアンがフランスにおけるセクトの実態を調査し、対策をモーロワ首相に提言した。報告書には一一六の団体名の列挙があり、日系新宗教をはじめ東洋系の団体が多いが、統一教会とサイエントロジー教会を含む七団体が報告書の公刊取り下げを求めて提訴したが、斥けられた（大石 一九九三：二三〇―二三四）。一九九五年の「ギュイヤール報告」（原題

『フランスにおけるセクト』）では、セクトの実態報告に加えて、セクトに対する現行法の厳格な適用と法的措置の整備が提言されている（宗教事情調査委員会 一九九六）[1]。この後も数冊の報告書が公刊され、セクト規制法の成立に至った。これらの一連の報告書に列挙されたセクトの具体的団体名を見る限り、フランスにおいて非伝統的でありながら勢力を拡張しつつある宗教団体が念頭にあったことが理解できる。中野は前掲書（中野 二〇〇二）において、ヨーロッパの伝統としてキリスト教を前面に出したい教会勢力と、ライシテの伝統を持つ左派議員が共闘して、フランスに流入する新宗教運動に圧力を加えようとしたのだと解釈する。しかし、これをフランスの文化ナショナリズムと考えるのが適切かどうか、疑問が残る。

一つに、社会秩序の形成や社会的価値の実現に共和国政府が強い介入を行う政策は、反セクト運動が喚起した文化ナショナリズムという時代性のほかに、フランスの中央集権的な社会政策の歴史・文化的な特徴を示しているようにも思われる。フランスはカトリックを支配体制に活用した王政時代とナポレオンがカトリックのほか数派のみ公認した宗教制度を一〇〇年近く継続し、その後は一九〇五年以降政教分離を明確に定めたライシテを国是としている。公認宗教制といいライシテといい、国家が宗教政策に積極的に関与（不関与の積極的政策が宗教を公共の場に持ち込むことへの禁止ともなる）するのが特徴である（松嶌二〇〇六)。しかも、ライシテに則る限り、セクトの定義といった宗教の中身に立ち入る法の制定はほかの法律や人権条約との整合性が問題になる。したがって、セクト規制法の骨子は、現行法の効果的運用によって違法行為を行うセクト団体を解散に追い込むことに留まるが、この「解散宣告」がほかのヨーロッパ諸国や世界の国々に衝撃を与えたことは確かである。

もう一つは、セクト規制法が現実的対応を想定して策定された刑事訴訟法であり、個人に対する明確な違法行為を組織的・計画的に繰り返すような団体に適用されるものであって、単なる差別的態度で適用可能となるものではないことである。小泉洋一の要約によれば、下記が各章の骨子となる。

① セクト法人またはその幹部が刑法等に定める所定の犯罪で有罪となった場合、司法裁判所が法人の解散を宣告できる。
② 一定の犯罪について法人の刑事責任を拡大できる。
③ 法人の解散に関わる処罰規定の罰則を重くする。
④ 特定犯罪で繰り返し有罪となったセクト団体の広告を制限する。
⑤ 無知・脆弱状態(未成年者、年齢、病気、身体障害、身体的欠陥、精神的欠陥または妊

娠状態のため、著しく脆弱な状態であることが明白なものまたは行為者にそれが認識されるもの）不当利用罪の適用。

⑥ セクト的団体または自然人による一定の犯罪について、被害者を支援する公益法人が刑事私訴の当事者となりうることなど。

この犯罪として想定されるのは、殺人、暴行、遺棄、自殺教唆、逮捕監禁、窃盗、詐欺、横領、および不法医療行為等とされ、⑤の罰則には三年の懲役と三七万五〇〇〇ユーロの罰金が規定されている（小泉 二〇〇五：七三）。通常、団体解散の規定がなければ、カルト団体の組織的犯罪であっても直接違法行為に関わったものしか処罰できない。逮捕を意に介さず、詐欺をはじめさまざまな不法行為を継続している団体には効果的な対応である。また、未成年（学生）や高齢者をねらいうちにしたり、病人に直接アプローチするような団体に対しては⑤の規定、そして、身ぐるみはがされたり精神的にボロボロになったりした被害者には⑥のように後見人が必要である。

フランス以外のヨーロッパ諸国は、各政府が行ったセクト問題調査委員会の報告書を見る限り、ベルギー、スペインがセクトによる精神操作を批判的に認識しており[2]、スイス、ドイツは反カルト運動側の見解と宗教社会学側の見解を併せて問題の多面性を認識し、消費者法等の現行法でこの問題に対処する方針を示している。アジアの中では、中国が法輪功をカルトとして取り締まるべく、アメリカの反カルト運動団体に盛んにロビー活動を行っている。

中野や欧米の宗教社会学者のように、世界各地のさまざまな反カルト運動を文化ナショナリズムの表れと解釈することは、地域の政治体制や社会・文化の構造、社会問題のコンテキストを軽視することにつながるのではないか。筆者は、反カルト運動という概念そのものの論評よりも、個々の反カルトの活動が、具体的に何を目的とし、どのような手段でその達成を考えているのかを見た上で、その活動が社会問題を解決できるかどうかを見きわめたいと考えている。

この筆者の考えはメゾ、ミクロの領域でカルト問題を具体的なコンテキストで考察するという視角から出てくるものであり、井上や中野のマクロな議論を否定するものではない。むしろ、カルト概念は政治・経済・文化の諸領域において社会秩序を形成する側がマイノリティを包摂しようとする際に使われるラベリングであったことにも十分配慮したいと考えている。ただし、ラベリングをして社会問題化する（逸脱とみなす）こと自体を体制側の権力として批判する立場を筆者はとらない。個人の人権を侵し、社会的安寧を破壊する行為には社会的な注意喚起（法的取り締まりも含む）が与えられるべきだろう。体制や秩序への挑戦が文化のイノベーションや社会の変革につながることもありうるが、一般市民の生活を犠牲にしてまでその可能性にかけることはないと筆者は考えている。この論点はカルト問題と公共性の問題として本章の最後にふれる。

四　カルト論の現代的射程

カルト論の構図

前節で述べたミクロ、メゾ、マクロの社会領域ごとに展開されたカルト論とその調査研究を再度整理してみたい。対象としての宗教を、①信者／元信者・関係者、教団、宗教運動等、宗教現象の担い手の次元、②宗教制度・役割の次元、③宗教の社会的機能（心理的作用）の次元、④宗教研究の分析視角の次元において、ミクロ、メゾ、マクロの諸領域でどのような研究対象と課題が論じられているのかを整理したのが表1－1である。

一口にカルト論、カルト問題の研究といってもさまざまな切り口がある。そして、学問分野ごとに扱う領域が異なる。ここでは十分ふれていないが、心理学・精神医学が論じる「カルト」体験の心的作用（PTSD、トラウマ、さまざまな精神障害）もあろうし、精神操作（社会的影響力の行使）に関わる研究もある。社会関係（社会化される自己、他者の予期を

表1-1　カルト論の構図

宗教現象／社会領域	マクロ（社会構造，社会変動）	メゾ（社会集団，地域社会）	ミクロ（社会的相互作用，社会過程）
担い手	ハイパー宗教と反カルト運動のグローバル化（マスメディア，政府）	カルト教団（悪魔崇拝，セラピー団体等）と反カルト運動，マスメディア	信者と元信者，宗教者，カウンセラー，弁護士，研究者
制　度	カルト対策（反セクト法，放任主義）	新宗教・カルトの類型論・発展論，反カルト運動の制度化	教団による心理安定・生活保障，反カルト団体による支援・ケア
機　能	文化のイノベーション，モラル・パニック	社会秩序からのラベリング：カルトの社会的構築	意味探求の問題処理，信者・家族の生活機能障害
分析視角	社会変動と宗教変動：世俗化論・新宗教運動，再活性化運動・千年王国運動	社会的コンフリクト：逸脱集団の統制と社会秩序形成（専門家による介入）	入信と脱会：入信論と脱会論 vs. 洗脳，マインド・コントロール論

想定した相互行為）を基本とする社会学と、自己の認知と精神作用を外的環境から切り離して分析の単位とする心理学・精神医学とは人間観や研究上の視角が異なる。そのため、ミクロ領域においては、入信行為の論じ方に大きな差異が生まれ、マインド・コントロール論争につながっているのではないかと思われる。この点は第二章で詳しく論じる予定である。メゾ、マクロ領域では、本章では十分ふれていないが、法と宗教制度、宗教政策という問題領域がある。これも第五章と第六章で改めて取り上げることにしよう。信教の自由や自己決定を最大限に尊重するという人権の問題と、社会的秩序を維持するためにカルト問題への行政・司法の介入をどの程度認めるかという問題があることのみ確認しておきたい（櫻井 二〇〇二a）。

カルト論の新展開

ここ二、三十年の宗教社会学では、「宗教と社会」の関係を総体として把握するよりも、個別の宗教運動や宗教者の内面世界に分け入ろうとするメゾ的・ミクロ的社会認識が主流になってきた。この社会認識の視座と方法でカルト問題を調査しようとすると、研究者は対象者に密着した記述の意味を自己言及的に問い直すことに相当の時間を費やさざるをえない。研究領域としてはファーストハンドのデータを扱うということではある意味で手堅いが、その解釈が一つの結論を導き出すことはなさそうである。

　他方、メゾ、マクロ領域では、カルト問題の当事者を支援するために介入した宗教者、医療・法律の専門家によるカルト批判の言説と、教団側の対抗的言説を対応させ、さらにマスメディアの言説やインターネット空間の博識な傍観者たちによる言説をも参照しながら、カルト問題の社会構築性を明らかにすることができる。第二章はこの課題に取り組んだものであり、従来のカルト側・反カルト側の対立した言説空間や法廷という公共空間における争いを理解する一つの視点を提示できるものと考えている。

　また、心理学や精神医学が直接扱わないマクロ的な宗教認識は、宗教社会学の強みを発揮できる領域と思われる。従来の宗教社会学の研究はここで行われてきた。しかし、マクロ的宗教認識が持つ欠点は、マクロ次元のカルト論で説明したように、文化的表象や社会構造・変動上の相同性は本来解釈にすぎないのに、それらを社会的事実とみなす傾向があることである。メゾ、ミクロ次元で運動の当事者や問題そのものに関わりながら調査研究をする筆者には、マクロ的認識であっても調査上の社会的文脈等に依存するものであることへの意識が希薄であることが気になる。言い方を換えれば、宗教社会学において解釈を下す研究者の立ち位置や研究対象との関係をあまり明示することなく、カルト現象に関わる論文や書籍が書かれているということに研究者は注意を払わなければならない。

さらに、カルトという言葉に社会的告発や政治問題化という実践性がすでに付与されている以上、研究者がそれらの言葉を用いて特定の宗教現象を説明しようとすれば、当該の問題に特定の立場を表明することになる。しかも、特定教団の暴力により身体や財産に危害を加えられ、また信教の自由を侵害されたと主張する人々を目の前にして、研究者はカルト問題の解釈を一通り述べれば役目を果たしたとはいかない状況があることも確認しておきたい（櫻井 二〇〇二c）。

カルト問題と公共圏の形成

従来のカルト研究の限界は、研究者自身も問題に巻き込まれているという当事者性の認識の希薄さと、対象の設定が不適切なために問題の射程に奥行きを欠いたことに由来する。宗教研究は、反カルト運動と同様に、カルトを実体としての教団組織とみなし、マインド・コントロールを具体的な布教・教化手法と考えてその議論の是非を考えてきた。しかし、これらの概念は実体ではない。社会的葛藤の所在を示すシンボルである。

例えば、「カルト」はアレフの信者たちと世田谷区烏山地区住民の居住空間をめぐる葛藤の中に現れる。「マインド・コントロール」は統一教会脱会信者と教団との入信の自己決定権をめぐる裁判の中で出てきた問題である。無差別テロや霊感商法といった明白な犯罪行為への批判とは別に、暴力の蓋然性に対する恐怖・怒りが地域住民の生活圏を侵害するものとしてカルトに実体化され、人権侵害の蓋然性が特定教団においてマインド・コントロールとして問題にされるのである。今後のカルト問題の研究は、教団組織や宗教行為だけではなく、教団と社会、信者と市民のあいだにある葛藤、価値観や生活様式、ふるまい方の相違に着目し、社会問題のありようを分析するべきである。

「信教の自由」「居住・移転の自由」「集団結社形成の自由」は基本的人権であるし、社会が守るべき公共的価値でもある。カルト問題では、具体的な社会生活においてこれらの諸価値をそれぞれに奉じる主体間の葛藤が現れる。それらの葛藤が市民運動や裁判の中で明確化され、協定や裁定がなされる中で、社会における人権や公共性の具体的中身が作られてくるのではないかと思う。皮肉にもカルト問題は、社会の公共圏形成に役立っているのである。そこで、次に問うべき課題は、当該社会のいかなる価値やルールとカルト視される教団は葛藤を起こしているのか、その葛藤を当該社会はどのような言葉、論理で問題化し、問題解決の道筋を考えているのかということではないか。これが本書を貫く問題意識である。

註

（1）セクトの定義としてあげられた基準は、①精神の不安定化、②法外な金銭的要求、③生まれ育った環境との断絶の教唆、④健全な身体の損傷、⑤児童徴用、⑥多少を問わず反社会的な教説、⑦公共秩序の錯乱、⑧多くの裁判沙汰、⑨通常の経済流通回路からの逸脱傾向、⑩行政当局への浸透の企て、である（宗教事情調査研究会 一九九六：六）。

また、セクト団体として掲載されている団体名は下記の通り（同上：一三―一七）。日本に関わりのある団体には傍線を引いてある。

●信者数五〇名以下のセクト団体

バラ十字同盟／文化研究協会、AMPARA、アルファ文化協会、スンダリの御業支援協会―本質主義スクール、生存の権利協会、AIADYAKHAN心霊協会、ラファエル精神応用センター、フランソワ・ドゥ・サル啓発・援助センター、人間開発センター、ダルマティア治療センター、宇宙の鍵、黄金の時代のさきがけの会、テバイド共同体、食肉業共同体、宇宙（Cosmicia）、宇宙・直感・翼、Dakpo Shampa Kadgyu、地球外避難準備スクール、ラオルフ、アーノルド、オズモンド会ニューエルサレム・キリスト教会、ルシフェル哲学教会、EL―自らの肉体たれ、神の光の発散、発達の研究の教えと治療法、在る・存在する・エナージェティクス、サン・ジェルマン基金、Cagliostro―エジプト儀式の魔術と降神術のための至高の国際グランドロッジ、平和のキリストの修道院、イマージン（Imagine）、洞察セミナー・心的エネルギー、心理・心霊（psychanamie）協会、精神分析協会、フランク・ナタル協会、幸福の科学、中心の樹、新時代、国の自殺、ランドマーク教育インターナショナル・フォーラム、超人の会、水瓶座の村、サン・アンドレアス信心友の会、マリーの友・マリーの貧者、新バビロンの十字軍兵士、生命の庭、レジャーと健康―鏡の肉体、黄金の光、MAEV、精神統一―シルヴァ法科学的立法学者とイニシエーションの神秘の霊、フランスの騎士と三位一体の会、世界神殿の会、限られた赤の概念、七時の啓示、サンクチュアリー、いまいかにして変わるか、フランス神慈秀明会、フランス心のエマージェンシー・ネットワーク―Viveka Holotropique 呼吸

●信者数五〇―五〇〇名のセクト団体

Dozule 栄光の十字架の友、マリーの方舟、ASPIRAL、フランスの制度における表現の自由を守る会（ADLEIF）、フランス瞑想の会、フランス新アクロポリス協会（ANAF）、世界基督教統一神霊協会、巧みな芸術振興の会（APPAI）、フランスVO Vi協会―フランス非存在の科学の友会、ATHANOR、AZAZEL協会、グノーシス研究センター、OSHO情報センター、癌予防の情報・交流資料収集センター、Mahatanaya 瞑想センター、Djivana Prana 白鳥センター―命の泉、Paraclet センター、新時代のパラサイコロジー―国際科学研究センター、西欧一角獣Wicca イニシエーション・センター、活力の彗星―太陽の水車、普遍の生命伝播の共同体、Satonnaya 信徒団、フランス Eckankar、Eija、活力と創造・活力と創造性、

エナジーワールド、「いま存在する」文化スペース（ＥＣＥＭ）、伝統研究と心的エネルギー研究（ＥＴＲＥ）、パラサイコロジー能力、ナザレの家族、クリシュナ意識協会・フランス同盟、本能的栄養源開発の国際同盟（ＦＩＤＡＬＩ）、生命の躍動基金、ホリスティック・ハーモニー、フランスHumana-TVIND、イエスの聖霊教会、肉体と認識の研究協会、サン・ブルー協会、西方ホリスティック学会、ニーム神学学会、パリ教会、愛の家族、精神の科学、光明の道（光明発展の研究の会）、世界の道、グラン・ロッジ、Lectorium rosicrucianum（バラ―光の十字架）、Maat の光、Maha Shakti Mandir、曼荼羅33、Swmi Atmanndara Atma Bodha Satsanga 伝道団、テモテ伝道団、ユマニスト運動、クリュニィ文化オフィス―全的な生気の国民同盟、Ogyen Kunzang Choling、東方教会の会（Ordo Templi Orientis）、使徒の会―神癒の環境、熱心な聖盤（Graal）の会、百合と鷲の会、Avallon 修道会、新生テンプル会（ＰＲＴ）、Oxyon 777（旧 Harmonia）、Paravidya 最高智、国際コミュニケーションの共有の会、天然の哲学、平和のクィーン―マリーとモンフォールのルィーズの純潔の心の会、霊友会、聖バニ（Saint Bani）、Saman、ヨーロッパ清明教、Siderella、Rasta シスター運動、フランス Holosophique 協会、Star's Edge インターナショナル―Avatar 法、崇教真光、伝統・家族・財産、転変（Trans-mutation）、冒険、生命の調和ＳＡ

●信者数五〇〇―二〇〇〇名のセクト団体

世界同盟、ＡＮＴＨＲＯＰＯＳ—人間の全的発達研究協会、フランス・スブド協会—Susila Dharma France、パリ Sri Shinmoy 協会、アントワーヌ派、エフェソスの領域、プザンソン・ペンテコステ福音教会、神の世界教会、フランス国際キリスト教会、世界白い友教会、強い生への誘い、眼が開く、ヨハネの家、信仰の言葉—世界福音伝道、フランス聖盤（Graal）運動、文化・伝統—方法論的存在学、パリ Dharma Sah—ヨーロッパ社会仏教の蓮華 Sangha、精神分析三部論（Trilogie）国際協会—Sarl、Sri Satyha Sai 教会センターグループの同盟、Brahma Kumaris 国際心霊大学、フランスのキリスト者生活—キリスト者生活センター、Viswa Nirmala Dharma-Sahaja ヨーガ

●信者数二〇〇〇—一万名のセクト団体

ルシヤン・Ｊ・アンジェルマジュエール協会、ＣＥＤＩＰＡＣ ＳＡ（旧ＧＥＰＭ）、金の蓮華の騎士、サクレ・クール兄弟姉妹共同体、パリ・サイエントロジー教会、フランス新使徒教会、神の王国世界教会、フランス・人間と万物のエネルギー—ＨＵＥ フランスパリ Maharishi ベーダ科学院—ＣＰＭ瞑想者の会（「超越瞑想」）、フランス・ラエリアン・ムーブメント、フランス Shri Ram Chandra 伝道団、フランス創価学会インターナショナル

（２）ベルギー議会がセクト団体としてリスト化した団体は以下の通りである（宗教事情調査研究会 二〇〇一：九—九三）。日本に関わりのある団体には傍線を引いてある。

●非公開尋問の際提供された情報

L'Ange Albert、人類出現期会、オウム真理教、世界基督教統一神霊協会（原理研究会）、クリシュナ意識国際協会（AICK）、思想交換中（ACC）、黄金のロスト騎士修道会（Mandarom）、小石の共同体、De Groep、哲学学派、Ecoovie、サイエントロジー教会、ブリュッセルのキリスト教会、神の王国カトリック教会、Elewout センター、人間と宇宙のエネルギー（HUE）、クロムエネルギー運動（ECK）、Ex Deo Nascimur、宇宙白系兄弟会、人類出現期のグノーシス派の宗教団体、創造的エネルギー、愛の家族、世界バハイ信仰、超越瞑想TM、聖杯運動、人文主義運動、新アクロポリス、至上命令とエルサレム神殿の軍人（OSMTJ）、太陽寺院（OTS）、サミュエル神父、Les〈Pinkstergemeenten〉、Sahaja ヨーガ、Sathya Sai Baba、Siddha Shiva ヨーガ、Sierra 21、創価学会、崇教真光、Les Szatmars、エホバの証人、精神療法医師団

フランス、ベルギーのセクト団体は、カトリック・プロテスタント系の新宗教、仏教・ヨーガなどの東洋宗教、スピリチュアリズム、日系新宗教、アメリカの新宗教などさまざまである。

第二章　カルト問題におけるフレーミングとナラティブ

一　宗教調査の困難

一九九五年のオウム真理教による地下鉄サリン事件以降、日本ではカルト問題が一般社会で認知されるようになった。二八年たったいま、事件の衝撃や危機意識は風化しつつある。第一章でも述べたが、オウム真理教にこの数年毎年一〇〇名近くの新規の入信者があり、後継の両教団とも事件後に入信したメンバーが半数近くに達しているとされる。サリン事件実行犯に対する最高裁の死刑確定の報道も、人々の記憶を回復するには紙面の量が控えめだ。オウム真理教の出家・在家信者一六五〇名余りの存在や、彼ら・彼女らの集団居住に反対する地域住民、あるいは出家した家族の帰還を待ち望む家族の存在もメディアから忘れられた観がある（櫻井　二〇〇四d）。

しかし、二〇一一年一二月三一日、一七年間逃亡生活を送っていた平田信（逮捕監禁罪と爆発物取締罰則違反（指名手配容疑）、および火炎瓶取締法違反で起訴）が自首し、次いで平田の逃亡を助けた斎藤明美が二〇一二年一月一〇日に自首した。当初は教祖の松本智津夫の死刑執行を攪乱する動きとの疑惑も持たれたが、実質夫婦生活を送っていた両名は愛玩するウサギが死んだため、卯年の最後の日に逃亡生活に終止符を打ったと供述した（「卯年、月が旅立ち俺も旅立ちます」裁判資料）。警察の捜査網やメディアのオウム真理教批判よりもペットの方がオウム真理教信者を改心させるのに力があったという事態は何とも皮肉である。後日、両名は所持していた現金八〇〇万円を被害者とオウム真理教犯罪被害者支援機構に贖罪寄付した。平田は二〇一六年の最高裁で懲役九年が確定し、斎藤は二〇一二年東京地裁で懲役一年二ヵ月が確定した。

二〇一二年までに地下鉄サリン事件をはじめ重大事件に関わった教祖・信者一三名の死刑が確定し、二〇一八年七月に一三名に対して死刑が執行された。オウム真理教に対する司法的対処にひとまず区切りがついた。しかしながら、オウム真理教に関する学術的な宗教研究は事件後に宗教研究者が行った若干の研究と、二〇一一年に刊行された膨大な教団資料を再分析した研究者たちの共同研究である『情報時代のオウム真理教』（井上・宗教情報リサーチセンター編 二〇一一）を除き、さしたる成果を上げていない。その主な理由は、宗教研究者の中でオウム真理教事件やカルト問題を十分に咀嚼し、問題の解明や研究方法の革新に取り組むものが少なかったことがある。従前の教団研究の問題点が如実に表れたのが宗教学者である島田裕巳のオウム真理教問題だった。

島田はオウム真理教について、「オウム真理教はディズニーランドである」という一九九〇年の寄稿（島田 一九九〇）を皮切りに同種の言説を述べ、一九九五年に富士山裾野にあるオウム真理教の第七サティアンの内部視察を許可され、サリンプラントをカモフラージュする張りぼてのシヴァ神を見て宗教施設であることを確認したと記した（島田 一九九五）。オウム真理教への調査・評価の甘さと教団に家族が巻き込まれた学生への不適切な対処などがメディアで批判され、また、オウム真理教からホーリーネームをもらっていたなどの誤報・風評被害により、日本女子大学教授の辞任を余儀なくされた。島田自身はその後一〇年をかけて宗教評論のジャンルを切り開き、一般読者向けにわかりやすい宗教論でベストセラー作家となっている。島田は著書『オウム――なぜ宗教はテロリズムを生んだのか』において自身のオウム真理教論を総括しているが（島田 二〇〇一）、その評価は渡辺学の書評に譲るとして（渡辺 二〇〇二）、島田の宗教学に対する問題提起は一考の余地がある。すなわち、島田の限界は宗教学の限界でもあったのだと。ただし、従前の宗教研究の方法で現代宗教を論評していたらオウム真理教の罠にはまってしまったことと、自分だけが最後までメディアに出続けたために宗教学者に対する世間の怒りを一身に受けてしまったという島田個人の経験を宗教研究という学問論にまで昇華できなかったうらみがあり、そのために学会は島田の主張に耳を傾けなかった。適切な問題提示がなされていれば、宗教学会の会員の中には真剣に受け止めたものが少なくなかったはずである。教団やマスメディアとの関わりにおける研究姿勢という島田の個人的問題のみがクローズアップされたが、調査対象の内在的理解（参与観察や面接法によって得たナラティブの解釈により対象者の意味的世界を調査者が明らかにするという方法）という学会で認知された研究方法の問題が正面から問い直されてもいたのである（弓山 二〇〇二、塚田 二〇〇一：二八九―二九九）。この章では研究対象としての宗教を記述し説明することの方法論的問題をカルト研究に即して論じてみようと思う。

本章の目的は、カルト問題を考察することで宗教研究、とりわけ宗教社会学の調査研究において、方法論的革新が求められていると論じることである。そして、それは後述する調査の方法論的難点のみならず、研究者が問題に巻き込まれ、利害関係に加担せざるをえない社会的状況のゆえに、革新の道筋がそう簡単なものではないことを指摘することになる。このような主張は宗教社会学では目新しいかもしれないが、社会学ではすでに社会調査のさまざまな問題として論じられてきたことだ（日本社会学会 二〇〇三）。また、人類学が民族誌を記述する方法論、および対象者・対象地域との倫理的・政治的問題に直面しながら苦闘してきた問題意識をようやく共有し始めたといえるのかもしれない（太田 二〇〇一）。

以下、第二節ではカルト問題における基本的な問いである「人はなぜ入信するのかという説明」のフレーミングの問題を取り上げ、第三節では、入信論の根拠となるカルト信者や脱会者のナラティブの問題を検討する。そして、第四節でカルト問題研究の社会的意味を確認しながら、社会調査のめざすべきところを論じようと思う。

二　入信の理論と社会的フレーミング

宗教研究とカルト問題研究のあいだ

なぜ、あの人があのような教団に入信したのか。それは信仰の結果なのだろうか。自分で選んだのであれば仕方ないが、騙されているとしたらかわいそうだし、助けてあげる術はないものか。

研究者にせよ、宗教者にせよ、あるいは一般市民にせよ、伝統宗教以外の新宗教や社会問題化した教団への入信に対して、このような問いや感慨を抱くかもしれない。思いつきで答えるのでなければ、何らかの方法で調べる必要がある。一つのやり方は、先学の人々が考えた事柄をヒントに思索をめぐらすことである。宗教研究の古典を読み直すか先行研究にあたるという方法である。もう一つは、当人か、事情を知っている関係者に様子を尋ねてみるという手段である。これは調査をするということになろう。どちらのやり方を採用するにしても、調べる前か、調べた後に、入信の類型や理由等についての仮説を作るだろう。こうした作業を制度化された学問の枠内で行えば、研究による理論構築ということになり、特定の主張をするための運動で行えば、(文化的・社会的)フレーミングということになる。どちらも自分の主張を一般市民に納得してもらうために、学術的組織やメディアの媒体を利用して「なぜ・いかに」に関わる理屈を説明し、賛同者を獲得しようとする(野宮編 二〇〇二、Benford and Snow 2000)。

宗教研究の場合、当該の宗教制度や宗教運動、あるいは宗教文化の外部で理論構築を行おうという営み(例えば宗教学など)のほかに、内部の当事者による主体的な問いと答え(神学者・教学者から信者の体験談に至るまで)がある。日本基督教団所属教会の信者が信条を語れば、それは尊重されるだろうし、神学者や牧師の語る言葉は傾聴されてもいる。それらの問いと答えを無視した宗教研究はありえないだろう。自らの主体的な信仰によって、当該の宗教伝統や教団を内側から語る研究者の言葉は重く受けとめられるのである。新宗教研究においても先に述べた内在的理解が重視されるようになってから、信者の主観的な信仰理解を度外視し、教説や教団組織あるいは活動そのものを批判するような論評は非学問的として斥けられている。

ところが、カルト問題研究では、圧倒的に宗教の外部で理論構築とフレーミングが行われる。反カルト運動において、教祖や信者の言説は、批判団体や運動において否定されるべきものだ。オウム真理教の開祖麻原彰晃こと松本智津夫や信者が語る教えや信仰実践に共感する人は潜在的に少なくないかもしれないが、それを学会や一般社会で公表することは差し控えられるだろう。自分の人生観や人格形成に関わらせてカルトの問題を扱うと、世間から無用の誤解を受けかねないとして、研究者は信者の自己理解や信仰の表明を調査上のデータとして扱う。つまり、カルト信者の語りは入信の動機や教団による教化の言説を示す一つの資料という限定付きで尊重される。

カルト問題では、当該教団の存在を是認するにせよ、否定するにせよ、宗教行為の当事者よりも、外部の研究者や反対運動のフレーミングによって信者や教団像が形づくられる。この点において通常の宗教研究とは異なる。さらに、歴史学の民衆宗教史や宗教学・宗教社会学の新宗教研究のように、政治体制や伝統宗教へのオルターナティブという視点から宗教者の内面的世界を探究することで、対象への理解を示すような態度がとりにくい。宗教思想として公認したものと教団や社会から誤解を受けかねないからである（櫻井 二〇〇二b）。当該教団に理解を示す研究者であっても批判的な利害関係者であっても、カルト問題をどう個人として判断するか、カルトに対するフレーミングをどう評価するのかという立場の表明なしに研究対象に向かうことが許されない社会状況があるといえよう。

カルト論をめぐる争点

カルト問題に関わる理論構築の一方の代表が宗教社会学であり、他方、批判的な研究やフレーミングの代表が反カルト運動である。ここで両者の立場の相違を明瞭に示すために、カルト概念をめぐる争点にふれておくことにしよう（櫻井 二〇〇四b）。

反カルト運動と新宗教研究者、教団側とのあいだで展開されたアメリカのカルト論争は、一九九五年三月二〇日のオウム真理教による地下鉄サリン事件以降、日本でも論議されるようになる。宗教の暴力行為をカルトの悪意によって善良な市民がマインド・コントロールされた結果とわかりやすく捉えることへの疑問が宗教研究者から出された。二〇年近い新宗教研究の研究蓄積からしても、カルトを含む新宗教信者が総じて騙されているなどという乱暴な議論はできない、アメリカの反カルト運動のフレーミングに置き換えることはできないという主張である。以下の論述では主にアメリカにおけるカルトの社会的処遇を述べ、必要な限りで日本の状況にも言及することにしたい。

社会心理学者の中には全体主義的集団特性をカルトとし、教団の布教・教化における悪質な心理操作（影響力の行使）をマインド・コントロールという分析概念に練り上げて、問題のある集団の特定化や批判に用いる論者がいる。しかし、集団内の統制力の強さだけでは、軍隊とカルトの相違が曖昧である。そこで、自発的意志で当該集団に加入し、離脱することが可能かどうかを問題にする。軍隊は入隊・除隊の手続きが明確であり、徴兵制度下でも良心的兵役拒否が認められている国もある。ところが、カルトは教団組織や活動の実態を明らかにしないまま一般市民を勧誘し、脱会しようとする信者に物理的・心理的プレッシャーをかけて、自由意志を剥奪していると主張される。カルト信者は（前線に配置された兵士や捕虜と異なり）教団から離脱可能な状況に置かれているにもかかわらず、行動・感情・認知の諸側面にわたって巧妙な心理操作がなされているために、教団活動を継続しているという主張がマインド・コントロール論である（Singer 1995＝一九九五、西田一九九五）。したがって、現在活動している信者の発言は真実を伝えるものではなく、脱会した元信者の発言が、マインド・コントロールを解かれたことで真実を証言していると尊重される。

このようなカルト批判の理論に対して、批判された教団側は信者の自発的意志による入信を主張する。また、宗教学者や宗教社会学者たちは、信者の「人格」や行動全般に働きかけるのが宗教集団の特徴であり、熱心な信者を狂信者とみなしたり、教義や儀礼、宗教活動の中身を価値的に判断して妄信と見下したりすべきではないと反論する。一見奇異に見える言動も宗教的行為と認め、信者による信仰の語りを宗教的意味理解として尊重すべきだとする。入信論には、信念体系構築の自発的契機を重視した議論と、布教行為における相互作用や教団組織内の統制的側面を重視した議論がある。しかし、マインド・コントロールとして告発されるほどの強力な精神操作や環境負荷は与えられていないし、カルト視される教団における自発的脱会者の多さがその証左であるという（Barker 1984）。

また、カルトの暴力性、社会への敵対的態度は、特定教団に固有の性質というよりも、批判的人々や反カルト運動、一般社会からの白眼視によって教団が追い込まれていく対立的構造の中で先鋭化した結果であるとされる。カルト批判論者がいうほどに暴力的な教団はない。むしろ稀であるという（Wright 2002）。「悪魔崇拝（Satanism）」の告発と同様に、カルトの恐怖を煽ることに根拠はないというのがアメリカの新宗教研究者や宗教社会学者の基本的見解と捉えておいてよいだろう（Bromley and Cutchin 1999）。

要するに、アメリカのカルトとは、特定の宗教的立場から見て異教・異端的な教団に対して利害関係者から冠せられた標識であり、マインド・コントロールの危険性とは、信者の信仰を無視して強制改宗を行うディプログラマーたちの正当化の論理にすぎないとされる（Kim 1979）。社会的に問題視される教団に不可抗力的に入信させられ、外部からの支援（ディプログラミングや脱会カウンセリング）によって初めて離脱できたという元信者の証言は、教団に介入することを正当化する言説である。これは少なからぬ自発的脱会者の存在を無視しているという。歴史上、特定の教派や教団からの離脱者が一般社会に再適応したり、別の教派に受け入れてもらったりするために、騙されたという言い方がしばしば使われてきた。マインド・コントロール論は背教者の心理や言説として見ることも可能だというのだ（Bromley 1998）。

グレーゾーンにあるカルト問題

本章ではカルト論者のマインド・コントロール論と宗教研究者の入信論を比較して、どちらが正しいのかを判断するという議論は行わない。どちらにもそれぞれの仮説構築の論拠がある。そして、争点になっているのは、教団の犯罪行為そのものよりも、社会的逸脱行為と明確な違法行為とのあいだにあるグレーゾーンの宗教行為なのだ。

一九七八年にガイアナで九〇〇名余りが集団自殺した人民寺院の例では、青酸カリが混入された液体をあおるのを拒み逃げ出そうとした信者が、教祖ジム・ジョーンズの手下によって銃殺されている。オウム真理教は教団犯罪の露見を防ぐために信者や反対する弁護士、一般市民を殺害し、無差別テロすら行った。これらは誰が何を言おうと明らかな犯罪である。

宗教集団であろうとなかろうと、違法行為には刑事・民事の法的対応がなされる。わざわざ、これは犯罪です、社会的制裁が必要です、と警察や法曹関係者に説明するまでもない。ところが、カルトにおいて問題にされるのは、未だ違法であるとみなされておらず、社会的統制も加えられていないが、信者の人権を侵害し、社会の福祉・公共性に反する宗教活動があるということだ。さらに付言するなら、麻原裁判における判決のように、ある特殊な教団の教義・儀礼や修行・組織構造、および指導者のパーソナリティが犯罪の淵源になるという仮説もある（櫻井 二〇〇四 e）。もちろん、教団側は問題ないと主張する。このグレーゾーンの問題性をめぐって、カルトを批判する側、擁護する側からさまざまなフレーミングと社会的実践が行われる。ここにカルト論争の決着が容易につかない理由がある。

文化的フレーミングとしての異端・異教のラベリングは主流の宗教伝統によるものであるが、本章では社会的フレーミングの方に着目してみたい。教団活動が社会構成員の多数派の一般常識や社会的ルールから相当に逸脱している場合に、反社会性や違法性の概念で教団の組織的行為を社会問題化しようとする。反カルト運動や、マスメディア、一部の研究者たちの認識方法、およびその普及をめざす社会運動がこのようなフレーミングを行ってきた。

フレーミングとしての新宗教論とカルト論

アメリカの宗教研究者は、「カルト」という言葉を使わず、「新宗教」を好む。仮にカルトを使っても、教団類型論としてのカルトでカリスマ的指導者による創唱宗教であり、ゆるやかな信奉者集団による教団初期の状態という程度の意味である。カルトを批判する人々が用いる「破壊的（destructive）」とか「反社会的」という修飾はつけないし、その含意もない。しかし、カルトの日常的用法として、マスメディアを通じて小さな教団のスキャンダラスな側面や危険性が喚起されてきたし、その意味合いが強い。

このカルトの用法に関わる経緯は、元々は一九六〇、七〇年代にアメリカに流入した東洋系宗教やニューエイジ運動がすべての発端である。管理社会や市場経済、国家間の争いなどに反対する青年たちや中産階級の一部が、精神的覚醒（スピリチュアリティ）による自身と社会の変革を求めてこのような宗教運動や精神運動に没入していった。反体制というオルターナティブな価値や宗教的情熱を評価して、新宗教研究に向かった研究者たちがいたのである。

　しかし、これらの宗教に主流派キリスト教の聖職者は眉をひそめ、親たちが子どもたちのあまりの生活態度の変わりぶりに驚き、「洗脳」されたのではないかと疑った。親たちの中には、子どもを強制的に離脱させようとして、脱会請負業者（ディプログラマー）に子どもの洗脳を解く（ディプログラミング）ことを依頼するものもいた。そして、先に述べた人民寺院の事件などが伝えられると、マスメディアはこぞってカルトの危険性を社会的に喚起するアピールを一般市民向けに行い、さらにカルトに反対する親たちや元信者を支援する宗教者やカウンセラー、心理学の研究者が、それぞれの立場で社会的アピールをするようになっていった。こうして現在の否定的カルト像ができあがったのである（櫻井二〇〇二c）。

　このような経緯を見ていくと、宗教研究はアカデミズムであり、反カルトの側は社会運動であるとする構図は単純すぎる。つまり、それぞれに外部からこの社会現象を評価し、積極的に関与しようとする利害関係者がおり、アカデミズムに身を置くものであっても社会的実践の意図と戦術があることがわかる（表2－1）。

　新宗教研究者はリベラルなスタンスを標榜しているが、伝統や体制側の宗教に対抗的な文化運動を評価する傾向がある。新宗教の調査研究はそうした運動に対して正当な評価を

表2-1　社会的フレーミングの構図

	アカデミズム面	運動面	社会的実践	利害関係
新宗教研究	宗教学・社会学	対抗文化	調査	教団との関係
反カルト	心理学・法学	反カルト	カウンセリングや訴訟	脱会者・両親

与えようとする社会的実践であった。宗教多元主義や宗教的寛容を社会に要請する研究者の意図はどうであれ、教団は新宗教研究の成果を元信者から告発された事件で十分に活用した。

反カルトの側では、脱会者や家族、その支援者をサポートするために、精神的回復（カウンセリング）と司法的回復（損害賠償請求）を求めた。精神的抑圧や失調の原因がカルト体験と考えられたために、教団で教化された認知枠組みや感情をさまざまな仕方で解きほぐしていくことがめざされた。マインド・コントロールによる精神操作の危害を学習することが、元信者にもカウンセラーの側にも求められたのである。メディアや法廷においてカルト体験の被害を回復する手段として教団の告発がなされていったが、統一教会のように明らかに布教主体と目的を秘匿した布教行為をなす教団を例外として、勧誘行為や教化行為それ自体の違法性は問われなかった。自由意志の侵害という脱会者からの告発は、教団による信仰の外形的強制という行為を確認できない場合に論証が難しい。カルトが用いたとされる勧誘方法、すなわち騙して入信させ、信者を縛りつけておくマインド・コントロールという承諾誘導の社会心理学的技術については、科学的論証が十分ではないためにその是非が問えないということになった。しかし、これでマインド・コントロール論が非科学的と判断されたわけではない。法廷は特定の社会科学的な仮説の妥当性に裁定を下す機関ではなく、法律論の枠内で必要な限りにおいて自然科学や社会科学の知見を採用するに留まる。

行為の因果論と違法性の論拠

違法行為とは、保護規定（法による権利の保障）の存在を前提にして、加害者の意図ないしは過失、加害行為と被害の因果関係が論証されなければならない。マインド・コントロール論はこの因果関係に関わる説明理論であるが、行為の違法性を構成する要件としては、加害行為それ自体が保護規定を破っているかどうかの方が重要である。そして、結果の状態が社会的に容認できないほどの深刻な損害を含む場合に違法性が明確になると考えられる。宗教一般の布教や教化行為における感化力（社会的影響力）と、カルトのそれを分ける明確な基準を設定することは難しい。因果関係の説明そのものよりも、むしろ、布教や教化の手段がそれ自体で重大な人権侵害に相当するかどうかを問題とした方が生産的である。日本では、統一教会の元信者が教団を相手どった違法伝道訴訟を起こし、この観点から初めて詐欺的布教が断罪された（櫻井 二〇〇二a）。訴訟においてマインド・コントロール論の有効性がアメリカでも日本でも確認されてきたわけではない。しかし、否定されたわけでもない（櫻井 二〇〇三a）。

いうまでもなく、理論の科学的妥当性は学問領域において検討されるものであって、法廷で決定されるものではない。この点を誤解した、あるいは意図的に利用した、マインド・コントロール論は無効というフレーミングが、カルト視される教団と一部の研究者、メディアによってなされている現実が、アメリカや日本にある。もちろん、反カルト運動においては、カルト、マインド・コントロールという概念による問題の告発と説明、社会的啓蒙が同時に進められてきており、フレーミング戦略ではこちらが先だった。

このように、宗教研究、反カルト運動ともに、それぞれの利害関係に応じてアカデミズムを動員し、メディアを使いながら社会的アピールを行っている。一部の宗教研究者や新宗教の教団側は「宗教的寛容（religious tolerance）」「信教の自由（religious freedom）」の価値をうたい、マイノリティを擁護し、社会の道徳的共同性の確認（モラル・パニック）に警鐘を鳴らすタイプの知識人やリベラルな市民から支持を得ている。これに対して、反カルト運動は、被害者、サバイバーの権利を擁護する活動を展開している。アメリカでは、アカデミズムの領域でも、一般社会においても、前者の方が優勢であり、フランスの反セクト法とは好対照をなす（櫻井 二〇〇四b）。日本では五分五分というよりも、一九九五年のオウム真理教事件や二〇二二年の統一教会問題では、圧倒的なカルト批判やマインド・コントロール批判の言論がメディア空間を覆った。

第一章では、北米とヨーロッパにおけるカルト問題への対応の差異を政教関係や政治体制の制度的差異から一部説明してきたが、本章ではメゾレベルの水準でカルト概念を形づくる社会的フレーミングの構築とナラティブの分析・解釈の観点から双方の言説の差異を説明している。では、これからナラティブをめぐる諸学問の進展に伴い、そこでの知見がどのようにカルト問題の争点と関わるのかを見ていくことにしよう。

三　ナラティブの構築性と社会的争点

入信・離脱に関わるナラティブの研究

宗教社会学者は、脱会者の証言の特徴として、脱会カウンセラーや反カルト運動から学んだカルト論やマインド・コントロール論の枠組みに依拠して、自己の入信と離脱の経緯が語られていることを指摘してきた。これに対して、反カルト運動の側では、教団による精神操作の呪縛を断ち切ってこそ、危害を受けた当の本人が、宗教的に粉飾された（加害者の悪意を隠した）苦難の意義からではなく、事実から自己の経験を語れるようになると主張し、元信者たちは法廷で証言してきたのである。さらに心理学者は、元信者が苦しむ抑鬱症状やトラウマによるフラッシュバックなどの症状は、カルトによる精神操作がもたらした明白な危害の事実であると主張する。批判された教団側と一部の研究者は、それらの症状はディプログラミングの後遺症であり、教団生活の結果とはいえないと反論した。双方とも脱会者、あるいは信者の証言こそ真実であると主張する。

事実はどうだったのか、それは何を証拠に証明されるのか。これは法廷のみならず、宗教研究においても核心的な問題である。少なくとも、社会科学をめざす宗教社会学においては、常に「事実」が追い求められてきたといえよう。入信や回心をめぐる議論では、理論的仮説や宗教的言説（天啓や悟りなど）を証明するデータが歴史的文書資料や信者の語りに求められてきた。編集者の作為や語り手の演出がある程度含まれるにせよ、それらが事実を反映したものとみなされたのである。神話や説話のような明らかな物語（事実とみなす人たちも多いが）とは区別された。もちろん、信者による入信の経緯や信仰生活の語りには、教団の公的な教義や信仰生活の指針といったものが色濃く反映されているという認識が研究者の中にも確かにあった（Beckford 1978）。しかし、信者の語りの性質を明確に意識した研究が出てきたのは、人文社会科学における言語論的転回以降である。

欧米でも日本でも一九七〇、八〇年代に新宗教研究が盛んになった。その理由の一つは、宗教運動としての新しさ以上に、対象集団の世界認識や対象者の主観的自己理解に即して宗教的事実や行為を記述するという方法論的革新にあった。つまり、従前の研究は「淫祠邪教」「新興宗教」という言い方から明らかなように、主流の宗教伝統の立場や社会道徳から対象を価値的に批判し、それが論者の良識を示すものと考えられていた。「アヘンとしての宗教」「社会的剝奪と入信」といった社会構造の大枠から個人の宗教意識や宗教活動を説明してみせることが社会科学的な研究だったのである。

ところが、アルフレッド・シュッツの現象学的社会学以後の社会構成主義的社会理論の潮流において、学問的革新と政治的革新が同時になしとげられようとされた。つまり、研究者自身の合理的行為モデルや秩序だった社会構造モデルによって社会的行為を説明することへの批判が、官僚制やテクノロジーによる支配への抵抗も意味することになった。当時の学問的世界や社会のエスタブリッシュから見下され、異端視された社会的逸脱集団や新宗教、ニューエイジがあえて調査の対象に選ばれた。彼ら・彼女らの世界認識や自己理解に時代の閉塞性を超えるものを読みとる研究（文化のイノベーション）もあった。また、政治的・文化的マイノリティに主流派と対等な価値（文化相対主義）を認めることが研究の前提ともなっていった。ここまでが、信者のナラティブに積極的な価値を見いだした世代である。一九八〇年代に日本の新宗教研究をリードした宗教社会学研究会でも、対象を内在的に理解する方法論や調査研究が行われてきたといわれる（弓山 二〇〇二）。

しかし、この時代に反カルト運動も脱会者の証言から新宗教批判をしていた。どちらもナラティブを通して、当事者にとってのリアリティを描き出そうとしていたのだ。体制側から取るに足らぬ事柄とみなされてきた入信と脱会の問題を、かたや新宗教信者の信仰告白、かたや元信者の告発に拠りながら、それぞれが正当な社会的位置づけを求めてきたといえよう。

その後の世代は、ナラティブそれ自体が持つ価値よりもナラティブが構築される過程に関心が移ってきた。新宗教信者の信仰は教団特有の概念と論理、儀礼や行を含む信仰実践によって構築される。従来はできあがった信仰だけを聞き取りしていたのであるが、信仰が形成される場や過程を参与観察や信者の語りのコード分析、および儀礼や信仰生活の言説分析によって明らかにしようとしたのである（秋庭・川端 二〇〇四、櫻井 二〇〇三b、伊藤・樫尾・弓山編 二〇〇四）。

そして、この段階ではナラティブの真実性（あるいは宗教的リアリティとか人生のリアリティという価値）は問題にされなくなった。むしろ、どのような場で、誰によって語られ、聞かれるのかという状況が子細に分析され、その中でリアリティが生成されるとしたのである。価値的評価の対象は、ナラティブにより自己が確認されたり、社会が編成され、組みかえられたりする生や社会の柔軟性・再帰性に移ってきたといえよう。ただし、この世代の研究はまだ発展途上の段階であり、まだ十分な成果を上げているとまではいえない。

ナラティブにおける創造性と被拘束性

現在、ナラティブに最も注目し、また実践的応用を考えているのは心理療法であろう。アメリカに次いで日本もいよいよ本格的なセラピー社会に変貌をとげつつあるが、ポップ心理学と各種セラピーの隆盛、臨床心理職志望者の増加、犯罪における精神鑑定・心理鑑定の要請、精神科医・心理カウンセラーの社会的発言力の増大が論より証拠となるだろう。そして、何よりも一般市民が臨床心理のターム（アダルト・チルドレンやトラウマなど）を用いて自己物語を語り始めている。この「心理学化する社会」ないしは「心理学で解析される社会」への賛否両論も、心理療法の学会や専門職のあいだで論議されている（樫村二〇〇三、井上二〇〇三）。

ナラティブ・セラピーが生まれた背景には社会構成主義がある。それに加えて、医療において治療よりケア、福祉において政策より支援、教育において教授よりコーチングが重視される社会の動きも大きいだろう。医者と病人、役人と市民、先生と生徒の関係から、支援者と依頼者（ただし、サービスへの対価を支払っている）の対等な関係に変わるべきという流れがある。心理療法においても、従来、専門家（精神科医、臨床心理士およびセラピスト）がクライアント（病識の有無を問わず何らかの疾病が認められる人）を診断し（DSM－Ⅳおよび心理テスト）、治療方法を決定し（投薬や心理療法）、緩解・治癒するまで指導するやり方が一般的だった。しかし、際限のない疾病の創出・分類と細分化する治療法の中で、治療者自身が錯綜する診断・治療の方法に迷い（専門家によって見立てが違う）、治療できない（治癒の基準がさまざま）ことに悩むようになった。むしろ、精神医療では各種のセルフ・ヘルプグループと協働することで治療効果を上げていた事例があり、アルコールや薬物、あるいは買い物・愛情・人間関係など、対象や特定行動への嗜癖に悩む人たちには、クローズドで安心できる場の確保や支援的な人間関係が著効を示すとして推奨する医療従事者が少なくない。専門家内部からその専門性に付随する権威主義的治療関係に疑問が出されたのである（マクナミー／ガーゲン 一九九七）。元患者は現患者を支え、支援者へ転換することが可能であり、そのことで元患者自身が嗜癖から立ち直っていくことすらある。

ナラティブ・セラピーの社会学的起源をわかりやすく解説し、この療法を普及することに力があった野口裕二は、ナラティブ・セラピーの特徴を次のようにまとめている（野口

表2－2　ナラティブの構図

ナラティブ	本質から物語へ	コミュニティ	創造的自己	共同の物語へ
信者	救済の物語へ	教団	信仰者，救済	教団活動
脱会者	被害者の物語へ	反カルト運動	告発者，回復	反カルト運動

二〇〇二）。①病因の本質論から物語論へ（精神的疾病において病因はしばしば複合的なものであり、疾病に伴う環境が新たな随伴的症状の病因になることすらある。病因を除去しても緩解しない場合もあり、そもそも環境的要因は除去不可能な場合が多い。その際、疾病に関わる自己認識や関係者の認識を書き換えることを勧める）、②自己の物語は他者の承認を経て現実的になる（セラピストやセルフ・ヘルプグループなどのナラティブ・コミュニティにおいてよい聞き手を得る）、③ナラティブは可変的・創造的である（ドミナント・ストーリーにセラピストもクライアントも囚われない）、④クライアントこそ自身の専門家である（セラピストは無知を自覚し、クライアントの自己物語を傾聴しながら、共同の物語への発展を促す）。

おそらくナラティブに依拠したセラピーであるから、このアプローチの可能性と限界は、セラピストとクライアントのそれぞれの言語表現能力や対話力に相関するだろう。この点は措くにしても、ナラティブ・セラピーが、これまでの病因―疾病の因果モデルに基づいて専門家が介入してきた治療空間を一変させるアイディアであることは間違いない。上記の特徴に即して、信者と脱会者の証言を物語に読み替えるならば、表2-2のようにまとめることが可能だろう。

この構図は先に述べた新宗教研究と反カルト運動の社会的フレーミングの構図に似ている。どちらも信者と脱会者のナラティブに依拠した認識のフレームを作り出し、それが双方のナラティブ・コミュニティによって利用され、規範的なナラティブが再生産されてきたと見ることも可能である。研究者が聞き取ったナラティブとはその過程の産物であった。ところで、宗教におけるナラティブの構図が、ナラティブ・セラピーが述べるナラティブの望ましいあり方とほとんどの点で違っていることに驚かざるをえない。要点のみをあげてみよう。

① 信者・脱会者とも自身の経験の専門家・当事者として、あくまでもリアリティを物語論の次元で認識することはないだろう。信者にとって救済というのは本質的なものであり、事実である。脱会者にとって、騙されたという認識は事実に基づくものでなければならない。そうでなければ、所属していた教団を加害者として告発することができなくなる。

② ナラティブ・コミュニティとしての教団は、信者の救済経験をより強化し、脱会者は反カルト運動によって欺かれたことの悲嘆と自己卑下を和らげ、怒りを社会的告発に向けていくことが可能になる。ただし、どちらのコミュニティも言いっぱなし・聞きっぱなしではない。教団において宗教的指導者は絶対である。反カルト運動の側でもかつてはカウンセラーや弁護士、研究者がそれぞれ指導的役割を果たしてきた。しかし、近年アメリカでは、信者の脱会に積極的に関与する脱会カウンセリングから、情報や精神的ケアの提供に徹するカルト・コンサルティングに変わりつつある。

③ 信者の理想的自己は信仰者であり、自己物語は求道や救済の道筋をたどるものである。他方、脱会者のそれは被害者であり、そこから回復し、社会的公正を求めるものへと自画像が転換されていく。すでに述べたように、信者も脱会者も、自己形成において、自分自身の努力に加えて、所属するコミュニティの影響を一般の社会集団以上に受けるだろう。

④ 教団活動、反カルト運動という共同行為の中でナラティブは方向づけられ、互いに歩み寄ることが困難である。なぜなら、訴訟においてそれぞれの言説の社会的正当性を主張し、法的裁定を求めているからだ。一例をあげれば、憲法が保障する信教

の自由をめぐって、反カルト運動では信者の信仰的自己決定権が教団により侵害された（マインド・コントロールによる布教）として教団を提訴する。反対に、教団側は、反カルト運動によって信者が脱会を強要ないしは促されることを信教の自由に対する重大な侵害であるとして、脱会カウンセラーや依頼者である家族や関係者を提訴する。どちらの裁判においても、敗訴することは、当事者のナラティブの意味、ナラティブ・コミュニティの社会的意義が否定されることにつながる。したがって、訴訟では研究者に専門家証言を依頼したり、社会的フレーミングを行ったりしながら、人材・資金を動員する総力戦になるのである。

研究者は教団と反カルト運動の対立構造の中でフィールドワークを行っているのであり、純粋に学問的に、第三者としてこの問題に関わるだけでは済まない。ナラティブ・セラピーにおいてナラティブの創造的な側面が評価され、自己物語の書き換えによる治癒やケアの可能性が描かれているが、カルト問題において現れるナラティブは被拘束性の強いものである。また、ナラティブの可変性をめぐっては、さらに記憶との関係において深刻な問題が発生してきたことも同時に指摘しておくべきだろう。

性的虐待・悪魔崇拝・トラウマと記憶

ところで、児童虐待の中には相当の頻度で性的虐待が含まれる。親による幼児や少年少女への虐待も少なくない。一九八〇年代に多重人格や乖離、ＰＴＳＤと呼ばれる症状が精神医学で注目されるようになり、その病因として親による性的虐待を推測する研究がなされるようになった。また、この時期、自称セラピストや各種のセルフ・ヘルプグループも増加し、その中に「記憶の回復法（memory recovery）」を実施する人たちがいた。セラピストたちが刊行した書籍には、トラウマの正体は親による性的虐待であり、そのリアルな記憶を回復したというさまざまな証言が記載され、生きにくさを抱える人たちに影響を与えた。親を性的虐待で告訴する子どもたちが増え始めたのはこの時期であり、実際に収監されたり、賠償金請求の訴訟を起こされたりした親たちが数千人の単位でいたとされる。なかには悪魔崇拝の犠牲になったという証言もあった。

一九九二年、アメリカで娘に性的虐待を行ったとして実の娘から告発された親によって「誤った記憶症候群協会」（False Memory Syndrome Foundation）が設立された。協会は一九九六年の時点で約三〇〇〇名の会員に拡大し、およそ一万八〇〇〇件の親たちの相談に乗ったという。協会の批判は、子どもよりも記憶を回復させたと主張するセラピストたちに向けられている。セラピストの思い込みが子どもたちに治療と称して植えつけられたのだと。子どもと親が対決する訴訟では精神医学や心理学、記憶の専門家が証言することになった（Brown, Scheflin and Hammond 1998: 1–20）。

フェミニズムの立場でこの問題に取り組み、性的虐待からサバイバーたちが回復する心理療法（回復法とセルフ・ヘルプグループ）を積極的に評価したのがジュディス・ハーマンである。精神医学者の中井久夫によって訳された『心的外傷と回復』は日本でも多くの読者を得た（ハーマン 一九九七）。しかし、記憶を研究するエリザベス・ロフタスは、幼児期の記憶が大人のちょっとした示唆で容易に変えられるという実験の経験から、記憶回復法と子どもたちによる告発に疑問を呈した。両者の論争は実りのあるものではなかったらしい（ロフタス／ケッチャム 二〇〇〇）。

記憶を回復した子どもたちのナラティブによる主観的なリアリティとは、虐待の事実であり、子どもたちがそれに耐えて幼児期を過ごしたためにさまざまな生きにくさを抱えてきたという自己物語である。しかし、親たちは事実無根であるという。研究者はこの親子の対立に、家族関係の複雑さの増大や中流家庭における親子の葛藤（親よりもセラピストに依存する）を指摘するが、虐待されたという記憶の真偽を確かめることは至難の業である。

ここからナラティブの処遇に関わるもう一つの社会問題が明らかになる。つまり、ナラティブに依拠したセラピーや研究は、人間関係や社会関係の葛藤に密接に結びついているので、自己物語の展開を自己の確立の証しとして評価するだけでは不十分である。ナラティブが他者の攻撃に用いられた場合には、その真偽を確定することがやはり必要になる。ナラティブは元来が物語であるからといっても、対立関係にある当事者が納得するはずもない。第三者の調停、具体的には法的裁定が、マインド・コントロール論争にも、性的虐待の論争にも必要とされる。こうした局面に研究者は関わらざるをえない。

四　脱会カウンセリングと信教の自由

脱会カウンセリングとトラウマ

筆者はかつて『「カルト」を問い直す――信教の自由というリスク』(櫻井 二〇〇六) において、脱会カウンセリングをめぐる裁判と脱会カウンセリングによって発症したとされるPTSDの問題を論じたことがある。そのおおよその内容と、それへの批判は次のようなものだった。

① 統一教会信者が自身を拉致監禁し強制改宗を企てたとして、親や脱会カウンセリン

グを行った牧師を訴えた裁判の判決が一九九九年から二〇〇四年にかけて出されている。判例を見る限り、牧師と親が子どもの承諾を得ないままに有形力（強迫、暴力など）を行使して中長期の話し合いを密室で行った事件では信者の訴えが通り、逆に子どもが話し合いを承諾した場合には家族間の話し合いと認定され、強制改宗されたという訴えは斥けられた。

②

統一教会から脱会した元信者が、脱会カウンセリングによって精神的傷を負った（生きにくさの根底にPTSD）としてホームページ上で議論していたが、その訴えを米本和広という宗教ジャーナリストが、脱会カウンセリングの違法性と精神的傷害として報じた。彼の雑誌記事「書かれざる「宗教監禁」の恐怖と悲劇」（米本　二〇〇四）は後に『我らの不快な隣人――統一教会から「救出」されたある女性信者の悲劇』（米本　二〇〇八）にまとめられている。ここで米本は筆者の著書『「カルト」を問い直す』を批判した。その要点は、この本の第三章で述べた脱会カウンセリングに関して、第一に、筆者が統一教会を批判するために、不当にも脱会カウンセリングの不法行為を擁護している、第二に、PTSDを主張する当事者とそれを認めた精神科医の見立てにいかなる学問的根拠によって異を唱えるのかというものであった。

すでに①で述べたように、脱会カウンセリングが不法行為になるかどうかは、カウンセリングを受けるものの了承の有無とカルトに関わる情報の提示の仕方次第であり、そこに強制的要素があれば、裁判の認定にもある通り違法行為になるし、合意と納得があれば専門家が同席した家族間の話し合いとみなされるべきものである。カルト視される団体に入信している子どもや配偶者との話し合いを家族が求め、それを専門家が手助けすること自体が違法行為なのではない。第二の論点は、ＰＴＳＤという疾病の認定それ自体に疑問を呈したわけではなく、病因となる体験の特定が脱会カウンセリングであるという推定は科学的に行いうるのかと論じたのである。

すなわち、正体を隠した伝道や霊感商法において実績が厳しく追求される統一教会において数年間を過ごした元信者の大半は、この団体における体験こそ、脱会後の生きにくさや精神的不安定の原因であると主張する。睡眠や栄養が十分とれないほどの厳しい時間管理、よき行いを志向する若者たちが違法行為に動員される倫理的痛み、そして家族や友人たちとの断絶という事態は、常識的に考えて強度の肉体的・精神的ストレスになる。もちろん、元信者たちは信者である間、過酷な環境を救済へ至るための苦難と受け入れて耐えたのだが、家族との話し合いにおいて統一教会に対する信頼を失った瞬間、極度のストレスに苛まれたのであり、社会生活へ戻る道すじはけして平坦なものとはならなかった。こうした状況を筆者は統一教会元信者たちの調査を通じて十分認識していたために、最大のストレス源を取り除いたカウンセリングの方が統一教会の経験以上にストレスになるという議論には一般性を認めなかったのである。むしろ、脱会後の生きにくさに対して適切な家族・関係者のサポートが得られなかったこと、その結果リハビリテーションがうまくいかなかったことが、ごく一部の統一教会元信者が脱会カウンセリングそれ自体に問題ありと主張する背景ではないかと推測している。実際、多くの統一教会元信者が脱会カウンセリングを受けて統一教会をやめているが、家族や話し合いに同席した専門家に感謝する元信者たちが大半である。

しかしながら、筆者の説明はけして統一教会や脱会カウンセリングの問題性を指摘する人々やジャーナリストたちを納得させるものにはならないだろうと予測している。ナラティブの構築性で説明したように、信者と元信者の証言には構築的要素が大きい。現役信者たちは教団の公式見解に異を唱えることは難しいだろうし、いかなる苦難をも感謝の心で受け入れる心境かもしれない。このような信仰を維持した人々が、強制的に教団から離脱させられた場合、確かに脱会カウンセリングの方がストレス源になる。強固な信仰を維持している信者は何度でも統一教会に戻り、家族や脱会カウンセリングを行ったものを提訴することもありうることは、先に述べた通りである。

トラウマもまた生きられた物語の中で生起してくるものであるために、当事者の解釈的自己物語の中では病因となる体験と現在の生きにくさ（PTSDの症状）が因果的関係にある。その物語自体にリアリティがある限り、病因に言及し病因を幾分なりとも取り除くことができれば病状の改善には役立つかもしれない。治療論としてはそうであったとしても、統一教会のような違法行為を行う団体において信者であることと信者をやめることの評価には慎重でありたいと思う。そのことは、大学という教育現場において宗教研究者の立場性がいっそう問われる事態が進行していることからも明らかである。次項では、再び社会的フレーミングの視座から、脱会カウンセリング批判と大学のカルト対応批判の問題を扱うことにしよう。

信教の自由と大学のカルト対応

統一教会は、二〇〇八年に『踏みにじられた信教の自由――多発する信者失踪事件の背景』（太田朝久〈統一教会本部広報部長、世界平和統一家庭連合教理研究院長等歴任〉、光言社〈統一教会の出版事業部門〉）、二〇一〇年に『日本収容所列島――いまなお続く統一教会信者への拉致監禁』（梶栗玄太郎〈統一教会会長〉、賢仁社）、二〇一二年に『大学の宗教迫害――信教の自由と人権について』（室生忠編、日新報道）と一般書を刊行し、脱会カウンセリングに対する統一教会サイドの社会的フレーミングを行った。

太田朝久は、これまで四〇〇〇件を超える統一教会信者の失踪事件が起きており、統一教会信者が拉致監禁・強制棄教させられていると訴える。その件数に対して根拠資料が明示されていないので、統一教会と突然関係を絶ち、脱会届を出した元信者の概数を教団があげたものと考えられる。しかし、脱会説得を受けた信者の証言は五件（脱会カウンセリングを訴えた裁判の原告・現役信者）に留まる。

太田によれば、統一教会を異端として攻撃する森山諭（日本イエス・キリスト教団、荻窪栄光教会牧師）らが作りあげた拉致監禁による脱会説得の方法が福音派や日本基督教団の牧師のあいだに広まった。統一教会とその系列にある国際勝共連合と対立する日本共産党（『赤旗』、現『しんぶん赤旗』）が統一教会批判キャンペーンを展開し、左翼系の大学教授・ジャーナリスト・弁護士・牧師が呼応する中で統一教会信者の強制棄教事件が続発し、警察がこれを見過ごしたために今日の深刻な宗教迫害を招いたという議論の進め方である。太田は統一教会の教説に対する批判の弁護にも紙幅を割いた。

梶栗玄太郎も同様に統一教会つぶしをねらう共産主義勢力と反対派牧師を批判し、最近脱会カウンセリングを受けた現役信者の証言（梶栗があげた総件数四三〇〇件中、実際に文中であげた事例は一二件、太田とも重複）をもとに拉致監禁の実態を批判する。統一教会の信者有志が二〇一〇年一月八日に「全国拉致監禁・強制改宗被害者の会」を結成し、統一教会維持財団の文國進理事長（教祖文鮮明の四男）が基調講演を行ったとされる。そして、同年六月末まで全国で「統一教会信者に対する恐るべき人権侵害！　拉致監禁・脱会強制を許すな」といったプラカードを掲げた街頭デモを二二回行ったという。そのほか、二〇一〇年国連人権委員会に対して統一教会信者系列の国連ＮＧＯ「天宙平和連合」が日本の拉致問題を提起し、これも統一教会の政治団体である国際宗教自由連合会長のダン・フェッファーマンが問題を解説するイベントを開催した。国会では自民党の秋元司参議院議員が参議院決算委員会で拉致監禁・強制改宗に関する質問を行い、中井洽国家公安委員会委員長から「身体的に自由を束縛されている、あるいは暴力的な行為があったということであれば、親子といえども介入しなければならないと考えています」という答弁を引き出したとされる。梶栗は政治的アピールを意識する。

この二著は統一教会が一般社会を意識しながら書いた本ではあるが、著者の肩書きと教団関連の出版社であることから、むしろ読者の多くは統一教会信者であり、脱会カウンセリング対策本としての効果が大きかったのではないかと推測される。一般市民を対象とするのであれば、違法判決が判例として確定している霊感商法を継続するわけを説得的に示さなければならないが、二冊ともに統一教会による正体を隠した伝道と霊感商法には一言もふれていない。統一教会は反社会的行為をなすから批判されるのだが、その全体的な構図から批判されているという部分のみを取り上げて、宗教迫害が許されるのかという主張をしているにすぎないのである。

さて、宗教ジャーナリストの室生忠を編者に据えた二〇一二年の『大学の宗教迫害』では、大学のカルト対策が統一教会信者学生に対するアカデミック・ハラスメントになっており、悪質なケースでは信者側が大学を訴えることも可能であるという主張を展開している。

この本の中で事例として取り上げられている大阪大学、岡山大学、愛媛大学、千葉大学では、新入生に対するガイダンスや一般教育の講義、公開講演等においてカルト的勧誘行為に対する注意喚起を呼びかけ、信者学生の脱会相談にも乗っていた。また、二〇〇九年三月二〇日恵泉女学園大学学長の川島堅二教授を代表として発足した「全国カルト対策大学ネットワーク」は一六〇校の参加を得るまでに拡大したが、このネットワークにも批判の矛先が向けられた。要するに、新入生には統一教会信者の子弟もいるし、在学生には原理研究会（CARP：Collegiate Association for the Research of Principle）のメンバーが含まれているので、特定宗教への差別的対応および信者に脱会を促す行為は信教の自由に違反しているというものである。

筆者も呼びかけ人である同ネットワークは、①学生に対する教育責任、学資保証人に対する責任、教育機関としての社会的責任という観点から、違法な勧誘活動を行うカルトに対する対策を講じる必要性を確認し、②学生の信教の自由を尊重し、大学が守ることを目的としている。つまり、信教の自由には、特定の宗教を信仰する自由に加えて、宗教を信じない自由および宗教の選択において自己決定権を侵害されない自由も含まれる。このような自由を守るためには、正体を隠した勧誘行為や特別な研修・プログラム等において学生の判断能力やリスク認知を減退させた上で特定宗教を勧めるやり方を批判し、そのような疑いのある団体に関して学生に注意喚起をせざるをえない。なお、大学が行うのは情報提供に限られており、学生がいわゆるカルト団体に加入していることで当該の学生の学習権が損なわれることがないよう配慮すべきことはいうまでもない。そうした学生に対するカウンセリングにも学生相談室は窓口をひらいている。なお、カルト団体に加入したものに対する情報提供に限定した外部からの介入については、この本の対談で登場する統一教会研究で著名な宗教社会学者のアイリーン・バーカーも、自身が主体的に関わる宗教情報センター（INFORM）の役割として認めている。

このような大学の学生相談業務やネットワークの実態を十分検討することなく、大学におけるカルト対策が宗教迫害、アカデミック・ハラスメントであると主張する同書には、編者の室生忠、先述した米本和広、統一教会信者の石崎淳一神戸学院大学教授（統一教会による一九八八年に挙行された六五〇〇双の合同結婚式参加者）の鼎談、および室生と同じく信者の福本修也弁護士（六五〇〇双）による対談が掲載されている。

五　カルト問題研究者の当事者性

本章では、カルト問題の社会状況をアメリカと日本の例で説明しながら、社会問題に関わらざるをえない調査研究の難しさを取り上げてきた。研究者が問題を定義し、説明する前に、その事柄を社会問題として提示する、あるいは反論する社会的フレーミングが存在する。研究者が一次資料とするナラティブは、教団や反カルト運動というナラティブ・コミュニティにおいてこのようなフレーミングの影響を受けて生成し、展開するものだ。研究者自身がフレーミングを行うこともあるだろうし、運動に関与を求められることもある。

そのような社会的環境においてなされた調査行為の知見は、研究者の思惑がどこにあろうと、利害関係者により利用される。また、研究者自ら問題に積極的に関わり、ある方向での解決をめざす研究もありうる。その場合は、利害が一致する側からは支援を受けるだろうが、対立する側からは批判されることになろう。ナラティブを扱う限り、このような構造から逃れることはできない。それを避けるには、ナラティブを無視し、社会的フレーミングにも目もくれず、超然と研究者の世界認識を物語るしかないだろう。しかし、現実の社会科学においてそのようなことは可能だろうか。

調査研究のめざすところは、社会について記述することであり、社会に生活する人々のリアリティの諸相や人間と社会関係の交錯具合に迫ることだ。研究者が提示する社会的事実は、「事実」やそれに関わる生活者の主観的現実を超えたメタな次元に位置するもう一つの物語なのだが、現存する社会的フレーミングと共鳴しながら、社会的現実を構成していく力を持つ。その効果を効用と呼ぶことも可能であるが、研究者自身にとっても、対立構造に位置する部分社会にとっても正負の効果を持つことは想像に難くない。そこに責任を持ちながら研究活動を行うことは、社会的実践としての研究の要諦だろう。

筆者は調査研究や教育活動によってカルト問題を社会的に構築している当事者である(櫻井 二〇〇四a、二〇〇四c)。しかしながら、当事者性は自己や社会を物語ることの特権性とは何の関係もない。それは、信者や脱会者のナラティブがまさに当事者であるということだけで「事実」や「真実」を主張できるわけではなく、宗教者や心理臨床・法曹の専門家のフレーミングにも対立する言説を封殺する権限を与えられていないことと同様である。カルト問題の研究は、教団や反カルト運動、介入する専門家、マスメディアといったナラティブやフレーミングの主体と同じ地平において、もう一つの物語を構築する。そのやり方はさまざまであったとしても、調査研究という社会的実践において、複雑で錯綜した大きな共同の物語を作りあげることに関わっているのである。

第三章　カルトと宗教のあいだ

一　宗教と倫理

カルトと宗教はどう違うのか

カルトと宗教はどう違うのか——この問いに正面から向き合い、何らかの回答を提示しようというのがこの章の目的である。宗教者は、カルトと宗教はまったく違うものと考えるかもしれない。カルト事件が相次いで宗教の信用が低下することを憂慮する宗教者は、カルトは本質的に宗教ではありえず、警察が対応すべき団体と答えるかもしれない。しかし、多くの宗教研究者はカルトも宗教であるという大前提の下、既成宗教とカルトとの相違点を探そうとするのではないかと思われる。筆者も基本的にはその立場である。

カルトが教説や儀礼を有し、組織や運動という形態をとるのであれば、宗教一般との形態的な相違はない。したがって、宗教という概念によってカルトと宗教を分かつことはできないのである。別の参照点を提示する必要がある。宗教社会学者や文化人類学者は、宗教の発達段階という論理を導入することで、宗教の初期の形態としてのカルト概念を構築した。これについては第一章のカルト論で述べたところである。このような知識がある人は、どのような宗教も最初はカルトだったのだという。これはこれで一つの議論には違いないが、おそらく、現代の人々がカルト概念を用いて何らかの主張をしようとするときには、カルトに対する感覚的な違和感が先行してあり、それを何らかの論理によって表現しようとしているのだろうと思われる。そのような違和感が特定宗教への偏見のゆえであるのか、特定宗教をカルト視することを正当化する論理があるのかどうかを、もう一度宗教研究の内側から問うていきたい。その際、宗教倫理という概念が手がかりになると思う。

宗教と倫理を連結して宗教倫理としても意味をなすが、カルトと倫理を結合させる例は皆無である。カルトには倫理がない、倫理がないからカルトだという本質論的な説明は短絡的すぎるのだが、倫理という規範的概念は、カルトと宗教の相違を探る上で重要な参照点になると思われる。まず、宗教と倫理の関係から考察を始めたい。

宗教と倫理

「宗教と倫理」を論じる場合、宗教と倫理の関係について次のような前提があるように思われる。一つは特殊と普遍という価値づけである。宗教が歴史的・地域的に個別の宗教制度・文化として社会に現れ、現代においてもその特殊性を維持しているのに対して、倫理は個々の文化や思想に育まれつつも大方の社会構成員が同意するような普遍的価値・規範となったと考えられている。もう一つの前提は、世俗社会との関係にある。宗教は世俗社会を離れて理念や集団の形成をなす可能性があるのに対して、倫理は世俗社会の秩序維持に役立つものと考えられている。だからこそ、宗教と倫理の関係は密接でありながらも、現在では宗教に倫理が優越するような構図が想定されているのではないだろうか。

もちろん、宗教研究者や宗教家はここまで単純化した図式を受け入れないだろう。細かく見れば現実にも合致しない。世俗化以前、すなわち政教分離や世俗主義が社会的価値として制度化される前には、宗教文化・制度が社会倫理そのものであったろうし、現在でも多くの社会において社会倫理の基底には宗教文化があると考えられている。

しかしながら、少なくとも日本においては、倫理は宗教より普遍性が高いと考える人々が多いのではないか。倫理が公民科の一科目として公教育に組み込まれている一方、宗教は公教育から外されている。学校教育の現場で子どもたちに道徳意識を涵養することや、生徒や学生に倫理意識を持たせようとする教師であっても、そのために宗教的情操の発達を促そうとは考えないだろう。「応用」宗教学として展開が期待される死生学が生殖技術や脳死判定に関わる医療、および「生きる意味」「死」を問いながら自殺予防などにも資する「いのち」の教育を展開しつつあるが、応用倫理学は技術・医学・経営・教育などさらに汎用性が高い(1)。実際に、諸学会や専門職団体は倫理綱領を設けるが、宗教的信条がそのようなものとして用いられるのは宗教団体のみである。倫理は集団構成員すべてに課す規範や責務となるが、宗教は個人の信念としてのみ保護・尊重される。個別と普遍、世俗対峙性と世俗親和性こそ、現代日本で了解された宗教と倫理の相違といってよい。

このような認識は、宗教の専門研究者のあいだでも支持されているようだ。二〇〇一年に設立された宗教倫理学会の設立趣旨には、「宗教的信念が超越的・脱日常的な方向を指し示すとき、それは社会で共有されている価値規範とのあいだに、独特な差異を生み出すことになる。それが宗教の存在意義の一つであることは言うまでもないが、同時に、宗教の生み出す価値が、社会の価値形成や倫理観にしばしば大きな影響を与えてきたという現実がある。社会の世俗化や宗教の多元化が世界的な規模で進行する今日にあっても、宗教と倫理とのあいだには、絶えず問い直さなければならない緊張関係が存在している」とある。

宗教倫理とカルト問題

宗教と倫理の緊張関係こそ本章で筆者が問題にしたいところである。筆者は社会調査による実証研究を行うので、次のように問題の限定がなされることを予めお断りしておきたい。宗教を具体的な諸宗教の教説・組織・活動と捉える。倫理もまた、特定の時代・地域にある社会的価値・規範として考える。宗教・倫理という概念に道徳／非道徳、高次／低次、普遍／特殊といった評価を与えない。社会学的観点に徹するならば、諸宗教・社会倫理はともに地政学的な状況を背景に特定の利害を有する人々や特定の階層に属する人々によって構築されてきた制度・集団にほかならない。その意味では、先に述べた宗教と倫理に対する認識も特殊現代日本的なものと考えてよい。

しかし、大方の人々が抱く認識の構図には社会的な拘束力がある。これは価値的優位性の問題ではなく、社会的勢力の問題だが、ここから宗教と倫理の緊張関係を眺めようというのが筆者の視角である。そして、このような緊張関係に関して、規範をめぐる抽象的な論考よりも具体的な問題状況から緊張関係の発生・様態・趨勢を考察し、現代の社会問題の解決に寄与するような実践的な考察を行いたい。

では、どのような問題があるのか。先にあげた宗教倫理学会の規約には、第二条（目的）に六つの目的が明記されている。そこでは、宗教間紛争、自然科学・技術の発展、ジエンダーと差別、カルト問題といった社会的課題が強く意識されている。特にカルト問題に関しては、「カルト宗教の非倫理的行為をきっかけとし、宗教一般に対する誤解や社会不安が大きくなっている今日、社会との交流の接点を担うことは、宗教的・学問的に大きな意義があるだけでなく、社会に開かれた姿勢を保つことになる」との記載がある。(2)

後段の学会としての取り組みはともかく、前段のカルト宗教の出現によって宗教に対する信憑性が低下したという状況認識にはいくつか注釈が必要だろう。ここにはカルトと宗教は本来別物だが、一般の人々が誤解して宗教そのものを警戒するようになったという認識がうかがわれる。しかしながら、一般の人々がカルトと宗教の連続面を認識したために、宗教不信が広まったという可能性はないのだろうか。この疑念を払拭するためには、特定のカルト視された教団と諸宗教には、どちらにも宗教運動や宗教組織に固有の包括的な特徴が見られるのか、それともまったく別の特徴があるのかを宗教学的に検討する必要がある。

他方で、社会学的には次のようなことも検討課題にあげられるべきだろう。カルトの出現により宗教に対する社会的視線が厳しくなったことは事実としても（一種の風評被害に相当）、特定宗教の活動をカルト視するような世俗の側の規範意識に大きな変化が生じており、カルト批判と宗教批判が同じ位相において出現している可能性はないのだろうか。

本章では宗教と倫理の緊張関係をカルト問題から考察していくが、その際カルトの論理と社会規範との葛藤局面、およびカルトと宗教の連続面に着目する。また、カルト問題が構築される社会規範の変化として、宗教に世俗的な社会規範を求めていこうとする現代的な社会倫理の構築過程を見ていく。このような宗教学的・社会学的分析を通して、現代の諸宗教が直面する倫理の世俗化過程をも明らかにしてみたい。

二　カルト問題の社会的構築

宗教とカルトは分けられるのか

現代では学術研究においても「カルトと新宗教はどう違うのか」「カルトは宗教なのか」「反カルト（カルト団体を批判する団体）もカルトだ」といったカルトにまつわる疑問やら疑念がぬぐい去られていない。その原因の一つに、カルト概念が論者の自説や社会的実践に合わせて自由に構築されてきたという歴史がある。そこで、まずカルトという概念と用法がどのように推移してきたかを説明しておくことは、現代のカルト問題がどのような世俗的関心の下で構成されたのかを知るために必要な作業になるだろう(3)。

カルト（cult）の語源と、ヨーロッパ、アメリカにおける用法の相違については第一章で述べているので、ここでは宗教類型論についてのみふれておくこととする。

マックス・ウェーバーは当該社会の文化宗教や主流教派（church）と、そこから分派した宗教運動（sect）を区別し、エルンスト・トレルチはこの二類型に個人の神秘体験を強調する宗教（mysticism）を加えた。この類型はキリスト教のカトリック、プロテスタント、キリスト教神秘主義の区分に基づいており、ヨーロッパでは既成社会や主流派の宗教を批判する急進的な宗教や、主流文化から逸脱した宗教を現在でもセクトと呼んでいる（トレルチ 一九八一、ウェーバー 一九七二b）。

これに対してアメリカで主に用いられたカルト概念は、儀礼や修法による神霊的存在との交わりを強調する神秘主義との関係が強い。アメリカでは一九二〇年代からアメリカ発祥の宗教（クリスチャン・サイエンス、ヴェーダンタ協会など）がカルトと呼ばれ、一九三〇年代から保守的なキリスト教の聖職者がモルモン教、エホバの証人を異端的キリスト教という意味でカルトと呼んでいたという（Nelson 1968）。モルモン教は一八三〇年にジョセフ・スミスによって創始されて以来二世紀近くをかけてユタ州を拠点として全米に勢力を拡張し、世界中に宣教師を派遣している。エホバの証人も一八八四年にチャールズ・ディズ・ラッセルによって創設されてから一〇〇年で数百万人の信者人口に達し、日本でも二十一万人の信者がいる。異端視される教団だからといって宗教的マイノリティというわけではない。

宗教とカルトの違いは、主流派／非主流派、正統／異端といった教説上の違いと、教団組織の歴史の違いに基づくものであった。しかし、国教の存在を認めないアメリカではリベラルな神学や宗教学が学問として勢力を伸ばし、人々が民族・階層・宗教的選好に応じてさまざまな教会（denomination）を形成し、諸宗教間の自由な布教・社会活動が認められている。そうした社会において諸宗教のあいだに価値的差異を認めることは社会的に正当化されまい。

宗教社会学では、カルトと宗教に宗教的価値や倫理性において質的差異を認めず、そのことをもって学問的な価値中立性を主張した。侮蔑的ニュアンスのあるカルトよりは新宗教（new religion）という言い方を好み、宗教としての正当な扱いを研究者はもちろん、一般社会にも要求する。カルトは宗教集団の類型論として洗練されることになった。

ロドニー・スタークとウィリアム・ベインブリッジは、一九六〇年代以降アメリカにもたらされた東洋系の新宗教をはじめ、社会と緊張関係にある新宗教をカルトと定義した。さらに、カルトの下位分類として、①ニューエイジの愛好者（audience cult）、②指導者から宗教的サービスを購入する顧客集団（client cult）、および③宗教集団として組織化された宗教運動（cult movement）に分け、①から②、②から③へ展開する可能性があると示唆した（Stark and Bainbridge 1985）。ロン・ハバートが始めたダイアネティクスという心理療法に独特の宗教的教説が加えられて一九五四年にサイエントロジー教会が設立され、日本を含めて世界主要国に拡大していった経緯もその典型と考えられる。

反カルト運動によるマインド・コントロール批判

宗教学、宗教社会学によるカルトと宗教を区別しないというカルト観は、リベラルな学問や宗教多元主義の時代に即応したものだったが、マスメディアや一般社会はむしろカルトと宗教を区別する志向性が強く、その社会的要請に応えるかたちで他分野からカルトの特性をあげる研究や批判団体が勢力を伸ばしてきた。

ヨーロッパのセクトやアメリカのカルトは、指導者崇拝や信者の献身的信仰、集団生活や旺盛な布教活動という特徴によって宗教者やコミュニティ、信者の家族たちを当惑させたが、ある事件がきっかけで疑惑は恐怖に変わった。一九七八年、人民寺院というカルトがガイアナの宗教コミューンにおいて九一八名の集団自殺（教祖による服毒命令があり、拒絶・逃亡した信者は射殺された）をとげると、マスメディアはカルト批判の態度を明確にし、カルトへ入信した家族を持つ人々や宗教家、精神医学者や弁護士たちが反カルトの啓蒙活動やカルト・ウォッチ団体を組織した。宗教社会学者の中には、批判団体が増えれば増えるほどカルトが増えると皮肉るものが多い。新宗教はいうまでもなく、心理療法団体やネットワーク・ビジネスのいくつか、ヘイトグループなどの極端な政治団体もカルトとして観察対象とされた。

批判団体や研究者たちは、精神操作、虐待、経済搾取を含む抑圧的組織をカルト的体制(cultic system)として問題化しており、それが心理療法団体や新宗教団体に顕著であると考えている。宗教という実質は問題にせず、組織特性をカルト的と評しているだけだ。では、カルトの要件とは何か。それは洗脳、マインド・コントロールの有無である。

カルト(destructive cult)が信者を教化するやり方は、当初は洗脳(brainwashing)として、後にはマインド・コントロール(mind control)として批判された。マインド・コントロールとは、社会心理学や認知心理学において説得の方法として研究されてきたコミュニケーションの技法である。

ロバート・チャルディーニによると、人からイエスを引き出すために次のような人間の社会行動の特性を利用する個人や団体があるという。①返報性(恩義には報いないと悪いと思う)、②コミットメントと一貫性(やりかけたものは、どんなことでもやめにくい)、③社会的証明(皆がやるから正しいと思う)、④好意(友だちの話は聞いてしまう)、⑤権威(人は肩書きに弱い)、⑥稀少性(機会を逃したくない)(チャルディーニ 一九九一)。セールス・テクニックの大半は社会的影響力の組み合わせであり、こうした心理状態に人を巧みに誘導することは必ずしも違法行為とはされない。それは説得の目的が対象者にセールスと了解されるからだ。ところが、説得の目的がものを買わせるだけに留まらず、対象者の心理的従属を目的にしたものである場合には問題とされる。不要不急のものを借金をさせてまで買わせる、資金や労力の無償提供を約束させるという程度になれば、社会問題といってよいだろう。

一般的に人は必ずしも正確な情報に基づいて考えたり行動したりできないので、他者からの情報や他者との社会関係に認識や態度決定を相当程度委ねているところがある。だからこそ、根拠に基づかない不正確な伝達情報や、必要な情報の告知の怠慢、および情動を徒に刺激して不安や恐怖心、射幸心を煽り、リスク認知を錯誤させるような行為は慎まなければならないと、メディアや各専門家集団は倫理綱領を定めている。このような倫理的基準から見ると、カルトによる新規信者の勧誘や教化手法には問題が多いと考えられた。

メディアや一般市民にとって、特定の人物や集団に過度に依存し、家族や友人・知人、社会との関係を一切断ってしまうようなカルト特有の行動は理解しがたかった。悪意を持った個人や団体のマインド・コントロールによって認知の組み替えや態度変容がもたらされたのだという説明はわかりやすく、カルト（加害者）―信者・家族（被害者）という構図も腑に落ちやすかった。

アメリカでは信者を離脱させる手法（deprogramming, exit counseling）が開発され、プロの脱会請負人まで登場したが、彼らの現役信者への介入は強制棄教として当該団体はもとより研究者にも批判された。しかし、近年は介入よりも情報提供（cult consultation）や脱会後のリハビリテーションに力点が置かれている。というのも、信者が脱会を強要されたとしてディプログラマーを訴える裁判が争われ、信者側が勝訴したからである。

このような裁判において、宗教学者や宗教社会学者は概してカルト信者の自発的信仰と信教の自由を擁護し、カルト批判の心理学者や精神医学者は心理操作の害悪を説明するべく証人として出廷してきた。カルトと宗教の連続性を認め、宗教研究一般の知見をあてはめた上で、信教の自由や宗教的寛容という倫理規範をもってカルト・新宗教を擁護するのが前者であり、後者はカルトを宗教とは切り離して精神操作の悪質性を指摘し、被害者救済と加害者批判を主張した。元信者や教団側の訴訟代理人に依頼された学者たちのあいだで展開されたカルト論争は、カルト視される教団信者の入信・教化過程をめぐって二〇年以上も継続されたが、学術的決着はつかなかった。その理由はどちらかが間違っていたからではなく、問題の構成と研究の方法論が根本的に異なっているからだ（Robbins 1988）。

カルト論争の着地点

宗教社会学をはじめとする宗教研究者は教説を内面化した現役信者の調査に基づいて入信論を組み立てており、対して心理学者やカウンセラーは批判団体の支援により脱会した元信者の回顧的証言を重視する。そのうえ、宗教学では信者の主体性、社会学では信者と教団との相互作用、心理学では人間の情動・認知活動に対する外部からの介入と、それぞれに異なるモデルを使用する。そのために、同じ入信・回心・脱会という事象がまったく異なる側面から説明された。議論の地平がそれぞれ異なることを認識するためには、互いの学問の諸前提が理解されなければならない。ところが、意識的であれ専門化した学者集団の特性からであれ、相手の土俵にはけして乗らない論者がほとんどであったために論争は平行線をたどってきたのだ。

裁判所は、元信者たちのマインド・コントロールという告発に対しては、学術的な結論を得ていない論争的な問題ということで判断を保留し、外形的な有形力（強迫、暴力など）が行使された場合にのみ教団の責任を認めた。心理的な圧力があったか否かは、当事者がその時点において教団側の要求に対して抗った形跡が認められるか否かで判断される。抗っていない場合は、自発的行為であったとされることが多かった。違法で不当な干渉が行われたかどうかは個々の事件ごとに判断することがアメリカでも日本でも裁判の通例になっている。

　さて、カルト論争を含めたカルト概念が幅広く日本に導入されたのは、オウム真理教による地下鉄サリン事件以降である。もちろん、統一教会による霊感商法や正体を隠した伝道方法を批判する人々は、洗脳、マインド・コントロールといった概念を統一教会に適用していたし、カルト概念によって批判された新宗教はほかにもあった。しかしながら、無差別テロを実行したオウム真理教信者たちの裁判において、教団の心理的強制力が抗いがたいものであったのか否かが争われたときに、批判団体や社会心理学の研究者、マスメディアはこぞってマインド・コントロール概念を用いた。

　以上、カルト概念が社会的に構築されてきた経緯について述べてきたが、カルト（あるいはセクト）の社会問題化の程度は、時代や主流文化、国家体制によってさまざまである。つまり、異質な文化に対する社会的反応や政府による統制が英米仏でも異なる。キリスト教が主流文化であることに変わりはないが、移民により宗教的多元化が進み宗教的寛容を宗教批判より重んじる英米ではカルト批判に政府が関わることはない。それに対してライシテに基づき公共的空間の非宗教化を図るフランスは、反セクト法を制定するなど精神操作による信教の自由の侵害に敏感である。中国では当局の指導に従わない法輪功がカルトとみなされ活動を禁止されている。カルトの漢字表記としてかつては淫祠・邪教だったが、近年では膜拝団体（膜拝は礼拝の意）が用いられる。これはカルト概念のリベラルな用法をふまえた変化かもしれない。しかし、中身は同じだ。淫祠・邪教という断定が特定の祭祀集団や蜂起集団を抑圧する大義名分として使われてきた歴史は中国史に限定されるものではない。しかし、その一方で犯罪行為を宗教的活動の一環として行う教団がある以上、そのような教団には司法や行政による対応が求められるという事情を軽視するわけにはいかない。

カルトという概念そのものや、カルトというレッテル貼りの問題性を指摘することは簡単だ。しかし、問題は、なぜ特定の教団を宗教のカテゴリーには収めずに、宗教ならざるもの、あるいは別種のカルトというカテゴリーに収め、そこに社会が解決すべき問題があるとみなす人々がいるのかということである。

三　教会のカルト化

現代のキリスト教会批判

筆者は社会問題の所在をアピールする指標としてカルト概念を用いる人々の動向に注目している。実際に、詐欺的資金集めや擬装団体による布教活動を行う教団があり、小規模な教団において信者への虐待やハラスメントがなされる事例も少なくない。

一般社会で問題化されることは当然宗教団体においても問題化されるべきという批判の背景には、現代社会における人権意識の高まりがある。もちろん、宗教的理念や組織のあり方、指導者と信者の関係までもが常識や市民感覚で判断されることに疑問を抱く宗教者や研究者も少なくない。しかし、現代のカルト批判には宗教批判と連続する局面があることに注意したい。

カルト批判には、いわゆるカルト視された新宗教からキリスト教のような既成宗教までが含められるようになった。ウィリアム・ウッドは一九八〇年代末より福音主義の立場からエホバの証人を批判して脱会者支援を行い、『教会がカルト化するとき』を著している。同じ時期に、一九九〇年代初期より統一教会やオウム真理教信者の脱会支援を行ってきたパスカル・ズィヴィーも『「信仰」という名の虐待』を書いた（ウッド 二〇〇三、ズィヴィー 二〇〇二）。

この二著を読んだプロテスタント諸教会の牧師や元教会員たちは、キリスト教会のカルト化という言い方で教会のひずみを正そうという動きを始めている。もちろん、従来、問題牧師とか問題教会という言い方はあったのだが、それは個人的な問題と片づけられ、教会組織が陥りがちな権威主義体制の問題とは認識されなかった。熱心な教会では平日にも早天祈禱会や聖書の研究会、信者の自主的な集まりや教会活動への参加があり、教会生活と自分の生活が重なってしまう。そうなれば、教会生活を指導する牧者たる聖職者の権限は、信者の日常生活にまで及び、完全な管理を受けることになる。セクシャル・ハラスメントやパワー・ハラスメントを含めて、不透明な資産管理や人事権の濫用などあってはならないことが実際にあると認められるには、極端な事件の出現を待たなければならなかった。

聖神中央教会

二〇〇六年二月二一日、京都地裁は女性信者（中学生以下）七名への性的暴行に関わる罪で、聖神中央教会主管牧師であった金保被告に懲役二〇年の刑を言い渡した。金は控訴せず、服役した。聖神中央教会は、一九八七年に宗教法人の認証を得て支部教会を増やし、二〇〇五年時点では一二都道府県に二二教会、牧師五七名、公称一三〇〇名の信者（実数はその数分の一程度）を有していた。この教団の最高指導者が金保主管牧師であったが、ある時期より複数の女性信者への性的暴行が常態化して少女にまで及んだものと考えられ、保護者による刑事告訴がなければ金と複数名の教会幹部によりこの事実は隠蔽されたままだったろう。

この教会では金に対する指導者崇拝が見られた。筆者は金が信者に販売した数百巻の説教テープの一部を分析したが、説教の語り口から推察する限り、指導者の性情はかなりナルシスティックで他宗教・他教派批判が多い。教義面では、神と堕天使＝サタンとの争いを強調する点において福音主義の教会に似ているが、神の裁きと地獄の恐怖を信仰強化に用いる点において独自である。儀礼に関しては、悪魔祓いを頻繁に行う。

筆者が調査したところでは、信者の入信経路としては、街頭のパンフレット配布、友人・知人の伝道などで教会を知ることが多く、信者は主管牧師から伝道のノルマが課されて教会の成長に貢献してきた。教会に導かれる人々は、従来日本の新宗教に加入してきた社会の中下層、主婦が多く、家族や職業上の諸問題を抱え、家族ぐるみの入信者が多い。横浜の寿町をはじめ寄せ場を宣教地域に含め、ほかの福音主義の教会と同様に社会的弱者の救済を使命としていた観もある。教会の執事の中には生活保護を受給している人たちがおり、支部教会においては、複数の家族を教会に住み込ませて受給した福祉手当を教会に献金させていた例もあった（李・櫻井編著 二〇一一：四三六）。

牧師によるセクシャル・ハラスメント

聖神中央教会の例は摂理の教祖鄭明析の行状にも似た放埓さだが、聖職者によるセクシャル・ハラスメントの例はほかにもある。

二〇〇三年神戸地裁尼崎支部は、熊本県白川教会の牧師からセクシャル・ハラスメントを受けたとして提訴していた損害賠償事件（平成一三年（ワ）第三三六号）において、被告の牧師に三五〇万円の支払いを命じた。原告の職員女性は一名だが、陳述書を提出した女性は六名に及ぶ。控訴審も被告の敗訴であり、判決は確定した。しかし、牧師は日本基督教団九州教区が牧師の辞任勧告をなしたにもかかわらず牧師の地位に留まり、教会の幹事も牧師を擁護しているという。教会を離れた信者の精神科医は被害女性のＰＴＳＤを指摘しており、「エアコンのスイッチをいれるにも牧師の許可を得ていました。私は考えなくなりました。今後自分で判断して行動する場に行くと心配でした」という女性の述懐から、心理的拘禁状態をもたらしたハラスメント行為と教会の権威主義的構造を指摘している（弟子丸 二〇〇四）。

二〇〇八年四月一四日発行の『アエラ』が特集を組んだ「キリスト教会の「性犯罪」」に記載された教会は、日本聖公会高田基督教教会（少女への性的虐待、大阪高裁認定）、日本ホーリネス教団平塚教会（信者に性交渉を強要、福岡高裁認定後、信者女性自殺）、前述の日本基督教団熊本県白川教会である。同年七月二八日発行の『アエラ』掲載の「キリスト教会の「カルト化」」では、ハレルヤコミュニティチャーチ浜松教会（セクシャル・ハラスメントを含む元信者への暴行、静岡地裁は、牧師の暴力を認定するも時効を理由に棄却）、沖縄キリスト福音センター美浜教会（元信者が悪霊祓いで治療時機を逸した、原告控訴中）があげられた。すべての事例において元信者が聖職者を提訴したが、訴えられた聖職者は反対派による謀略や誤解であると主張した。

これらの記事が氷山の一角なのか、特殊例なのかをにわかに判断することはできないが、提訴に至るほどの教会内の葛藤や証拠がある事件であったことは間違いない。気になることは、ハラスメント行為を行った教職者に対して教会や教派内で処分がなされても、量定が適切ではない場合が少なくなく（まさにそれゆえに裁判にまで至る）、加害側の擁護者も出現して被害者に二次的な精神的苦痛を与えることがある。他方で、それぞれの教派において事件から教訓を汲みとって予防に努めたり、信者の痛みをケアしサポートしたりした心ある聖職者や信者集団があることも同時に強調されるべきだろう(4)。

優良教会とカルト化する教会の連続面

問題を抱え込む教会として取り上げられる教会が、きわめて活発な教会活動や社会教化活動をしていることも事実であり、優等生の危うさ、ないしは優良教会の落とし穴とも考えられる。優良教会とカルト化した教会の連続面をあげるとしたら、次のような局面における行き過ぎや逸脱の例ではないだろうか。

① 教会成長のビジョン。純福音教会のように聖職者が一代で系列教会を含めて成長をとげたところでは、創始者・最高責任者のカリスマ性は官僚化した教派トップの比ではない。このタイプの教会で権力の濫用が発生すれば、聖神中央教会の例となろう。

② 宣教の方法。教会に成長をもたらすものは信者による熱烈な布教活動である。大学の福音化、若者への宣教をミッションとする教派の中には、実績を焦って強引な勧誘をしたり、脱会者に圧力をかけて教会のことを他言させないような秘密主義をとったりして、教会のカルト化の事例にあげられるところも出てくる。国際キリストの教会がそうだった。

③ 宣教組織の編成。数千名から数万名規模のメガチャーチも、地区ごとの個人宅で開催される数百のセルチャーチによって支えられることで信者へのきめ細やかな信仰指導が可能になる。セルグループにおいて信者のリーダーシップも発揮され、教会全体としての活力が高まるという教会成長の範型がある。セルのリーダーは地区教会に統合され、地区教会は本部教会の傘下に入る。フラットで足並みの揃わない教

会連合体よりは、上部の指令が下部まで浸透するヒエラルキー組織が宣教組織としては効率がよい。しかしながら、「弟子訓練」と称される宣教の担い手やセルのリーダーを育てる教化プログラムは、信者の教会生活のみならず、日常生活にもかなり介入的になる。これが行き過ぎると〈指導者—弟子〉関係が、教育と敬服といった心情から〈訓育—服従〉といった規範に変質してしまう。

④ 二元論的世界観の先鋭化。罪認識の強調、神とサタンの戦い、千年王国論的救済（最後の審判と携挙）は福音主義の聖書観として正しいものだが、指導者が信者に罪の告白を求めたり、善悪の峻別を強調しすぎたりすると、信者は指導者にすべての判断を委ねざるをえない状況が現出する。信者は神の代理となる指導者に従うことが信仰的だという実践的な信仰がまかり通ると、権威主義的な教会となる恐れがある。

⑤ カリスマ・ペンテコステ運動。異言やカリスマによる癒し、あるいは悪魔祓いなどは、世界的にキリスト教復興の源であることは確かである。しかし、異言とシャーマニスティックな憑霊、癒しと呪術的治療、悪魔祓いと邪霊祓除の民俗的儀礼の混淆が、必ずしもキリスト教の土着化として評価されるものばかりではなく、邪術や心霊治療の効能で信者を集めてしまうこともある。そして、悪魔祓いは教団を批判

するものにも向けられることが多い。

制度化されたキリスト教を活性化することに機能した五つの要素は、教団成長への強力なエンジンとなるが、高性能・高出力であるがゆえに駆動システムに与える衝撃も大きい。聖職者―信者と分化されていた教会に万人司祭主義を導入することで信者の動機づけは高まるが、従来聖職者に課されていた規律やモラルを信者にも求めることになり、当然のことながら志操堅固の信者でも息切れを起こすものが出てくる。綿密に組み立てられたスケジュールが生活の縛りになり、信者を導いたり献金を促したりする目標がノルマに変わる。外形的な行為や数値で評価される信仰生活は、達成できないかもしれないという不安と隣り合わせであり、不安を解消するための努力が熱烈な信仰のように見えることもある。

おそらく成長期の教会に限らず、拡大期の宗教運動にはこの種の問題は不可避であると思われる。しかし、短期的に見れば信者にとって不都合なことが指導者層には都合がよい。ついてくることができない信者は脱落させ、やる気のあるものを選抜していけば能力主義の面では公平である。もちろん、中長期的に考えれば、信者のモラルの低下や弟子訓練のコストの方が高くつくことも十分に考えられるので、信者を大事にすることが組織運営上きわめて大切なことと思い至るはずだ。しかし、組織運営や教化・教育の面で知恵を蓄積する間もなく成長・拡大期を迎えた教団では、人間の成長にかかる洞察が浅くなる傾向がある。

四　教勢拡大のための布教体制と信仰のあり方

布教戦略と組織の問題

カルトとは宗教団体の組織特性が生み出す副次的効果を批判的に評価した概念とみなすこともできるのではないか。宗教団体がカルト視されるようになるとすれば、それは指導者や組織、そして宗教活動にどのような特徴が生じたときなのか。

評価という言葉を持ち出すと必ず評価の難しさがまずもって論議され、次いで宗教を評価するというようなことが可能か、あってよいのか、ということになる。そして、学術的にはカルト概念は使用が難しいために使えないという無難な決着のつけ方がなされてしまう。しかし、それでは現代社会におけるカルト批判に宗教研究者が誠実に応答していることにはならない。カルトと宗教のあいだにある連続面を捉える視点を提示し、次いで、カルトを宗教から分けるものが何であるのかを明らかにしてこそ、カルト問題を解明する学術的な貢献になる。

先にあげたキリスト教会の例では、教会の成長に伴う宣教戦略と組織編成によって信者の信仰生活への統制が強まり、そこに教会のカルト化への危険性が潜んでいたという指摘を行った。そこで、宗教団体一般を考えるにあたっても、教勢拡大の戦略が信者の生活にもたらす副次的効果を考えたい。

教勢の伸びは教えの正しさ（真理性）や指導者と信者の心の正しさ（倫理性）を示している、と考えるのは宗教者として当然のことだろう。しかし、宣教方針と宣教体制の整備がなければ正しいことでも相手に伝わらないものだ。しかも、伝えるべき事柄や伝え方が時代の要請や宣教対象となる人々の精神的欲求に応えるものであることも宣教が成功する要件である。ここでは、時代背景や人々の欲求のバリエーションについては考えずに、どのように宣教を支える人材を育成し（教化力）、信者を宣教活動に導いて宣教体制（組織力）を作りあげ、どのような信者の信仰・生活の統制（指導力）が発揮されるかに限って考察する。

教化力

まず、教化力である。教化活動としては、一般的に指導者が信者に講話を行い、研修会への参加を促す学習面が注目される。教化の対象が一般市民に及べば社会教化ないしは布教活動となる。指導者のみが教化活動に携わり、信者はあくまでも教化の対象者というやり方が既成宗教には多い。それに対して、新宗教では信者自ら教化活動の担い手になることが期待され、教団の社会活動や布教活動に携わる。法務や牧会の合間に行われる指導者だけの教化活動と在家主義（ないしは万人司祭主義）教団による教化活動では、教化力の差は明らかだ。セルチャーチと新宗教の支部組織には一般信者という圧倒的な人手を用いて社会的教化をなす力がある。

教化力においてもう一つ大きな差異がある。新宗教教団は教師の職位に達しない信者に対しても布教に携わることを積極的に勧める。信者自身への教化力という点では、信者自ら布教活動に従事した方が信仰は内面化されやすい。教育現場では学習の進んだ生徒にわからない子の指導をさせることがよくある。教えることでただ習うだけの学習よりも理解の幅が広がる。自信もつくし学習への動機づけも高まる。日本の場合、既成宗教の信者と新宗教の信者を比べてみた場合、確信を持って信仰を語る度合いは新宗教の信者の方が高い。

カルト視される教団にはきわめて短期間に入信者を回心者に変え、回心の信仰的高揚を維持し続けられるよう緻密なスケジュールを信者に課すところがある。統一教会では過酷な信者へのセミナーの中に布教活動と組織的な資金調達活動を組み込んでおり、耐えられないものはその時点で外し、耐えられるものには実質的な活動を担わせ、なお信仰の強化を図るのである。人に白眼視されるような活動に信仰の浅い信者を放り込むことで俗世間から切り離し、既存の価値観を捨てざるをえない状況に追い込んでから教団の価値観を教え込んでいく。認知的不協和を意図的に発生させて教化しているといえなくもない（櫻井・中西 二〇一〇）。

教化力を最大限に追求すると宗教団体はここまでやるようになる。しかし、このようにして獲得された布教の担い手や信者の信仰は組織の布教戦略には好都合のものであったとしても、信仰者にとって何の意味があるのかという疑問がわいてくる。その人は宗教組織の人間として欠くべからざる人物になり、組織が主張する宗教的救済の恩恵に与ることになろうが、個人としての人間的成長が促されたのだろうか。仮に何らかの理由で棄教するに至った場合、人間としての豊かな経験がその人には残されているだろうか。宗教とカルトを分かつ切断面がここにある。個人の倫理性が陶冶されたのかどうか。

このことはオウム真理教信者による殺人事件や統一教会信者による霊感商法に明らかではないか。すなわち、宗教心を磨いたはずの信者が、悪徳を重ねて悪い転生を繰り返すような人物には死を与えてカルマを軽くしてあげることが慈悲であるといった麻原彰晃の説明を信じきって、現実の人殺しをしてしまったこと。地上天国の実現を夢見た信者が、サタンが支配する世界にあるものを神の前に返す万物復帰と称する文鮮明の教説を信じて、一般市民の財産を収奪することを目的とした違法な物品販売や献金強要をなしたこと。信者が元来持っていた倫理性や社会常識を鈍磨させ、自発的思考を厭うようになるまで教化を徹底していなければ、このような事態は生じなかった。強力な教化力は教団組織に役立つ人材を形成するが、教化の目的は組織のためか信者個人のためなのか、ここが肝心だろう。

組織力

第二に、組織力である。宗教的覚醒を求めるにせよ、宗教的救済を願うにせよ、自分だけがその目的を達成すればよしとする信者ばかりでは教えが広まらない。どのような宗教的言葉により、布教という組織的目標を個人の信仰実践につないでいくのか。この点に教団組織としての独自性が発揮される。

教勢拡大をビジョンに掲げる教団は、布教実績と信仰の成長を結びつけることが多い。信仰の強さと高さのゆえに多くの人々を教えに導けると素直に考える教団もある。そうしたところでは教師の職位や役職を布教実績に応じて配分する。そうすれば信者は布教に動機づけられる。急成長期の新宗教においては、このような実績主義を採用しているところが多い。

新宗教ではいわゆる導きのラインを親子関係に擬制し、親子孫曾孫以下の層からなる宗教的親族を教団とするような形態が見られる。しかし、同族内部で宗教的機能が充足されてしまうと、ほかの同族との結合解消は容易になり、分派独立が頻繁に生じることになる。そこで、同族ユニットで完結できないように、本部が救済財を集中管理する集権化が図られることになる。在家主義教団やセルチャーチの仕組みにおいては、実質的な信仰の関係に加えて形式的・組織的な階梯や指揮系統を整備した方が組織目標の達成にとっては都合のよい組織になる。教団を統括する本部と支部、指導者層と信者との階層化が生まれるのである。一定規模を超える新宗教の教団はこのプロセスをたどらざるをえないが、既成教団化は教勢拡大への動因を弱めることになる。

既成宗教では機能的な役割分化が固定化すると指導者層以外は布教に関心を持たなくなるが、新宗教では在家主義である以上、指導者層と信者に本質的な差異は形成されず、成果に基づいた階層間の入れ替えを可能性として残しておく。これが布教へのバネとなる。また、フォーマルな指揮系統に対して、〈指導—被指導〉の関係が人格的つながりによる指揮系統も作り出し、組織活動をダイナミックなものにする。

さて、創始者や教勢拡大の功労者が存命中の教団では、指導者の布教方針が絶対である。

布教方針や方法は教団創始時点では革新的であっても時代や状況にそぐわなくなることもある。しかしながら、教団の組織官僚は、組織改善よりも教祖のカリスマや〈指導—被指導〉の権威主義的構造に自らの権力的基盤を求めることが多い。そのツケは一般信者にくる。

教祖のカリスマ（恣意性の許容）、権威主義的構造（統制の合法的・合議的メカニズムなし）、強力な組織力を背景にした布教力（信者の使い倒し）と資金調達能力（信者の負担能力を超えた献金など）を持つ教団が組織力に優れていることはいうまでもない。しかし、その種の教団がカルトとどこが違うのかといえば、教団活動が社会と緊張関係を生むか否か、教団から内部告発者が出てくるかどうかの違いだけともいえる。カルトと宗教の境目は、当該教団の社会活動と教団内福祉ともいうべき信者への配慮をどう評価するかにあるのではないか。

このことは一部のカルト視される教団に限定されたものではなく、既成教団・新宗教教団にも共通する問題といえる。現在数万から数百万人単位で信者を抱える中教団や大教団でも、教団の創成期や成長期には創始者たちだけで教団の基を築いたわけではなく、私財を投じたり生涯献身的に働いたりした多数の信者がいたはずである。このような信者の子孫が中堅幹部になっていると推測されるが、途中で離脱した信者も少なくないだろう。教団の安定期・成熟期を迎えると一般信者に求める負担は減り、信者が組織から享受するサービスへの対価として維持的な会費が支払われることになる。カルト視される教団とは安定化に向かう前の過渡期にある教団といえなくもないが、社会への適応を拒否して孤立したり、社会と激しく葛藤したりしたまま存続する教団も少なくない。

指導力

教化力と組織力を支えるものはきめ細かな信者への指導である。指導者の人格や気配りが重要であるのは当然として、指導力の安定化には〈指導―被指導〉関係を宗教的にどのように理論化するかも大いに関係している。既成宗教における聖職者と信者ではこの関係は安定している。それに対して、聖職者層がいない在家主義の教団や、指導者の地位が役職にすぎない教団では、指導者の権限や〈指導―被指導〉関係の聖化に気を遣うだろう。

極端な例としては、統一教会のように〈指導―被指導〉関係を〈アベル―カイン〉関係と呼び習わし、神に嘉された供物を捧げたアベルとそれを妬んでアベルを殺害したカインのレトリックを用いて、カインはアベルに絶対に服従すべしという。誰がアベルで誰がカインかということだが、それは指導者がアベル、被指導者がカインと予め決められている。

この例は極端にすぎるとしても、導き手は親、導かれたものは子という擬制や、組織内における長幼の序、役職上の上下関係だけでも随分と指導する側と指導を受ける側の関係性を規定することはできる。ただし、実の親子関係や上司―部下の職場関係でも葛藤や離反があり、人格的感化力を有する指導者は本来的に少数であろうということを考え合わせると、指導力には自ずと限界がある。そこで、指導者の権威を強化するためにもう一つの方法が試される。指導の厳格化・徹底化によって、指導される者を訓育してしまうことである。

すでに、セルチャーチや在家主義教団における信仰による日常生活の規律化についてはは述べた。福音主義の教会が北米・南米や韓国・日本において教勢を拡大している背景には、信仰上の指導が生活全般に及ぶために、結果的に生活の状況改善が救済財として信者に評価されやすいということがある。生まれ変わった、生活の仕方が変わった、と感じるわけだ。

このような指導が適切な範囲に収まっていれば信者の生活に大いに恩恵をもたらす。しかし、宗教的教説には性・ジェンダー・家族・社会関係に関わる規範が多く見られる。しかも、絶対的な信仰や敬虔・従順が求められる教説では、自己の判断に固執すること自体が罪とされる。そのために指導に従うことそれ自体が信仰的とみなされ、行き過ぎた指導という問題が生じてくるのである。

その際、以下のように指導者と信者との境界（バウンダリー）が適切に維持されないことがある。

①　肉体的な境界侵犯。他者の身体を自分の身体と同様に自由に使用すること、すなわち殴打や強制猥褻行為がなされることがある。役職者が親密な男女間でしかありえない身体接触を信者に求めるのは、同意があろうとなかろうと、第三者の目撃があろうとなかろうと、被害者の証言だけでハラスメントと認定されよう。

②　精神的な境界侵犯。他者の精神を自分の意のままに統制すること。そのためにくどいくらいに関係の非対称性を強調する。すなわち教学や職階上劣位にあるものの人格・能力を侮辱したり、自身の優越性を誇示したりすることで相手の従属を暗に求める。全能感を抱くものほど相手には無能であることを要求するので、指導の範囲は日常的な言葉遣いやふるまいから、家族関係、進学・就職、配偶者選択、住宅購入にまで及ぶ例がある。

③　物質的な境界侵犯。他者の所有物を自身の所有物のように扱ってはならないが、神への捧げもの、おかげを得た御礼と称して分不相応な献金や布施などを要求したり、それができない場合はローンまで組ませたりする団体がある。

指導の行き過ぎを指摘するのは当該教団内部の人間ではないことが多い。内部告発は組織的忠誠において問題化されるのみならず、告発者に人格的・信仰的な問題があるとみなされる恐れがあるからだ。しかも、宗教における指導には裁量の要素が非常に大きい。何よりも、宗教者に倫理的縛りを外在的に与えてしまうと、倫理的規範を内面化したものとして模範的信者に教師の職位を与えた教団の見識と権威が疑われてしまうのだ。

指導力の点においてカルトと宗教を分かつポイントは、指導されたものが指導の過程と結果に納得したかどうかという点ではないか。当人の自発性や創意工夫の意欲が萎えるような指導、あるいは指導された結果、〈指導―被指導〉関係への依存や組織に従属するだけの精神や身体が形成されてしまったとしたら、何のための指導かということになろう。

また、直接の利害関係がある時期にその指導に納得していたとしても、〈指導―被指導〉関係を離れたときでも指導の恩恵を被指導者が感じられるかどうか。所属していた教団を離れたとしても学んだことが生きるような学習でなければ、〈支配―被支配〉関係を当時は誤解していたか、忍従させられていたにすぎないのである。

五　カルトと宗教を分かつもの

本章では、宗教と倫理が緊張関係にある局面としてカルト問題を取り上げ、教勢拡大中のキリスト教会や宗教団体にはカルトにも共通する特徴があることを指摘した。布教体制を中心とした教団作りにおいて、信者や未信者への教化力を高め、信者たちの信仰的熱意を布教に向かわせる実績主義や〈指導—被指導〉関係を軸とした組織が重要である。そして、信者に対する指導力を強化するほど布教に一丸となって突き進む教団組織ができあがるのである。しかしながら、教化力の強さは反面において自発的な信仰形成の抑圧につながり、組織力強化も権威主義的体制と結びつきやすい。そのようにして形成された人格的共同体において、指導者は信者の信仰や生活を全面的に統制し、信者は依存・従属するものとして主体化される恐れがある。

では、カルトと宗教の連続面を確認した上で、双方を分かつ分断線はどこにあるのか。

① 信仰や宗教観の確立に際して、信者個人を生かすことを組織の機能充足に優先させるか。

② 信者自身の信仰と生活に対する充足感や、教団の社会的活動への評価が得られているか。

③ 信者に対する境界侵犯がなされていないかどうか。

これらの諸点を評価する基準として、当該宗教の教説やそれ以外の宗教倫理が役に立つのだろうか。個別宗教の教説・利害関係を超えた普遍性の高い倫理、あるいは法秩序が確固たる批判の足場を用意してくれるのだろうか。カルト論争の経緯を振り返ってみると、宗教的寛容や信教の自由、あるいは生命や生活の安全保障という倫理や規範は、カルト批判側・カルト側がともに自らの主張の論拠として裁判などにおいて使用してきたものだ。宗教学者や憲法学者は同じ論理を使ってどちらの側にでも立つことができたし、事実そうしてきた。

では、カルト問題では何が評価軸となるのだろうか。一つは問題状況に対する可能な限りの客観的な認識だろう。教団と社会、教団と信者のあいだにおいて何が争点となっているのかを明らかにする。学問が問題解決に貢献しうるのはこの点に絞られる。もう一つは、学問の域を超えた社会的実践にも関わるが、被害の回復である。カルト化した教会や、カルト視される教団において信者が経験した事柄は、往々にして信じたものの自業自得、よくて不運なこと、気の毒なこととして素通りされる。当事者たちには被害意識があったとしても、どのような被害であるかを社会に説明することは難しい。そこでさまざまな専門家が持ち場を生かした支援を行うことで、被害を社会的問題としてアピールできる。そして、問題の深刻さに気づいた一般市民や宗教団体の信者の人権意識が高められ、カルト問題への評価軸を持つに至るのではないか。

被害が被害として認定されることの意味は次の二つである。第一に、正義・秩序が回復されることでカルト犯罪の被害者や元信者が失っていた人間・社会への信頼感が取り戻せる。社会復帰・学業復帰がなされれば生きがいも得られる。第二に、彼らの金銭的利益・逸失利益の回復がなされることで生活の目処がたつ。

このような回復の過程が社会的に認められることで、カルトから敵視された世俗社会もまんざら捨てたものではないことが当事者たちに理解されようし、結果的にカルトと一般社会（諸宗教を含む）との差異が明確化されるのではないかと思われる。社会倫理というものは、規範のあてはめ・適用ではなく、社会問題の解決を通してその都度作られるものではないか。

まとめよう。宗教と倫理のあいだには緊張関係がある。しかし、緊張関係を論じるだけの論説に大した意味はない。宗教を宗教として回復するための倫理的な問題を提示し、倫理性（規範と信頼）を当事者（加害者―被害者）に回復する社会的実践にこそ意味があるし、そうした実践は問題視された団体や一般社会（裁判の判例など）とも緊張関係を生むことがある。このような行為の社会的意味を論じることが、今日の宗教研究に求められている。

註

（1）死生学の領域の幅と奥行きの深さは、東京大学出版会から刊行された五冊シリーズの『死生学1―5』や東京大学大学院人文社会系研究科のグローバルCOEプロジェクト（島薗進代表）の「死生学の展開と組織化」の研究成果などに明らかである。しかし、宗教学や宗教思想そのものが現代社会の諸問題を考える基本的なロジックになっているとはいいがたく、その点では応用倫理学の方が「応用」と「汎用性」が高いように思われる。

（2）六つの目的については初代会長の瓜生津隆真「宗教倫理学会設立の意義」（瓜生津 二〇〇一：一―一二）で述べられているほか、文言を整序したものが宗教倫理学会ホームページに掲載されている（http://www.jare.jp/about/index.html 二〇〇九年五月一二日閲覧）。

（3）カルト、マインド・コントロールの概念や用法、およびカルト問題の現況に関しては、拙著（櫻井 二〇〇六、二〇〇九、櫻井編 二〇〇九）を参照していただきたい。

（4）ハラスメント問題への対処は教会に限らず、大学においても重要かつ解決が難しい問題として認識されている。環境型ハラスメント行為（年齢・性・民族ほかのカテゴリーを用いて相手を貶めたり、辱めたりすること）は各種研修の徹底で少なくすることはできても、対価型ハラスメント行為（優越的地位を利用してサービスを要求する）の罠は地位や権力を有する人間にとって逃れがたいものだ。悪意なくハラスメントを行い、黒白がはっきりした後も反省をしないため（運が悪かった、懲りたといった程度）、再び同じ行為を繰り返すものが少なくない。懲戒処分ができたかどうかは問題を半分解決したにすぎず、その後、そのような人物が復帰した後の組織においてどのように再発防止に向けた意識改革や活動ができるか、そこにこそ宗教や教育に携わるものの精神性が問われているのである。

第Ⅱ部　マインド・コントロール論争と公共性

第四章　マスメディアによるカルト、マインド・コントロール概念の構築

一　マスメディアとカルト問題

マスメディアはカルト問題にどう対峙してきたか

二〇世紀末の日本において、ジャーナリズムがオウム真理教に席巻された時期がある。一九九五年の地下鉄サリン事件以降、数年間にわたって教団幹部の逮捕、坂本弁護士一家殺害事件を含む犯罪の立件、公判などのオウム真理教報道がテレビ、紙面を大きく占めた。しかし、二一世紀の最初の二〇年間には、当時のようなカルト報道の熱気はない。特異な集団や事件が現れたときだけ五月雨式に報じられるが、すぐに忘れられてしまう。

無差別大量殺人事件から二八年を経た現在も、オウム真理教（現在、アレフとひかりの輪に分裂）は存続しており、教団活動と地域社会の葛藤は依然として続いている。オウム真

理教に特定された団体規制法の観察処分も継続されたままだ。しかし、三月二〇日の地下鉄サリン事件の日がめぐってくるたびに被害者・遺族の無念な思いが報じられる程度で、実行犯である教祖と旧幹部の裁判が終了した現在、オウム真理教事件に関わる報道はわずかである。

同じことは霊感商法や合同結婚式で騒がれた統一教会についてもいえ、同教団の信者を特定商取引法違反や詐欺で逮捕・立件するときや、元信者による同教団への損害賠償請求訴訟の判決が出たときだけ報道される。統一教会が三〇年近くほぼ同じやり方で違法な勧誘・資金調達を行っているにもかかわらず、二〇二二年七月八日に安倍晋三元首相が殺害された事件まで統一教会の日常的な活動が報じられることはなかった。この二つのカルト視される教団を除けば、事件を起こしたほかの教団、集団、教祖と信奉者たちに関する報道は、事件発生から裁判のときまでに限られ、ときおり週刊誌で消息が報じられる程度である。

カルト問題だけが日本の社会問題ではないことを考えれば、メディアの報道がカルト問題に関わらないこと自体、何ら不思議なことではない。しかし、メディアの報道がなくなることで、社会問題そのものがなくなるという印象を一般市民が持つようになる。後に述べるように、マスメディアによるカルト問題の報道は、オウム真理教事件をピークとして潮が引くように収まったが、カルト問題の大半は残されたままである。

さて、本章では、オウム真理教報道、宗教関連報道・論評を題材に、新宗教集団の活動がカルトとマインド・コントロールの二側面から批判されるようになった事態の背景を探ろうと考えている。筆者は、マスメディアがカルトとマインド・コントロールの言説を形成することに力を持ったと考えているが、マスメディアの言説が人々の日常的な用法に直接に反映されているとは考えていない。カルト、マインド・コントロールに関わる情報を提供したのはマスメディアであるが、それらの生硬な言葉を日常化したのは、情報の受け手たる市民である。オウム真理教をはじめとするいくつかの新宗教への違和感・不信感はこれらの言葉によって結晶化された。

宗教記事データベース

本章では、カルトやマインド・コントロールという言葉が、いつから、どのような脈絡で用いられるようになったのかを、宗教情報リサーチセンター（http://www.rirc.or.jp）に保管されている宗教記事データベースを用いて明らかにしようと思う。このデータベースは、一九八九年から一九九三年まで宗教ジャーナリスト・カメラマンの藤田庄市が個人的に収集した新聞雑誌記事をもとに、宗教情報リサーチセンターがこれを引き継いで組織的に情報収集をしてきたものである。検索対象の範囲としては、重複分を除いた一九九〇年から二〇一〇年までを対象にしている。収録媒体として全国紙・地方紙の新聞が八四紙(全国紙は各地本社版のすべてを収録)、雑誌が月刊・週刊を合わせて四二誌である。現在使用可能な宗教関連記事のデータベースとしては、これが最も充実している。したがって、戦後の宗教関連記事ということでは大宅文庫などの参照が必要であるが、一九九〇年前後という限定をつければ、このデータベースの利用だけで十分である。

記事件数は宗教関連記事の掲載数を示すが、特に新聞の場合、同一内容の記事が複数の新聞社に配信されていることが多い。今回は、同一内容でも掲載紙が異なれば、それぞれ一件として数えることにした。掲載数を記事が広く伝えられている指標とするためである。もちろん、全国紙の一件と地方紙数社の数件とを比べた場合、前者の購読者数の方が実際は多いのであるが、この点は考慮から外すことにした。週刊誌・月刊誌の記事も、それぞれ刊行部数の相違があるが、これらを考慮に入れて情報の流通量を客観化するやり方は省略した。このような限定を入れても、マスメディアの動向を見るという点ではそれほど支障がないと考える。

具体的な検索方法は次のようなものだ。「カルト」「マインド・コントロール」の言葉でそれぞれ検索を行い、検索結果を基礎資料とした。当該データベースには宗教記事の全文が一件ごとに入力されているため、検索語を記事全体から探し出していることになる。だから、見出しに「カルト」の言葉が用いられていなくとも、本文中に一ヶ所でも用いられていれば、それを用例とし、その記事を一件として数える。記事中に何十回も「カルト」の言葉が用いられたとしても、記事の件数としては一件として扱う。なお、「アラ・カルト」のような言葉も検索されてしまうので、記事見出しを確認しながら不適切な用例は省くようにした。後の用例分析では、検索語から抽出された記事の見出しごとに諸宗教・話題を分類し、宗教事件については直接記事を閲覧するなどして内容の分析を行った。

二　カルトの用例

宗教研究におけるカルトの用例

従来、日本の宗教社会学においては、カルトという言葉はカーゴ・カルトなどに代表される異文化社会の宗教集団・儀礼（原義は礼拝の意）として用いられるか、アメリカ宗教社会学における教団類型論であるチャーチ・セクト・カルト論の文脈で宗教組織の特徴を示す用語として用いられることが普通であった。類型論ではカルトは神秘主義的傾向を持ち、カリスマ的指導者を中心に少数の崇拝者で形成された新しい宗教集団を指した。神秘主義的傾向とは西欧のキリスト教伝統と対比されたものであり、伝統宗教においてもグノーシス主義、あるいは東アジアのタオイズムのような伝統的神秘主義がある。また、カリスマ的教祖への指導者崇拝も、ヒンドゥー系のグルイズムを意図したものであるが、新宗教運動勃興期には教団の一般的特徴とされた。新しい宗教集団とは、新しい宗教伝統を創始したという意味で、チャーチからの分派であるセクトと異なり、集団も十分組織化されていないという特徴を示そうとしたものであった。このような特徴も、新宗教が概してシンクレティズムの特徴を持ちつつ、既成の宗教伝統に連なるものと自らを位置づけるものが多いことや、宗教集団の初期状態を組織的特徴とする問題点などから、カルトは十分に洗練された教団類型とならないことが認識されていた。

しかし、このような宗教研究における学術的なカルトの特徴は、実際にカルト視される教団には該当しないことがある。例えば、統一教会はカルトとみなされているが、大半の既成宗教よりも組織的分化や事業展開の複雑化の度合いが高い。シンクレティズムや指導者崇拝というカルトの特徴も、実は多くの日本の新宗教にあてはまる。日本では近世末期以降成立した創唱宗教をすべて新宗教と考えるので、新宗教といっても長い歴史を有する教団が多く、しかも神道系・仏教系・諸教系はともに教団の分派活動が盛んであるために多くの教団がある。これらの諸教団は教義・儀礼・組織の成熟度から考えてもカルトというよりセクト的特徴を有するものが多い。しかしながら、教義の創唱性や教祖自身の神格化の度合いからするとカルト的特徴も強いといえる。日本のように創唱宗教の生まれやすい宗教文化を考えれば、西欧の教団類型論をそのまま適用することには問題が多いのではないだろうか。

したがって、新宗教研究に限定すれば、アメリカにおいて使用されていたカルトという用語を用いる学問的な必然性も契機もなかったといえよう。現に、一九九〇年に編纂された『新宗教事典』では、「カルト」も「マインド・コントロール」も、事項索引に存在しない（井上・孝本・対馬・中牧・西山編 一九九〇）。しかし、オウム真理教にせよ、統一教会にせよ、一九九〇年の事典執筆の時点ではすでに存在していた。統一教会は、一九八〇年代には「霊感商法」によって社会問題を起こす宗教として認知されていたが、カルトという呼称は与えられていなかったのである。

カルトの用例の初出

では、いつ頃から「カルト」という言葉がマスメディアに登場し始めたのであろうか。宗教記事データベースでは、一九九一年七月四日、一〇月一〇日、一〇月二四日の『週刊文春』に用例がある。創価学会の池田大作名誉会長がアメリカ、カナダ、ドイツにおいてどのような評判であったかをスキャンダラスに扱った記事が、具体的な教団名を伴ったカルトの初出である。創価学会に関する報道は戦後一貫して宗教記事のかなりの部分を占め、『週刊文春』は『週刊現代』に次いで学会記事の掲載本数が多い雑誌である（井上・孝本・対馬・中牧・西山編 一九九〇：五三六）。

創価学会は、アメリカやヨーロッパ（フランス国民議会など）においてNichiren Shoushu（日蓮正宗）やSGI（Soka Gakkai International）と呼ばれているが、カルトないしはセクトとして紹介されることが少なくなかった。しかし、ブライアン・ウィルソンとカレル・ドベラーレという二人の宗教社会学界の大御所がイギリス創価学会の研究をまとめ、アメリカでもこれまた宗教社会学界の重鎮であったフィリップ・ハモンドが、アメリカ創価学会信者の意識を総合的に調査した。創価学会による世界布教に関してヨーロッパでもアメリカでも確かに調査研究が必要ではあったが、この教団が研究対象となったのは創価学会が調査にきわめて協力的な方針をとったからにほかならない。創価学会は学術的研究に堪える宗教団体であることを証明してもらったといえる（Wilson and Dobbelaere 1994, Hammond and Machacek 1999）。

その後も、アメリカのジーザス・ムーブメント系新宗教である「神の子どもたち」（『週刊文春』一九九二年六月一八日、六月二五日、『内外タイムス』一九九二年六月二五日）、「愛の家族」（「神の子どもたち」が「愛の家族」と改称、両団体は同じである）（『週刊フライデー』一九九二年七月一〇日）、ロン・ハバートのダイアネティクスと呼ばれる心理療法の信奉者集団が宗教団体となった「サイエントロジー教会」（『サンデー毎日』一九九二年八月三〇日、『財界展望』一九九二年一一月）など、アメリカでカルトと呼ばれる宗教集団が日本で活動していることが報じられ、特に、「愛の家族」では信者による性的勧誘が問題視された。

一九九三年の三月、四月には、セブンスデー・アドベンチスト系の分派であったブランチ・ディビディアンという教団とＦＢＩとが銃撃戦を行い、信者の集団自殺が一五件報道された。これは『朝日中学生新聞』（一九九三年五月二日）に「人格を破壊するカルト、まじめで視野の狭い人にわな」という見出しで報じられている。この後は、スイスで集団自殺をとげた「太陽寺院」が一九九四年一〇月と一一月にカルトとして四件報道された。太陽寺院は西欧神秘主義や秘密結社の流れを汲むニューエイジ系の団体であり、スイス、カナダ、フランスで七四名が集団で亡くなった経緯はきわめて複雑だった（辻 一九九八）。

総じて一九九二年から一九九四年までに、カルトという言葉を用いた記事の大半がアメリカの宗教事情を紹介するか、日本で布教するこれらの教団の活動を報じたものである。日本の新宗教を指して登場するものは、創価学会批判の記事があるのみで、これは『週刊文春』と『週刊実話』が年に数回繰り返し掲載している。

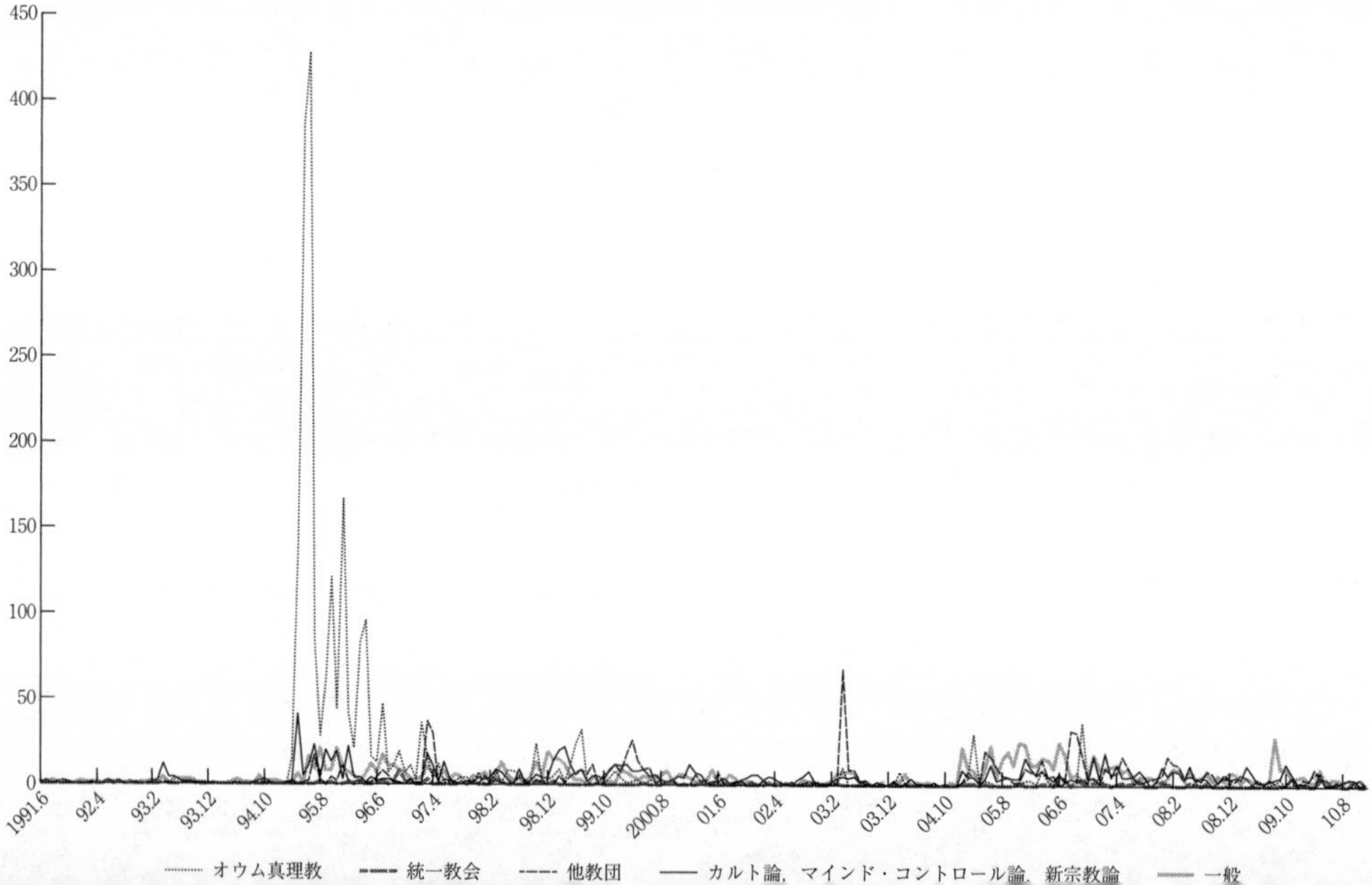

450
400
350
300
250
200
150
100
50
0
1991.6
92.4
93.2
93.12
94.10
95.8
96.6
97.4
98.2
98.12
99.10
2000.8
01.6
02.4
03.2
03.12
04.10
05.8
06.6
07.4
08.2
08.12
09.10
10.8
オウム真理教
統一教会
他教団
カルト論，マインド・コントロール論，新宗教論
一般

オウム真理教はいつからカルトになったか

一九九一年六月から二〇一〇年一二月までの宗教記事データベースにおけるカルト用例全六五二一件中、オウム真理教は二三〇八件（三五パーセント）、統一教会一二一件（二パーセント）、他教団二四二九件（三七パーセント）、カルトの解説記事一〇三八件（一六パーセント）、一般的話題六二五件（九パーセント）となっている。しかし、地下鉄サリン事件直前の一九九五年二月までに限定すると、全一一一件中、オウム真理教はゼロ件、統一教会六件（五パーセント）、他教団二二件（二〇パーセント）、カルトの解説記事三六件（三二パーセント）、一般的話題四七件（四二パーセント）となる。つまり、一九九五年二月までは日本の教団においてカルトと名指しされたものは、統一教会、創価学会以外になく、それまではアメリカのカルトを紹介する記事でしかカルトという言葉が使われなかったことが明らかである。ところが、状況はオウム真理教による地下鉄サリン事件を機に一変する。

一九九五年三月二四日に「米教授に聞く、カルト流行は世界的傾向であり、オウム危険、指導者が絶対、法と衝突する」という共同通信の記事が一三紙に配信されたのを境にオウム真理教がカルトとして報道されるようになる。図４−１で明らかなように、一九九五年以降カルトの用例はオウム真理教が大半を占める。用例件数が多い月は、一九九五年四月以降教団の強制捜査、教祖逮捕（五月一六日、一七日、九九件）・起訴（六月七日、八七件）、教団への解散請求（六月三〇日、五八件）・解散命令（九月三一日、三四件）がなされた時期であり、一九九五年末から九六年にかけての宗教法人法の改正と破壊活動防止法を教団に適用する是非をめぐる議論（一二月一五日、五七件）ではカルトの規制が論じられた。

その間、「創価学会に宗教法人の資格はあるのか?」（『政界往来』一九九五年六月）、「創価学会からオウムまで治外法権、宗教法人法」（『月刊宝石』一九九五年六月）を皮切りに、「創価学会こそカルトだ」（『政界往来』一九九五年七月）、「創価学会はカルト教団、英仏で被害者続出」（『週刊文春』一九九五年一〇月二六日）と、創価学会は従来の学会批判誌によってカルトとして非難され、その後もこの種の記事が毎月続く。宗教法人法改正問題では、創価学会の秋谷栄之助会長を参議院宗教法人特別参考人として招致することや新進党の改正案反対にも記事が集まった。

オウム真理教をめぐる報道に戻りたい。同教団は一九八四年に「オウムの会」（後にオウム神仙の会と改称）として発足し、一九八九年に東京都から宗教法人の認証を得た。教祖麻原彰晃は一九九〇年に真理党を結成して東京四区から衆議院選挙に出馬するが惨敗し、以後、借財を返すために石垣島でセミナーを開催したところ、思いのほか信者を動員できたために教勢を盛り返した。それから、信者に出家を勧めて信者の持参した資産を元手に教団施設を全国数ヶ所に建設し、地域住民とトラブルを起こすことになる。熊本県波野村では、一九九〇年五月にオウム真理教が原野を購入するため土地売買などの届け出を出して以来、反対する村民の会や住民票を受理しない役場と教団が鋭く対立した。一九九一年一月、事態を考える市民の会がシンポジウム開催を県立劇場に申し込んだところ断られ、市民の会が「集会の自由」を求めて、不許可処分取り消しを求める訴えを熊本地裁に起こした。後に、同会は村とオウム真理教の和解交渉にも乗り出すが、最終的に村がオウム真理教に九億二〇〇〇万円を立ち退き料として支払うことで合意した。この間の経緯は表4－1に示す通り、オウム真理教関連および波野村関連に絞った記事が、毎月相当量で報じられていた。しかし、先の図4－1にある通り、オウム真理教と地域社会との軋轢、教団のスキャンダラスな活動にもかかわらず、一九九五年三月の強制捜査までは、オウム真理教関連の記事には「カルト」という語は用いられてはいなかったのである。先にふれた、三月二四日付けの米教授（マーガレット・シンガー）によるオウム真理教が起こした事件へのコメントを引用した記事が配信されて後、日本においてオウム真理教はカルトと呼ばれることになった。オウム真理教の信者が松本サリン事件、地下鉄サリン事件、坂本弁護士一家殺害事件の容疑で逮捕、起訴され、日本社会を揺るがす事件として報道されるに従い、オウム真理教はカルトとして全世界からも注目された（Kaplan and Marshall 1996）。

表4－1　オウム真理教および熊本県波野村関連の記事件数と内容（1990年5月－1995年2月）

	オウム真理教記事数	波野村記事数	波野村とオウム真理教の関連記事内容
1990年5月	4	1	オウム真理教が波野村原野を購入するため土地売買など届出書を提出。
6月	6	14	波野村を守る会結成，教団は波野村役場が住民票を受理しないために提訴する。
7月	10	9	県キャンプ場建設に中止命令，村は教団の申し出を拒否。
8月	11	14	波野村住民とオウム真理教信者がもみ合い機動隊出動，県は教団を森林法違反，国土利用計画法違反で県警に告訴。
9月	10	11	監視塔建設，村議会全会一致で住民票を受理しない村当局を支持。
10月	15	19	オウム真理教児童就学問題に関し，村教育委員会は県と協議，県警が教団の強制捜査，全国14ヶ所を家宅捜索。
11月	36	16	県警，麻原教祖より事情聴取。
12月	81	8	人権尊重を求める市民の会が県知事に波野村に住民票を受理するよう意思表明する。
1991年1月	56	3	市民の会，オウム真理教に関するシンポジウムを県立劇場に申し込んだが断られる。
2月	53	8	守る会がビラ配り，波野村村民と数回の話し合い。
3月	109	8	阿蘇広域行政事務組合は，信者の屎尿処理を申し出があれば実費で行うことを決定。
4月	94	13	市民の会による不許可処分取り消しの訴えが熊本地裁で認められた。村議選で反村長派は最下位で落選。
5月	91	5	県は県立劇場の許可を相当な混乱が予想されるとして取り消す。
6月	69	9	県は教団に対して森林法に基づく開発の復旧命令を出す。
7月	18	1	市民の会，熊本県に300万円の慰謝料を求める訴えを起こす。
8月	65	10	市民の会，不作為違法確認を求める訴えを起こす。熊本地裁，信者の住民票不受理処分取り消しの請求を却下。
9月	68	5	市民の会の不許可処分取り消しの判決が福岡高裁であり，一審判決を取り消し，原告の訴えを却下。
10月	57	7	市民の会と県，復旧状況を確認するために波野村道場を調査。
11月	67	4	地裁，市民の会の訴えを却下。オウム真理教，波野村に300万円の損害賠償を求める訴えを起こす。
12月	86	4	市民の会，復旧命令を撤回するよう県庁に申し入れ。
1992年1月	44	6	村では信者2名の居住確認調査を進めようとしたが，守る会のメンバーに阻止される。
2月	49	8	村では居住を確認した後，森林法違反で退去を命じられている地域への転入を認めないと不受理処分にする。

3月	27	4	市民の会，村長を職権乱用罪で熊本地検に告発。
4月	32	3	熊本地検，村長を不起訴処分にする。
5月	61	3	村議会，教団から金が流れたと噂される村民に事情を聴取。
6月	22	5	守る会に村民130名の脱会届が郵送される。
7月	52	3	信者47名の損害賠償請求訴訟の和解兼弁論が熊本地裁で行われる。
8月	15	2	県の弁護士の人権擁護委員会が調査。村民６名が村議会議長を名誉毀損で熊本地検に告訴。
9月	69	3	市民の会，信者の人権侵害を放置しないように県に申し入れ。村議会議長，先の６名を誣告罪で地検に告訴。
10月	35	1	村は教団の土地，施設を買い取る考えを示す。
11月	24	0	
12月	43	4	県議会経済常任委員会が，オウム真理教違法開発行為に関わる行政代執行を求める請願を全会一致で採択。
1993年１月	13	2	村長，辞表を提出。
2月	24	1	村長選で前村議の新人候補が当選。
3月	12	5	損害賠償請求訴訟の和解協議がひらかれるが，村執行部は欠席し，話し合いは平行線に終わる。
4月	36	7	市民の会の違憲訴訟で25万円の支払いを地裁が県に命じる。第２回目の和解協議の話し合い。
5月	27	2	和解協議で村が教団に示した質問状が明らかになる。道場の用途，将来構想，政治進出，住民への謝罪などの意志を確認。
6月	22	1	教団側の回答が村に出される。村の条例・慣行の遵守は宗教上の問題もあり一概に答えられないとする。
7月	47	1	村議の応訴費用を村が出したのは違法との判決が出る。和解案を出し合うことで確認をとる。
8月	16	1	和解協議に関して，条件作りは代表世話人会に一任する。
9月	30	1	村側が和解案を提出。
10月	48	6	教団は電柱架設を和解の条件に提示し，村が反発。熊本地裁，住民票不受理の処分取り消しを命じる。
11月	33	4	守る会は村の控訴を全面的に支援する方針。波野村村長は福岡高裁に控訴。
12月	13	1	教団側の２度目の和解案に村は難色を示す。
1994年１月	12	2	波野村に転入届を出した４名の信者の居住調査を行う。
2月	33	3	農水大臣，教団の復旧命令審査請求を棄却。教団は命令の取り消しを求める民事訴訟を熊本地裁に起こす。
3月	17	0	
4月	3	2	波野村定例議会にて，村長は村の財政状況を考慮し，買い取りによる和解を再度めざす意向を明らかにする。

5月	1	0	オウム真理教が熊本市春日町に進出する意向を表明したのに対し，地域住民は反対する会を結成。
6月	31	0	
7月	44	5	
8月	85	7	波野村村議会は臨時議会で，村は教団に9億2000万円を支払い，教団は一切の訴訟を取り下げる和解案を賛成多数で可決。
9月	85	4	市民の会は，双方に8月の和解案を破棄し，村が損害金2000万円を払い，信者90名を住民として認めるべきと申し入れる。
10月	30	1	村議2名が，支払い済みの5億円返還と残金支出をやめるよう村監査委員会に対し住民監査を請求。
11月	25	5	市民の会が県に対して行った損害賠償請求控訴のうち2つが原告勝訴。県立劇場でオウム真理教を考えるシンポジウムを開催。
12月	51	4	住民監査請求に対して不当支出はないと委員が申し渡す。村議が村長を相手に支払いの損害賠償請求を熊本地裁に起こす。
1995年1月	132	0	
2月	32	0	

一九九〇年代の他教団に見るカルトの用例

一九九六年に入ると、一月に「法の整備でカルトの肥大を防げる」という紀藤正樹弁護士の記事が一一件あり、その後カルト・ウォッチ団体である日本脱カルト研究会の結成や脱会信者支援、カルト概念の紹介記事が月に数件ずつ続くようになる。オウム真理教関連では、組織犯罪対策法が検討され（七月三日）、公安調査庁が公安委員会へオウム真理教の解散を求めて破壊活動防止法の団体規制を請求している（七月一二日）。

カルトの呼称を与えられて報道された教団を列挙していくと、「大脱税カルト教祖深見東州のコスプレ商法」（『フォーカス』一九九六年六月一二日）、「統一教会とKKCはこうしてつながっていた」（『サンデー毎日』一九九六年七月七日）とあり、「法の華三法行被害連絡会発足」（一九九六年七月二九日、一〇件）を機に、宗教被害、悪質商法がカルト問題として提起され始める。深見東州は一九八〇年代に設立された神道系の新宗教団体であるワールドメイト（旧コスモメイト）の教祖であり、数万名の信者を率い、神道国際学会を設立して神社界ともつながるなど幅広い活動を行う。KKCとは、経済革命倶楽部の略称で、商品購入と会員勧誘を抱き合わせて高額配当をうたい、多くの会員から詐欺的に資金を調達したとされ、主宰者は実刑判決を受ける。法の華三法行は一九八七年から解散処分を受ける二〇〇一年まで宗教法人として活動し、福永法源教祖の足裏診断・天行力等の霊感商法により六〇〇億円ほどの被害をもたらした。福永は詐欺罪で懲役一二年の実刑判決を受け、幹部も有罪とされた。

一九九六年一〇月には、プロ野球日本ハムの上田利治監督が妻と娘を統一教会から脱会させるために、突然監督を辞任した事件をめぐって七件の記事があり、「日ハム上田監督を潰した統一教会と週刊現代」（『週刊文春』一九九六年九月二六日）との記事に、上田監督のプライバシー暴露は本意ではないとして「統一教会文鮮明ファミリーの大醜聞」（『週刊現代』一九九六年一〇月一九日）と統一教会批判で応じる記事とのやりとりがあった。

「上田監督は飯干晃一になれるか、現代の魔女狩り」(『諸君!』一九九六年一一月)で有田芳生が述べたように、カルト入信者を家族に持つことが、著名人にとってはスキャンダルとなり、一般市民にとっては入信した子どもや配偶者を人目に触れさせないようにさせた。一九九〇年代前半はカルト批判があるものの、信者の脱会を促進する動きを鈍らせるマスコミの働きが目立った。

統一教会に関しては、一九九七年に入って全国霊感商法対策弁護士連絡会の年次集会の報道、および合同結婚式とその式に出演予定だったホイットニー・ヒューストンが土壇場でキャンセルしたことなどが記事になり、一九九八年には元信者が違法な手段で勧誘されたとして教団を訴えた「青春を返せ」訴訟の敗訴判決が報じられた。

一九九七年三月、四月にはアメリカのUFOカルトとして知られていたヘブンズゲートの集団自殺についての記事が六〇件ほどあった。この年ヘール・ポップ彗星が現れたときに宇宙船に乗り込むためとして三八名で教祖以下信者が集団自殺をとげた。また、「セクト宗教事情ヨーロッパ報告」(『毎日新聞』一九九七年三月、四回連載)などの企画ものが掲載されている。その後、カルトとして名指しで報道された教団についての記事は、エホバの証人とヤマギシ会が目立つ。

エホバの証人は終末論を信仰するキリスト教系新宗教であり、日本では戦前に明石順三が灯台社を設立したが、戦後アメリカからの宣教により一九五三年に宗教法人「ものみの塔聖書冊子教会」として再出発している。一九七〇―八〇年代に教勢を拡大し、日本では約二十一万名の信者を有するまでになったが、キリスト教主流派からは異端として批判されている。社会的には信者が輸血を拒否すること、武道や競技会に子どもを参加させないことで知られる。輸血なし手術の要望を無視され、提訴したエホバの証人が輸血拒否は公序良俗に反するとされ敗訴したが、最高裁は正当性を認めた（二〇〇〇年二月二九日）。しかし、「子どもの命救えたはず」（『神戸新聞』一九九八年八月六日）、「エホバの証人の被害者全国集会を開く」（『赤旗』一九九八年八月二三日）、「エホバの証人、救出牧師に賠償請求、被害家族元証人ら支援グループ結成」（『クリスチャン新聞』一九九九年三月六日）、「異端者、エホバの証人の異端性、問われる教会の対話の姿勢」（『クリスチャン新聞』一九九九年四月二五日）、「エホバ、オウム、ヤマギシ追跡ルポ、カルトの子、心を盗まれた家族」（『文藝春秋』一九九五年五月）と批判的記事が多い。

ヤマギシ会は、一九五三年に設立された山岸巳代蔵の山岸式養鶏普及会に始まる農業法人であり、国内外に四〇ヶ所ほどの実顕地と称する農業共同体を有する。この共同体に参加する際に一週間の特別講習研鑽会という合宿に参加することが義務づけられるが、そこで「嫌いなもの」「なぜ腹がたつか」「それは誰のものか」という三つの問いを通して指導者・参加者で研鑽するという。思い込みを捨てれば嗜好はなくなり、事実のみそのままに受け取れば腹もたたなくなり、ものの成り立ちを素材や資源から考えれば地球は誰のものでもないとされる。無我・無所有の心境である。入会者は全財産を会に提供し、子どもはヤマギシズム学園で集団保育・教育を受けるが、脱会時には原則的に何も返還されないし、子どもの養育環境にも問題が多いとされる（黒田 二〇〇六）。

ヤマギシ会は、「巨大カルト集団ヤマギシ、超洗脳、体験ルポ大反響」（『ヴューズ』一九九六年一一月、一九九七年一月）が「カルト」と名指ししたのを皮切りにカルトにカテゴリー化され始め、米本和広『洗脳の楽園』（一九九八年一月刊、書評記事五件）で定着した感がある。一九九八年一一月にはヤマギシ会の小中学校設立申請をめぐって三重県教育委員会とのやりとりがあり、最終的に同会の学校設立申請を取り下げるに至った経緯が報じられている。

世界救世教の秀明教会（京都）から分派独立した神慈秀明会は、松本の教会建設中止の記事で一回だけ『信濃毎日新聞』（一九九七年七月一一日）に登場している。会長の小山美秀子は信者に「あなたの健康と幸せをお祈りさせてください」と街頭での浄霊を奨励し、同会は信者による活発な布教と多額の献金で急成長したが、教団内外から批判を受けた。

そのほか、「福島須賀川市、女性祈禱師宅に六遺体、小規模カルト」として、一九九五年七月六日、七日に一三件報道された。この事件では、信奉者が順次「御用」と称する憑きもの落としのバチによって撲殺され、ミイラ化したまま放置されて発見された。祈禱師との濃密な人間関係に取り込まれた信奉者たちは逃れることもなく、関係が悪化した順に祈禱師と信奉者によって筋肉が壊死するまで叩かれたものであった。この祈禱師は一〇年に及ぶ裁判の結果、死刑判決が確定した。

この殺傷事件は、従来「小さな神々」と呼ばれた教祖中心の小宗教集団がカルトと認識され始める発端をなし、一九九九年のライフスペースや加江田塾事件につながる閉鎖的小集団として認識されよう。一連のミイラ事件については後述する。また、一九九八年一〇月から一二月にかけて、ロック歌手の自己啓発セミナー「レムリアアイランド」入会による洗脳騒ぎ、佐久間良子と二穣会の関係が芸能ネタとして数件報道された。芸能人が占い師や祈禱師、あるいは小規模な新宗教に入れあげる例は少なくないが、被害者として扱われることが多い。

まとめよう。日本では新興宗教、新宗教という社会的・学問的範疇の宗教集団にほとんどの社会問題化する教団が含まれていた。ところが、「カルト」という概念、言葉が一九九〇年代に輸入され、一九九五年のオウム真理教事件以後、新宗教のうちで社会問題を引き起こす宗教集団がカルトとして認識され始めることになった。膨大なマスメディア報道の中で、カルトの危険性、カルト対策、予防方法に関わるさまざまな言説が消費された。こうして、カルトは日本に在るものになった。日本におけるカルトの用法は、反社会的・破壊的宗教集団というアメリカの日常的なカルト概念に近い。少なくとも、異端としてのカルト概念ではない。なぜなら、日本のほとんどのキリスト教教団では、統一教会、エホバの証人、モルモン教を三大異端にあげているが、モルモン教はマスメディアによりカルトとして言及された例は一例もないことに注意しておきたい。

二〇〇〇―一〇年のカルトの用例

二〇〇〇年一月から二〇一〇年一二月までの宗教記事データベースにおけるカルト用例は二四四三件で、一九九〇年代における六一一三件と比べれば、記事の総件数が三八パーセントに減少している。その一番の要因は、オウム真理教での用例が二〇八件（九パーセント）、統一教会一七七件（七パーセント）と、一九九〇年代に大きく報道された二つの教団の記事が大きく減ったことである。その代わり、他教団六九三件（二八パーセント）、カルトの解説記事五八七件（二四パーセント）、一般的話題七七八件（三二パーセント）と増えている。

オウム真理教に関する記事は、毎年、地下鉄サリン事件が起きた三月二〇日前後に特集記事が掲載されるが量は少ない。また、実行犯の公判結果がその都度報道されるが、二〇〇九年一二月に実行犯の指揮官であった井上嘉浩被告の死刑が確定されたときでも数件に留まる。

統一教会の場合は、二〇〇八年以降、信者である霊感商法の販売会社社員が、特定商取引法違反や詐欺の容疑で逮捕される事件の報道があったが、記事には「カルト」の言葉が用いられておらず、カルト事件という報道のされ方ではなかった。元信者による損害賠償請求訴訟の結果はその都度報道されている。

以下では、この二つの教団に代わって、カルト的事件として報道された他教団を順に解説していこう。報道は、教団そのもののカルト性を問題にするというよりも、事件の犯罪行為や猟奇的・逸脱的行為を問題にしており、事件報道に続いて事件を起こした団体そのものの解説や批評に変わっていく。

ミイラ事件

一九九九年一一月に成田市内のホテルでミイラ化した男性遺体が発見された。遺体の家族が所属するライフスペースという団体の主宰者である高橋弘二は、重篤な患者の家族に医療行為を受けさせず、死後も「ミイラには体温があり、死んではいない」という「定説」を信じ込ませたとして殺人容疑で起訴され、千葉地裁では二〇〇二年に懲役一五年、二〇〇三年に東京高裁で不作為犯であることが認められ懲役七年に減刑され、二〇〇五年に最高裁は上告を棄却した。この団体は自己啓発セミナーがカルト集団化したものとして注目され、高橋はシャクティパット・グルと称して高額の受講料を取るセミナーを開催していた。「四年前セミナーで修行中に参加者死亡、追及の弁護士「末期症状の破壊的カルト」」(『夕刊フジ』一九九九年一一月一七日)や、「ライフスペースがヤケクソ・カルトになった理由、金儲けが目的で誕生した自己啓発セミナーの当然の末路」(『週刊プレイボーイ』一九九九年一二月七日)といった論調で、報道初期からカルト視された。ライフスペースと高橋は、同年一二月二四日に報道機関やジャーナリスト・弁護士など一九者に対して名誉毀損の訴訟を起こしたが、二〇〇〇年四月二四日、東京地裁は原告の請求を棄却している。

このミイラ事件に次いで、二〇〇〇年一月に宮崎県でミイラ化した男児二名の遺体が発見された。病児を預かっていた加江田塾の塾長東純一郎は、「波動療法」と称する祈禱を行い、子どもを蘇らせようとしていたとされる。死体遺棄、保護責任者遺棄致死罪で逮捕され、二〇〇三年に宮崎地裁で懲役七年の実刑判決を受け、同年に最高裁で確定した。「常識の外でカルト増殖、〈唯一絶対〉教祖、ミイラ化遺体も「生きている」加江田塾

「気」送る風車波動機、ライフスペース独自の「定説」崩さず」(『読売新聞』二〇〇〇年一月二六日)とメディアも、ミイラ事件のカルト性を説いている。

この年は、一月に札幌でミイラ化した父親と同居していた子どもの事件、五月に熊本県で重篤な病児に医療を拒否させた自称超能力師の女性と両親が遺体を蘇らせるべく損壊した事件、八月に大阪府で成人男女五名が餓死した後ミイラで発見された事件が生じた。さらに、翌年の二〇〇一年三月に大宮で老夫婦の腐乱死体を長女が遺棄、二〇〇二年一〇月福岡でミイラ化した女性信者の遺体を女性教祖が放置といった遺体にまつわる事件が続いた。

この種のミイラ事件に共通しているのは、セミナー団体や霊能者の信奉者集団、および外部から隔絶された家族において、医療拒否、絶食をメンバーに強い、それが受け入れられる権威主義的な構造が見られ、蘇りの祈禱、儀式などは権威を存続させるために装われた可能性が否定できない。また、家族の場合は、葬儀を行う資力や人間関係を欠いていたことも事件の背景に認められる(藤田 二〇〇八:三一―七一)。

疑似科学、治癒、ヒーリング

犯罪とは直接的関連がないものの、常識を超えた集団として認知されたものに、二〇〇三年四月から五月にかけて集団で福井県に移動したパナウェーブ研究所がある。彼らは、スカラー電磁波を防ぐとして独自の白装束を身にまとい、車列を組んで移動したのでワイドショーの格好の素材となった。同団体は、千乃裕子という女性を教祖とする新宗教の研究所であり、会員に対して電磁波から身を守ることを含む各種の健康法を説いていた。「白装束団体に退去勧告、岐阜八幡・大和両町対抗手段も検討、カルト一派か」(『中日新聞』二〇〇三年五月一日)、「岐阜県警三〇〇人動員、警察庁はカルト団体と位置づけ」(『サンケイスポーツ』二〇〇三年五月二日)、「白装束の反共カルト集団「パナウェーブ研究所」」(『しんぶん赤旗』二〇〇三年五月四日)、「余録　愚行権、カルト集団、白装束の集団キャラバン」(『毎日新聞』二〇〇三年五月八日)のような見出しの記事が連日報道され、五月だけで八〇件の記事があった。ライフスペース事件以来の盛り上がりである。

ところで、カルトについての一般的な解説記事において、水療法、ホメオパシー、波動療法などの病気に対する効能をうたうものの医学的に認知されていない治療法や、各種健康食品を用いた健康法などが、自然科学者から批判されている(池内 二〇〇八)。特に、元早稲田大学理工学部教授の大槻義彦は、いわゆる超常現象やオカルト批判でテレビ・雑誌への登場回数が多く、タレント的役割をうまく利用しながら疑似科学批判を二〇年以上にわたって継続している。『噂の真相』『ダカーポ』には「反オカルト講座」を連載し、

『ダカーポ』の最終号（二〇〇六年七月五日）では「捏造とオカルト」と題して、超能力・霊能力・ニセ／エセ科学批判を書いた。

現代医療は、ＥＢＭ（根拠に基づいた医療）が主流であり、科学的な再評価に堪えない治療法は行わない。しかしながら、このような医学的治療法だけでは緩解しない疾患を持つ患者は、藁をも掴む心境でさまざまな民間療法や代替療法と呼ばれる非公認の治療法を実践する個人や団体に救いを求めることが多い。

二〇〇〇年五月に宗教法人法の華三法行は代表福永法源が幹部とともに詐欺容疑で逮捕された。「宗教ビジネスにメス、信教の自由隠れみの、独自高額物品売りつけ集金、カルト見極める目一人ひとりに必要」（『北海道新聞』二〇〇〇年五月九日）の記事は元東北学院大教授浅見定雄の談であり、「単純なカルト批判は禁物、信者追い込む過程究明を」（『朝日新聞』二〇〇〇年五月九日）という論説は筆者が書いたものだ。福永には二〇〇五年に東京地裁で懲役一二年の判決が言い渡され、二〇〇八年最高裁で確定した。同団体は、病気に苦しむ患者にねらいを定め、福永の足裏診断と称する病気の診断と天声村という施設におけるセミナーにおいて高額の霊感商品を売り、会の発足後約一三年のあいだに約六〇〇億円の詐欺被害を与えたとされる。この団体は、霊能や治癒を騙り、組織内でマニュアルなども作成していた典型的な霊感商法詐欺だったが、これより規模が小さい団体ながら同様な詐欺的商法で注目を集めたものにヒーリングサロン「神世界」の事件があった。

二〇〇七年一二月に神奈川県警が都内のサロンと山梨県の本社を家宅捜索し、二〇〇八年にはサロンと不適切な関係にあった神奈川県警警視と脳科学が専門の北海道大学准教授がそれぞれ懲戒・諭旨解雇され、被害者たちが神世界被害対策弁護団を結成して損害賠償請求訴訟を起こした。この団体は、千手観音教会の事業部門「神世界」の教祖が、もともと所属していた世界救世教から分派した神慈秀明会の「浄霊」をヒーリングとしてアレンジしたものであり、瀟洒なサロンと顧客による勧誘、フランチャイズ方式の出店方法などを成功させ、年間五億円程度を売り上げていたものである（櫻井 二〇〇九）。「神世界被害で弁護団が会見、高額請求払えずに「加害者に」、会社形態、内実は宗教色強く、抵抗薄れている」（『東京新聞』二〇〇七年一二月二一日）とある。また、二〇一一年九月一二日には、神世界の教主と幹部が組織犯罪処罰法違反（詐欺）の容疑で逮捕された。

神世界には宗教的要素と霊感商法的詐欺の要素が混在し、ポジティブシンキング的な自己啓発が高学歴・高収入の層を惹きつけていたことも確かであり、新宗教が貧病争に悩む比較的恵まれない人々を信者にしていった時代とは異なる文脈で勢力を伸ばした（櫻井 二〇〇九）。しかし、あまり洗練されたとはいえない同種の健康療法によって特定の人々を惹きつける、より小規模な教団や人々は少なくない。その中で事件化するのは氷山の一角ともいえるが、その一つの例が二〇〇五年七月に小児糖尿病I型の女子中学生がインシュリンをうたずに教団施設で死亡した真光元〔まこも〕事件である。真光元とはヒメガマという植物を微粉末にした健康資材であり、入浴や飲用によってどんな難病も治ると称して販売していた「次世代ファーム」代表堀洋八郎は真光元神社を主宰していた。二〇〇六年、女子中学生の親によって損害賠償請求訴訟が東京地裁で起こされたが、原告の敗訴となり、二〇一一年東京高裁においても原審が維持され、二〇一二年上告も棄却された。

このような治癒・ヒーリングを看板に信者や顧客を集めるカルト的事件の背景には、病が完全に治ることへの期待水準が上がっている現代人の心理を巧みに利用してビジネスチャンスとする詐欺的企みがある。また、そうした顧客や信者の願いに対して直接応えようとする霊能者や宗教者の志向もあるかもしれない。病と向き合い、病が治らなくともその状況を受け入れる強い心や平常心を養うことを宗教者が説きにくい世情がある。病を治すと看板を掲げる人や団体にすがる人々がいて、そのことが稼業として成り立つ世界がある限り、この種の治癒・ヒーリングはなくならない。しかし、ときおりではあるがこの状況を疑似科学批判やカルト問題の文脈で指摘する批評・論評もメディアに途切れることなく掲載されている。

性暴力事件

二〇〇〇年代のカルト事件において「教会のカルト化」の問題が浮上した。その典型が、二〇〇五年四月六日、聖神中央教会の主管牧師である金保が、教会内で数名の女子中学生信者に性的暴行を加えた容疑で逮捕され、二〇〇六年二月に京都地裁で懲役二〇年の判決が下された事件である。金は控訴しなかったのでそのまま確定した。

この事件を伝える報道は、特に週刊誌において性的文言を見出しに出すものが多く、「「牧師」を装った「暴行魔」、「陵辱」マインドコントロールの手口、「天国と地獄」で少女支配」（『Yomiuri Weekly』二〇〇五年五月一日）、「慟哭続報　噴き出す！　「少女レイプ牧師」のSEX三昧エロ洗脳被害、出るワ出るワ鬼畜の性所行、「神の祝福」と性的行為を要求、マインド・コントロールの呪縛」（『週刊大衆』二〇〇五年五月二日）というものだった。

この事件は聖職者の性的スキャンダルとして多数の週刊誌に報道されたが、同時にキリスト教界でも牧師が神の権威により信者を隷従させ、性的虐待を行った事件として深刻に受けとめられた。聖神中央教会は一九八七年に宗教法人の認証を得た韓国系キリスト教会であり、二〇〇五年当時、二二の支部教会、牧師五七名、信者一三〇〇名（当時の公称）を有する教会成長に成功した教会だった。牧師の性的不品行は一部幹部たちの知るところだったが、諫めるもの、内部告発するものが皆無だったことも、教会がカルト的な権威主義組織だったことを物語る（櫻井 二〇〇六、李・櫻井編著 二〇一一）。

翌年の二〇〇六年七月二八日になると、『朝日新聞』が日本では摂理と呼ばれる韓国のキリスト教福音宣教会教祖の性的スキャンダルと大学における勧誘活動を批判的に報道した。「韓国カルト日本で二〇〇〇人」「教祖が性的暴行」というような見出しで宗教事件の記事が東京本社版では社会面トップ、大阪本社・西部本社版では第一面に掲載されたのは、オウム真理教事件以来である。

「カルト「摂理」、神かたり人格破壊、教祖「体をみてあげよう」被害女性証言、判断力奪い乱暴」（『朝日新聞（大阪本社版）』二〇〇六年七月二八日）と全国紙が最初から摂理をカルトと記載したのは珍しい。『朝日新聞』が連日の報道をリードし、ほかの全国紙が「韓国のカルト集団「摂理」、日韓の元女性信者が会見「連携して裁きを」」（『日本経済新聞』二〇〇六年八月八日）、地方紙やスポーツ紙が「韓国カルト「摂理」被害者ら会見、エロ教祖「処女をたくさん連れてきなさい」」（『日刊スポーツ』二〇〇六年八月八日）と追随した。その後、摂理に「SEX（カルト）教団」と見出しをつけた週刊誌が、『アサヒ芸能』（二〇〇六年八月一七日）、『女性セブン』（二〇〇六年八月一七日）、『週刊朝日』（二〇〇六年八月一八日）、『週刊ポスト』（二〇〇六年八月一八日）、『FRIDAY』（二〇〇六年八月一八日）以降続出し、『週刊朝日』は九月まで「SEXカルト教団研究、第一弾―第六弾」の連載を組んだ。

摂理は韓国の統一教会に在籍したこともある鄭明析により一九八〇年に設立された学生宣教に力を注ぐキリスト教系新宗教であり、統一教会の教義「統一原理」に酷似した「三十講論」という教義を有し、信者は合同結婚も行っていた。海外に逃亡していた鄭は二〇〇七年に中国で逮捕され、二〇〇九年に韓国大法院で婦女暴行の罪で懲役一〇年の実刑判決が確定した。直接の容疑は韓国を含むマレーシア、中国、香港の女性信者に対する強姦致傷であるが、日本の女性信者を含めて被害者が数十名から数百名に及ぶというスキャンダルのために、新聞よりも週刊誌による報道が多かった。

しかしながら、摂理の偽サークルを用いた伝道方法やメンバーの生活実態、二〇〇六年の報道以後も日本の多くの大学で活動を継続していることなどの報道は少ない（櫻井編二〇〇九）。教祖が逮捕された後の摂理の問題は、相変わらず正体を隠した勧誘で信者の獲得をめざしていることに尽きるが、この問題は、二〇〇九年三月から四月にかけて、新入生に対して「カルトから学生守れ！！　大学横断で勧誘情報交換ネット」（『産経新聞』二〇〇九年三月二日）、「カルトサークルご用心、大学新入生が標的に」（『日本経済新聞』二〇〇九年四月九日）、「岡山大、新入生サークル勧誘シーズン、カルトへの警戒強化、資料配付し腕章義務づけ」(『山陽新聞』二〇〇九年四月一〇日)という記事に引き継がれている。腕章義務づけは、現在多くの大学で実施されている。公認サークルの場合一サークルにつき五個程度の腕章を大学が交付し、新入生には腕章をしていない学生の新歓には応じないように指導するカルト対策である。ただし、カルト問題に関わる関係者のあいだでは、摂理やオウム真理教をはじめカルト視される団体の多くが近年は対面的な勧誘活動よりも、SNS(ミクシィやFacebookなど)を使った勧誘に力を入れており、書き込み情報を読んだ人が訪問者として記録されるような機能が裏目に出ていると指摘されている。そうなると、キャンパス内でのカルトの勧誘にご注意という従来通りの対策では限界があり、インターネットを含めたさまざまなメディアを活用したコミュニケーションのスキルそのものを高めていく以外にこの種のトラブルから学生を守る術はない。

そのほかのカルト問題

日本のマスメディアによるカルト問題の報道は、事件性とスキャンダル性が報道の柱といってよく、前者は刑事・民事の裁判結果まで報道が継続されるが、後者は一通りの事件解説や当事者の性的不品行について解説が繰り返されると潮が引くように当該教団に対する報道はなくなる。二〇〇六年には東京で女性一一名と共同生活をしていた自称占い師が若い女性に同居を迫ったとして逮捕されたが、これも性的スキャンダルの脈絡であり、その後の報道はまったくない。そのほか、右翼的思想や軍事訓練を行う団体ザイン（ザイクス）や日本平和神軍も、それぞれ二〇〇五年、二〇〇八年に報道された。

二〇〇六年以降は、細木数子や江原啓之といったテレビ霊能者がテレビのゴールデンタイムに登場して、占いや守護霊、霊視などを行うことの是非が論じられることになった。マスメディアに登場するスピリチュアルなタレントたちのほかに、すぴこん（spiritual convention の略、現在はスピマ〈spiritual market〉）などのスピリチュアルな商品の見本市の拡大が見られた。

「〈特集　スピリチュアルって何？〉」（『中央公論』二〇〇六年一二月）、「オカルト番組の跳梁跋扈、各局が横並びで自粛を一斉解禁」（『Yomiuri Weekly』二〇〇七年一月二八日）、「霊感番組、江原氏オーラの泉、細木氏ズバリ言うわよ！　カルト犯罪を助長、被害対策行う弁護士連絡会が大批判」（『東京スポーツ』二〇〇七年一二月四日）、「ニセ科学を考える、UFO、「水商売」、スピリチュアル」（『しんぶん赤旗』二〇〇八年五月一一日）など、スピリチュアリティ・ブームを批判的に扱う特集・記事が出てきた。水商売とは、ミネラルウォーター販売でも、酒食を伴う接客業でもなく、江本勝による『水からの伝言』（波動教育社、一九九九年）をはじめとする一連の著作（水が人間の言葉や音楽に反応して凍ったときに雪花状に結晶化するという理屈）と精神的エネルギーを持った水を健康資材として用いようとするさまざまなビジネスを揶揄する言葉である。

マスメディアで報道されるスピリチュアリティ・ブームは、宗教研究者が議論するスピリチュアリティをめぐる問題とは違い、スピリチュアルな商品の販売・購入に伴うトラブルである。研究者や宗教者が論じる次元での霊性・スピリチュアリティに一般の人々が関心を寄せたり、癒しを求めたりするわけではなく、カルト問題と同様の疑似科学・詐欺的商法の罠にかかってしまうというのが実態と見てよいだろう（櫻井編 二〇〇九）。

以上、カルトの用例について、一九九〇年から二〇一〇年までの変遷を見てきた。カルトの用例には、次節で述べるマインド・コントロール概念の普及過程と相違点が見られる。これまで筆者は二つの概念をワンセットとした社会的構成概念として捉えていたが、時系列で見ると興味深い異同が見られる。この点を説明していきたい。

三　マインド・コントロールの用例

マインド・コントロール論争

「マインド・コントロール」とは、ロバート・リフトン、マーガレット・シンガーなどによる思想改造（thought reform）の理論をカルトへの入信・回心論に適用したものである。マインド・コントロール論の検討はすでに行っているので、ここではマインド・コントロールをめぐる議論の要点のみを説明する。(1)

宗教集団への入信、組織内における信者の回心という心的現象は、信者の態度変容という個人的・主観的事実であり、同時に、集団へのメンバーシップ・献身を顕在化させる組織的・客観的事実でもある。したがって、入信・回心の過程を、その要因と併せて理解していくならば、個人が信仰を選び取る主観的理由と、個人に入信・回心を働きかけた宗教集団の作用を同時に考察しなければならない。およそ三〇年前に提起された宗教集団への入信モデルであるジョン・ロフランドとロドニー・スタークのモデルはその典型であり、その後の入信理論の展開を見ても、行為、相互作用、集団の次元を組み合わせて入信・回心の過程を理解していくパースペクティブが守られている。マインド・コントロール論とは、宗教集団の働きかけにかなりの比重を置いた議論であり、カルトは、外部の人間を、当該宗教集団への関心を巧みに喚起して勧誘した後、情報・行動を統制した特殊な組織内環境の下で、回心の心的過程を生じさせ、組織内に取り込むという議論である。いうまでもなく、これはカルトの入信・回心過程に限定された議論であり、宗教集団一般に拡大されるわけではない。マインド・コントロールを行っていることがカルトたるゆえんであり、カルトはほとんどの場合マインド・コントロールによって新規の信者を獲得しているとされる。カルト概念の第三の用法である破壊的・反社会的教団という日常的用法の根拠がマインド・コントロールにある。

しかしながら、北米の宗教社会学者たちからは、「カルト」「マインド・コントロール」の概念にはトートロジカルな相互規定の問題があり、厳密な学術的用法とはしがたいという議論が一九八〇年代から出されている。この経緯は、マインド・コントロール論争として、後の法廷闘争における議論において詳しく見ていきたい。また、カルト概念、マインド・コントロール概念に関する文化的背景や政教関係の問題もあるが、これは前著で詳しく論じているので、可能であれば参照していただきたい（櫻井編 二〇〇九）。

一九九〇年代において筆者は北米宗教社会学の動向をフォローするところからカルト論、マインド・コントロール論に接してきたので、二つの概念がいわばセットで日本に輸入されたのではないかと考えていた。しかし、マスメディアによる両概念の普及過程を見ると、教団に対する用法、日常的使用の範囲に関して相違点があることもわかってきた。

統一教会とマインド・コントロール

マインド・コントロールという言葉は、一九九五年のオウム真理教事件以前は、もっぱ

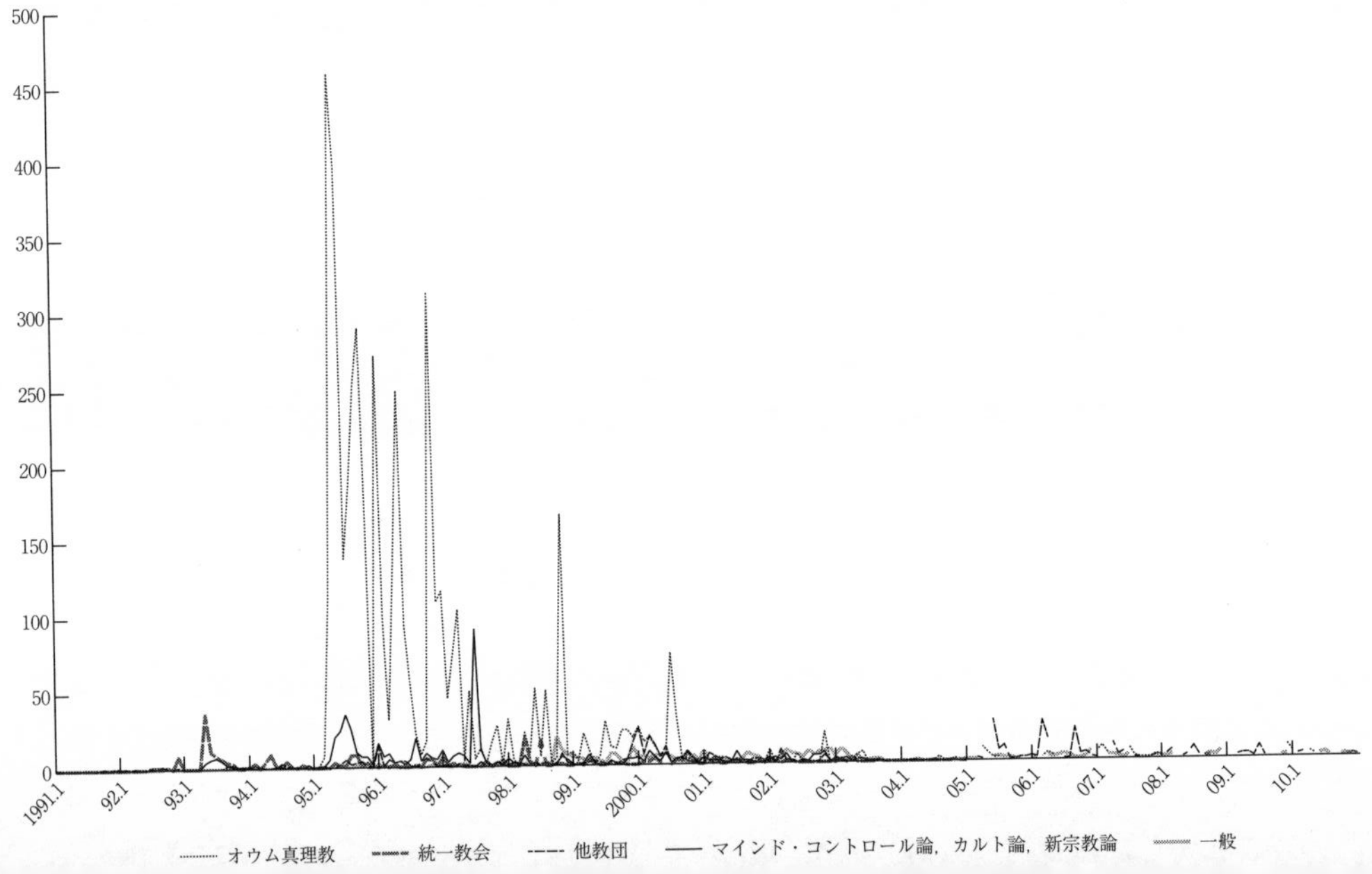
500
450
400
350
300
250
200
150
100
50
0
1991.1
92.1
93.1
94.1
95.1
96.1
97.1
98.1
99.1
2000.1
01.1
02.1
03.1
04.1
05.1
06.1
07.1
08.1
09.1
10.1
オウム真理教
統一教会
他教団
マインド・コントロール論，カルト論，新宗教論
一般

ら統一教会に対して用いられた概念である。一九九五年二月までのオウム真理教に対しては、『熊本日々新聞』が「揺れる山里、ルポオウム真理教、洗脳?」（一九九一年一月四日）として、波野村の報道の中で、洗脳という言葉を一件のみ用いているが、オウム真理教の場合、次に用いられる掲載記事は一九九五年二月の「松本サリン事件急展開、オウム真理教に毒ガス疑惑」（『ダカーポ』一九九五年二月）である。これは、カルト概念と同様、オウム真理教報道の中にマインド・コントロール概念が組み込まれていなかったことを示す。オウただし、江川紹子が坂本弁護士失踪事件とオウム真理教の関連を探り、『救世主の野望――オウム真理教を追って』の中で、オウム真理教の教育を「洗脳」と表現している（江川 一九九一：一一六、一二二）。

一九九一年一月より二〇一〇年一二月までのマインド・コントロールの用例六五九七件中、オウム真理教に対して使われた件数は四七七二（七二パーセント）、統一教会は二八六件（四パーセント）、他教団は五二四件（八パーセント）、マインド・コントロール理論の紹介は五九九件（九パーセント）、一般的話題は四一六件（六パーセント）である。それを先に述べた一九九五年二月までに限定してみると、統一教会が全一六五件中一〇六件、統一教会の報道に関連して解説されたマインド・コントロールを合わせると一四五件であり、全体の八八パーセントを占める。

宗教記事の掲載ということに話を限定すれば、『週刊文春』が飯星景子の脱会手記を掲載し（「飯星景子告白手記、統一教会という迷宮を抜けて」一九九二年一一月二日、一一月一二日）、ほどなく山﨑浩子の手記も掲載して脱会報道をリードし（「独占入手、山﨑浩子から届いた自筆メモと衝撃写真」一九九三年四月八日、「山﨑浩子独占手記、四〇枚一挙掲載、統一教会も私の結婚も誤りでした」一九九三年四月二九日）、他誌が追随した。とりわけ、山﨑浩子の脱会記者会見は二三件（一九九三年四月二一日から二三日）報じられ、うち一四件はスポーツ新聞であり、芸能ニュース扱いであった。

山﨑浩子の救出・脱会を手助けした杉本誠牧師は、スティーヴン・ハッサンの『マインド・コントロールの恐怖』（Hassan 1988 = 一九九三）を参考にしていたといわれる(2)。同書を翻訳した東北学院大学名誉教授の浅見定雄は主として大学生を統一教会から脱会させるカウンセリングを長年行っており、浅見の見解、講演内容などがマインド・コントロール論の解説として参照されるようになる（「山﨑浩子と勅使河原氏の復縁はない、説得経験二十数年、聖書学の権威」〈『週刊文春』一九九三年四月二二日〉、「山﨑浩子さん説得にも協力した浅見さんが講演、マインド・コントロールに警鐘」〈『茨城新聞』一九九三年六月二一日〉）。

また、杉本誠牧師が名古屋「青春を返せ訴訟」において、証人尋問の中で救出活動の実態を明らかにしたが、この記録が『統一協会信者を救え――杉本牧師の証言』（杉本・名古屋「青春を返せ訴訟」弁護団編著 一九九三）である。[3] 一九九三年一二月には郷路征記『統一協会マインド・コントロールのすべて――人はどのようにして文鮮明の奴隷になるのか』（郷路 一九九三）が出版される。[4] なお、同年三月に刊行された全国霊感商法対策弁護士連絡会事務局長の山口広『検証・統一協会――霊感商法の実態』（山口 一九九三）にも、違法伝道の実例があげられているが、マインド・コントロールの言葉は使用されていない。[5]『朝日ジャーナル』時代から統一教会の取材を続けてきた有田芳生は、一九九〇年刊行の『原理運動と若者たち』（有田 一九九〇）では、統一教会の教育方法を「洗脳」といい、一九九二年刊行の『統一教会とは何か――追いこまれた原理運動』（有田 一九九二）では、「マインド・コントロール」と表現している。[6]

その後の統一教会報道は、一九九四年三月、四月に山﨑浩子『愛が偽りに終るとき』（山﨑 一九九四）の書評、関連記事が続き、[7] 桜田淳子、音無美紀子など芸能人と統一教会の関わり、統一教会合同結婚式の婚姻無効を提訴した記事（一九九四年七月）が続く。また、中村敦夫による統一教会の勧誘、入信、脱会プロセスをフィクション化した著作『狙われた羊』（中村 一九九四）の書評が同年一一月に数度書かれた。

一九九五年二月までの記事は、海外の教団としてはサイエントロジー教会が一九九二年二月に心理療法的「マインド・コントロール」を行う団体として報じられ、次いで、ブランチ・ディビディアンの教祖コレシュに関する著作『狂信』（ティム・マディガン著、浅田寿子訳、一九九三年一一月刊）の書評があるのみである。日本では一九九一年に、幸福の科学の二件（「第三次宗教ブームの構造、大川隆法と宜保愛子」〈『月刊宝石』一九九一年一〇月〉、「「幸福の科学」教義の滑稽」〈『月刊宝石』一九九一年一二月〉）、および創価学会批判の四件を除いて、他教団においてマインド・コントロールが言及されることはなかった。

オウム真理教事件と裁判

一九九五年三月末から各紙、各雑誌がオウム真理教とマインド・コントロールを絡めて、地下鉄サリン事件疑惑を追及する態勢に入る。「私は信仰的独裁者になる、霊性の種残すのが役割、信者を洗脳しなさい」（『報知新聞』一九九五年四月一一日ほか一〇件）と、一九九〇年以前の麻原の説教集（非刊行）から引用がなされ、オウム真理教信者の医師が投与した薬物による幻覚を用いたマインド・コントロールが報じられていく。四月後半には、「洗脳体験の証言、オウムが恐怖を移植する」（『アエラ』四月一七日）、「戦慄、オウム洗脳、脱会したら地獄」（『大阪新聞』四月二一日）、「オウム極端に過激で破壊的、マインド・コントロール仕事人間ほど危ない」（『東京新聞』四月二三日）など、「洗脳」「マインド・コントロール」はオウム真理教信者を形容する言葉となった。その後、中沢新一と芹沢俊介の対談「オウム教と現代日本」（一九紙に配信）のような企画ものの記事が増え始め、五月の麻原逮捕後には、「オウムのマインド・コントロール、本人縛る、見せかけの自発性」（『読売新聞』五月二五日）、「社会復帰の障壁に、信者の足かせマインド・コントロール」（『日本経済新聞』五月二七日）ほか、オウム真理教と若者の心、現代日本論を交えた評論が積み重ねられていく。

六月には「オウム真理教、関連本の出版相次ぐ、既刊書も増刷」（『鹿児島新報』六月二三日）、七月には「劇場と化したオウム報道」（『北海道新聞』七月一六日）との様相を呈した。八月の月刊誌は、一六誌がオウム真理教事件をマインド・コントロール関連で取り上げた。幹部が逮捕され、取り調べ過程での供述内容により、「井上被告「麻原は詐欺師、信じて損した」マインド・コントロール解けた？」（『日刊スポーツ』八月二〇日）、「マインド・コントロール解けた、田村被告、麻原被告の行状暴露」（『読売新聞』九月一二日）という表現がなされ、「「尊師が人を殺すわけない」一般信者にマインド・コントロールの根は深く」（『東京スポーツ』九月一三日）、「解かせぬマインド・コントロール、塀の中まで影の組織、麻原教祖幻想再燃」（『大阪日々新聞』九月一九日）、「オウムの子後遺症、マインド・コントロール矯正に五―一五年」（『大阪新聞』九月二〇日）と、オウム真理教への忠誠を保ち続ける信者をマインド・コントロールされているとみなす見方がスポーツ紙を中心に一般化してきた。大手の全国紙ではセンセーショナルな見出しを避けているものの、記事の内部ではこのような含意でマインド・コントロールを用いている。

この時期、その後のマインド・コントロール論に理論的基盤を与える西田公昭の著作への、「『マインド・コントロールとは何か』西田公昭著、多くの情報操作法を解説」（『熊本日々新聞』九月二四日）という書評記事も見られるが、オウム真理教報道の陰に隠れ、メディアはそれほど注目しなかったようである。西田の著作はカルトによるマインド・コントロールを一般的に論じているが、念頭に置かれていたのは統一教会による情報操作的入教勧誘の技術であり、オウム真理教のように薬物、監禁などの暴力的強制によるマインド・コントロールではなかったからかもしれない（西田 一九九五）。しかしながら、この後西田はマインド・コントロール論を主導する日本の中心的な社会心理学者となっていく。

なお、同じ時期に、滝本太郎・永岡辰哉編著『マインド・コントロールから逃れて――オウム真理教脱会者たちの体験』（滝本・永岡 一九九五）、パスカル・ズィヴィ著『マインド・コントロールからの脱出――統一教会信者たちのこころ』（ズィヴィ 一九九五）が刊行され、マインド・コントロールの用語は、カルトへの入信論として注目を集めていく。

一九九六年にはオウム真理教幹部、信者の裁判が進行していくが、都庁小包爆弾・青酸ソーダ事件に関与した富永昌宏被告の公判で、弁護側が「マインド・コントロール状態は精神障害のようなもの、責任能力なく無罪」（一九九六年六月一〇日の公判）を主張し、その後、滝本弁護士襲撃事件でも無罪を主張した。麻原教祖の命令に従わなければ殺されるという状況で信者殺害を実行させられた保田英明被告が執行猶予の判決になったことで、マインド・コントロールによる刑の軽重が論じられた（六月二九日、三〇日の公判）。信者の心理鑑定と量刑の問題が浮上してきたのである。

弁護側は神谷英男被告の精神鑑定を要求したが、最終的に却下された。また、西田が平田悟の弁護側からマインド・コントロールの専門家として証言を求められもした（「マインド・コントロール証言弁明記、西田公昭、情状酌量の証人として」〈『経済往来』一九九七年三月〉）。岡崎一明被告にはマインド・コントロールが強力であり犯行を避けられなかったとする心理鑑定が証拠採用されたが（一九九八年三月一一日）、死刑判決が東京地裁で下された（一九九八年一〇月二三日）。横山真人被告にもマインド・コントロールの影響を認めたものの、極刑は免れないとして死刑判決が下され、地下鉄サリン事件の実行犯について、自首および捜査協力が認められた林郁夫被告の無期懲役以外は死刑判決になっている。

教団活動をどこまで自分の意志で行ったかを認定し、それに対して責任を追及できるのか。マインド・コントロール論は教団犯罪に関わる信者の責任論にまで論を進めた。もちろん、責任が一切ないということではなく、量刑をそのまま科すことに対して情状酌量の余地があることを主張するものである。オウム真理教に関する限り、マインド・コントロール論は信者の入信、教団に留まる理由を理解するために当初用いられ、次いで、信者の責任能力を推定する（能力なしと弁護する）方向で使われてきたといえる。

しかしながら、後者の用法に関して、世論の動向に配慮したためか、マスメディアは判決の要旨・解説を伝えるのみで、そこからマインド・コントロール論と行為責任の問題を連動させる議論はほとんどしていない。むしろ、依然として全国で教団活動を継続する信者集団と地域住民の対立という現実の前に、オウム真理教信者のマインド・コントロールを解いて社会復帰を促進させるべきという論調を弱めているように見える。地下鉄サリン事件以後二八年を経過した現在、オウム真理教は組織として事件に対する社会的責任をとる姿勢を十分に示すことなく、基本的にアレフとひかりの輪に分裂する前と変わらない教義・組織形態、信者の共同体生活を維持している。その頑なな姿勢に、団体規制法による観察処分もやむなしという立場をほとんどの新聞がとったのだろう。現役信者はマインド・コントロールの被害者であるとして、監視よりも支援を訴えるような紙面はほとんど見受けられなかった。

これでオウム真理教についての用例検討を終え、次に、他教団に対するマインド・コントロールの用例を見ていこう。

一九九〇年代の他教団に見るマインド・コントロールの用例

一九九五年三月以降、週刊誌には創価学会批判の記事が相変わらず出続け、計四七件にのぼる。一九九六年では明覚寺等の霊視商法関連三件、ヤマギシ会一件、法の華三法行四件（「福永法源さん、最高ですか？　現役支部長が訴える家庭崩壊」〈『週刊朝日』九月六日〉など）、「エホバ被害者が集会、鞭棒、子ども虐待など報告」（『赤旗』八月二五日）、幸福の科学を相手に会社員が二億円の賠償請求（『朝日新聞』一二月二六日）の記事があった。幸福の科学は一九八六年に大川隆法が設立した宗教法人（認証は一九九一年）であり、大川は聖人・宗教家の霊言集を多数出版し、信者に購入・学習させ試験を課して会員の階梯を上昇させるやり方で教勢を拡大し、二〇〇九年から幸福実現党を結党して毎回国政選挙に候補を擁立しているがまだ当選者を出していない。地方議員は二〇二二年で四六名を数える。

一九九七年には、法の華三法行が元信者一五五名から静岡地裁に訴えられた（一月三一日）。摂理の動向が報じられ（『東京スポーツ』三月一六日）、エホバの証人が無断で輸血されたとして病院を訴えたが、東京地裁は請求を棄却し（三月一二日）、ドイツにおけるサイエントロジー教会の活動が報告された（『アエラ』四月一四日）。また、ヤマギシ会についての記事では、ヤマギシ会の元会員が委託財産など五九〇〇万円の返還を提訴したほか、学校設立認可をめぐって九件が取り上げられている。

法の華三法行では、一九九八年に献金返還を求めて提訴された記事が六件ある。自己啓発セミナーについてはカルトと同様、芸能人の話題を中心に一九九八年九月から翌年一月まで四二件扱われた。

統一教会関連の記事は一九九五年三月から一九九九年一月までに九七件掲載されており、一九九五年、九六年は元信者の提訴、上田監督の事件、一九九七年は南米布教、合同結婚式、一九九八年は名古屋の「青春を返せ」訴訟敗訴（三月二六日）、岡山の賠償請求棄却（六月三日）、一九九九年の東大生傷害事件の報道が主であり、毎年、全国霊感商法対策弁護士連絡会の年次集会前後にも同会についての報道がある。統一教会の場合、ニュースソースとしては弁護団からのメディアに対する情報提供が大きく、霊感商法・献金の返還訴訟、信者の人権侵害に対する賠償請求の公判が定期的にあるため、一九九〇年代を通してコンスタントに報道がなされている。

ところで、一九九〇年代においてカルトの用例と比較して、マインド・コントロールの用例が約一・六倍（五〇六三件）も多いというのは、オウム真理教の記事での用例がおよそ二倍になっているからである。これは、カルトがオウム真理教という教団の特質、若者の入信過程をマインド・コントロールとともに説明する概念として用いられるのに留まっているのに対して、マインド・コントロールはオウム真理教裁判において信者個人の責任論として議論の展開が見られたことが大きいためである。しかし、一九九五年三月以降は、オウム真理教と統一教会、ヤマギシ会、エホバの証人、法の華三法行などに対しては、カルトとマインド・コントロールがほとんど同じ記事の中で用いられていることに注意したい。先に述べた両概念の循環的構造を示すものである。これを相補的概念構成と考えるか、トートロジーと見るかは、こうした教団に対する評価的立場の違いと、マインド・コントロール概念を教団による反社会的行為批判の基礎に据えるかどうかの違いによるだろう。なお、件数として多い創価学会批判は、創価学会信者の入信・回心・脱会の過程や学会の組織構造、および選挙も含めた活動戦略の中身に迫ったカルト、マインド・コントロールの用例というより、戦後一貫した紋切り型の学会批判であり、まさに批判のために使われた枕詞的意味が強い。

二〇〇〇―一〇年のマインド・コントロールの用例

一九九〇年からの二〇年間でマインド・コントロールの用例は計六五九七件にのぼるが、そのうち一九九〇年代に五〇六三件と七七パーセントの用例があった。二〇〇〇年代にはわずか二三パーセントの用例しかない。その大きな理由は、マインド・コントロールの用例をほぼ独占していたオウム真理教に対する用例が、二〇〇〇年代には一九九〇年代に比べてわずか七・六パーセントしかなくなったからである。オウム真理教報道は毎年三月二〇日の地下鉄サリン事件の日前後に載る特集記事（ベタ記事扱いの年もある）とサリン事件実行犯の公判結果の報道だけである。また、オウム真理教に代わってマインド・コントロールの多数の用例を有する団体も登場していない。しいてあげれば、ヤマギシ会（二〇〇二年）、聖神中央教会（二〇〇五年）、摂理（二〇〇六年）があるが、詳細はカルトの用例のところで説明済みである。多額のセミナー料を要求することで元信者から損害賠償請求を受けた自己啓発セミナー系団体でX JapanのToshi（出山利三）も加入したホームオブハートと、高齢女性信者を集団で暴行殺害した紀元会の事件は二〇〇七年だった。二〇〇八年には神世界事件、二〇〇九年には牧師によるセクシャル・ハラスメント事件などにマインド・コントロール概念が使用されている。

総じて、カルト問題の報道は低調気味であるため、マインド・コントロール概念やこのような精神操作の手法を入教・勧誘に使用するカルト団体への批判といった記事も減少している。その分、マインド・コントロールという言葉は、日常用語として北朝鮮の政治体制や企業を含む団体組織における独裁体制を揶揄する言葉として用いられる例が目立ってきた。

四　まとめ

本章の要点は次のようにまとめられよう。

第一に、「カルト」の用語は、一九九〇年代当初からマスメディアによりアメリカの新宗教集団（カルトとカテゴリーされたもの）を紹介する記事の中に現れた。「マインド・コントロール」は、統一教会信者の脱会カウンセリングの理論として日本の脱会カウンセラーがアメリカから導入した概念である。しかし、両概念とも、オウム真理教に対する適用は一九九五年三月以降に同教団が地下鉄サリン事件容疑で強制捜査を受けてから後のことであり、多くの犯罪容疑で数多の幹部、信者が起訴され、裁判が進行する中で爆発的に用いられるようになり、新聞・雑誌、テレビにより一般化されたのである。特に、マインド・コントロールは一般的な情報操作や社会的影響のレベルにまで汎用化し、よいマインド・コントロールと悪いマインド・コントロールという区分すら出現した。

第二に、現在、二つの概念はかなりマスメディアの用語として定着しつつあるが、特定教団をカルトと名指しし、そこでマインド・コントロールがなされていると断定するような記事の書き方がなされる教団はごく少数であることが確認された。日本では、統一教会、オウム真理教、ヤマギシ会、エホバの証人、法の華三法行、自己啓発セミナー団体だけが両概念によって教団の特徴が記述されている。これは、カルトの隆盛は現代の特徴であり、警戒すべきカルトは少なくないというカルト研究者の見解とはかなり異なるように見える。マスメディアが慎重になる理由は、一つには明確な社会的コンフリクト（信者の権利回復を求める民事レベルの訴訟があるか、刑事事件の対象となるような行為を教団がなすなどの明確な事件）がない場合、報道できないことがあろう。事件でなければ、芸能人レベルのスキャンダルにでもならない限り、誰々が、どの団体がマインド・コントロールを行っているとみだりにいえば、関係者や当該団体から告訴される恐れがないとも限らないからである。もう一つは、宗教集団に対する情報をマスメディアの関係者があまり持っていないということがあろう。記者は事件が起これば駆けつけるが、普段から調査報道で切り込むという態勢をとれるメディアは少ない。ほとんどの場合、後追い記事で情報を増やすだけである。これは宗教研究者をはじめ、近年の宗教に対する評論であってもおおむね同じことがいえる。

さらに、もう一つ可能な推測を加えれば、日本において「カルト」なるものをイメージではなく実体として想定することは、実はかなり難しいことなのかもしれない。教団による犯罪は、カルトという概念なしに考察可能であるし、現在の法律で対処可能である。したがって、あえてカルト宗教という言い方をせずとも、犯罪集団（反社会的宗教）と呼べばよいのである。厳密な概念的定義は別にして、「カルト」のニュアンスは、逸脱的行為を行う蓋然性の高い集団という意味であろう。簡単にいえば、当該社会における宗教として平均的なあり方から外れているということだ。

宗教に対する規範意識・正統な宗教伝統が明確なヨーロッパ、アメリカでは、逸脱的な宗教集団をセクトないしはカルトとして区別し、予め、国家レベルで、あるいは民間レベルで（反カルト運動によって）規制を加えていくことに抵抗はないのかもしれない。しかし、日本のように年中行事や冠婚葬祭の通過儀礼に神道・仏教・キリスト教の諸習俗を使い分けるような習合的宗教文化が存在するような社会においては、正統な宗教とカルトという境界はそれほど自明のものではない。多くの人が宗教はかくあるべしという観念を持ちえないために、その対極にあるカルト（正統な宗教、文化、社会に挑戦する破壊的宗教）の含意が理解できないのではないかと思われる。そうすると、日本において、カルトとみなされる宗教集団とは、顕在的な社会規範や法的規制を逸脱した宗教集団となるか、あるいは、現在の私たちの生活に脅威をもたらすであろう不気味なイメージとしてのカルトということになる。これは漠然としすぎている。このように考えたときに、日本においてカルトという概念で宗教集団の犯罪とその根元的要因を考えることには困難が伴うことを指摘しておいてよいだろう。

第三に、本章では「カルト」「マインド・コントロール」が主としてオウム真理教事件を契機としてマスメディアにより日本社会に普及せしめられた概念であることを指摘したが、このことによって両概念の虚構性を主張するものではない。社会的に構築された概念に対して虚構とレッテル貼りすることもまた別のやり方の構築でしかない。重要なことは、オウム真理教をはじめ、統一教会などの公共性と個人の人権を侵害する反社会的行為をなす教団の特質が、マスメディアから市民に対して両概念を用いることでわかりやすく語られ、一定程度の受容があったという事実である。カルト視される教団で活動する信者の心理状態、それに対する私たちの対処方法が明確に示されたと日本のマスメディアは解釈し、世論もそのような理解を受け入れてきた。この事実を軽視すべきではない。両概念の意義は社会的効用にあり、宗教現象の説明理論にあるのではない。従来、宗教研究者は説明理論としての不備を指摘するだけで、なぜ、このような概念が社会にこれほど受容されるのか、その社会学的解明に注意を向けてこなかった。これこそ、今後、緻密な調査により明らかにされるべき課題なのである。本章はそのための基礎的研究であり、ほかの章と合わせて、カルト論、マインド・コントロール論を現代社会のコンテキストで再検討することにつながっていくものと考えている。

註

（1）マインド・コントロール論によるカルト批判は、アメリカの反カルト団体であるICSA（旧AFF）のホームページ（http://www.icsahome.com/）が充実している。

（2）ハッサンは統一教会から救出カウンセリングによって脱会した後、心理学を学び、脱会カウンセラーになった。同書は、アメリカの反カルト運動におけるカルト論、マインド・コントロール論の現状をまとめたものとしてよくできている。特に、統一教会での生活経験から、行動・思想・感情・情報をどのように統制されていたのかを説明するところに同書の強みがある。また、浅見定雄による訳者あとがきの中で同書翻訳出版の経緯が書かれており、当初、全国霊感商法対策弁護士連絡会が同書の翻訳を手がけていたが、これが浅見に託されたのである。原著者と訳者の仲介者としてデーブ・スペクター、パスカル・ズィヴィーの名前があげられている。

（3）杉本牧師は一九八七年「霊感商法と国家機密法」という講演会を企画開催した後、何者かに脅迫を受け、これが報じられてから統一教会被害者の家族が相談に来るようになり、救出活動に従事するようになったという。七〇〇件を超える相談事例中、実際に「救出に協力できた」のは四分の一であるとされる（杉本・名古屋「青春を返せ訴訟」弁護団編著一九九三：二五六―二五七）。杉本が統一教会を批判するのは、霊感商法などの犯罪行為に信者を駆り立てる行為は宗教として認められないからであり、異端的な宗教だからやめさせようとしているわけではない。現に、オウム真理教、エホバの証人関連の相談は受けていない（同上：一九七―一九八）。杉本は相談に訪れた家族に信者がマインド・コントロールされた結果、このような犯罪行為をしているのであると説明する（同上：二〇六）。マインド・コントロールの最たるものは、信者に心情ノートなるものを毎日書かせ、上司が心の中までチェックすることである（同上：二一七―二二〇）。杉本は一二〇名の青年と話し合い、一一七名が自主的にやめていったとする。主体的に選び取られた信仰であれば、牧師の話を聞いたくらいでやめるわけはない。マインド・コントロールされた結果の信仰であった証拠であると結論づける（同上：二〇八―二〇九）。

話し合いによる救出率（本人が誤りであったと気づく率）がきわめて高いことは何を物語るのだろうか。被告代理人がそのことを「正にその実態があるということであれば、洗脳といわれているような問題と全く違って、入っている次元が非常に浅いということも言えるんじゃないでしょうか」と語る。マインド・コントロールを受けたにせよ、それは信者の心・認知枠組みを完全に支配しているものではなく、もっといえば、冷静な話し合いの中で教義の誤りを認知できる程度のレベルでしかコントロールされていないということである。救出者にすればこの事実は希望であり、教団側にすれば継続的に信者をコントロールしなければ継続不可能な信仰内容・教団活動だったということになる。

（4）　同書は、「青春を返せ」訴訟第一号として札幌で始められた統一教会に対する違法伝道訴訟の原告側準備書面をもとにしている。統一教会の教育課程（ビデオセンター→ツーデーズセミナー→ライフトレーニング→フォーデーズセミナー→新生トレーニング→実践トレーニング→伝道機動隊・珍味マイクロ隊）を元信者との勉強会から克明に復元し、ハッサンのマインド・コントロール論やロバート・チャルディーニ『影響力の武器――人はなぜ動かされるのか』（チャルディーニ 一九九一）を参照して、一九八五年から一九九二年までの統一教会におけるマインド・コントロールを批判したものである。未信者に統一教会の教育担当スタッフがどのように働きかけ、入信・回心過程を促進しようとしているのかが明らかにされている。

同書によれば、入信・回心過程において信者の主観的世界の変容がきわめて画一的に発生していた。最終的に献身を決意したもの（させられたもの）は操作されてしまった、マインド・コントロール下にあったものといえる。事実、統一教会がスタッフたちの訓練に用いたマニュアルなどが証拠として裁判に提出されている。意図的に偏向した情報を与え、統制された環境において教化を図ったのである。信者がどの程度この働きかけに応じたかどうかは人によって異なるとしかいえないが、統一教会の働きかけが意図的・組織的に行われた事実は争いようがない。

（5）山口広は、同書第二章「なぜ信者になるのか」において、若者の入信パターンとして、①自己啓発型、②逃避型、③孤独型、④人生の壁型、⑤親との軋轢型、⑥男女関係の悩み型と、統一教会の勧誘に応じた理由を分類している。同書が主張する違法伝道とは、教会活動の全貌を明らかにしないままに、信者に自由な判断の機会を与えることなく教化していくことであり、信教の自由（選択の自由）に反するとする。

（6）統一教会の教育は体系立てられたものであり、途中まで統一教会であることが知らされず、しかも、睡眠時間を極端に減らして正常な判断力を失わせた状態で行っている。このような教育を多くの精神医学者は洗脳としている（有田　一九九〇：八三）。「統一教会に入る若者の特徴を最大公約数でいえば、何でも受け入れてしまう性格で、それが本当かどうかを他の方法で確認することをせず、論理よりも感覚的といった共通点が見られる。しかし、こうした若者は他の新興宗教ではなく、なぜ統一教会に入るのだろうか。それは統一教会のマインド・コントロールの方法が「自己開発セミナー」と似通った点が多いこととも かかわっている」（有田　一九九二：六五）。

（7）山﨑浩子は脱会カウンセリングにおいて、牧師に勧められた『福音主義神学概説』（ミユーラー　一九八七）を読み、統一原理の被造世界から神の性質を推しはかるやり方にまず疑問を感じ、次いで、文鮮明の学歴詐称に驚いたという。そして、山﨑の入信理由であった高校時代の新体操の恩師に文鮮明を重ねたという錯誤に気づき、マインド・コントロールされていたという牧師の説明に納得したとされる。

第五章　「宗教被害」と人権・自己決定

一　カルト問題と人権

宗教トラブル解決の指針

現代のカルト問題は、オウム真理教や統一教会といった特定宗教団体や宗教の暴力的側面に関わる問題に留まらない。教団の特殊な勧誘・教化行為や宗教活動一般を社会がどのように許容するのかという問題としても出現している。その際、カルト問題の核となるのは、教団側が主張する信教の自由という人権と、地域住民・一般市民が主張する関わりたくないという人権の対立である。オウム真理教事件が惹起したカルト問題は特殊宗教的な問題だったが、宗教活動の自由（信教の自由）と社会的秩序・安寧との葛藤という一般的な問題として読み込むことも可能だ。事実、社会問題として宗教を捉えようという動きがこの十数年の間に出てきた。

一九九九年三月、日本弁護士連合会（以下、日弁連）の消費者問題対策委員会は、「宗教トラブル」の対処にあたる全国の弁護士、消費者センターの窓口が活用できるように、「反社会的な宗教的活動に関わる消費者被害等の救済の指針」を発表した（山口二〇〇一）。その内容は、①信者に献金を促す際、「先祖の因縁やたたり」といって信者に不安を煽り、長時間拘束して献金を強要していないか、献金に受取証を出しているか、②信者を勧誘する際、教団名、教義・教団活動の概要を予め説明しているかどうか、③信者および教団職員を適切に処遇しているかどうか、家族との連絡は可能か、労働基準法の規定内で働き、社会保険が付帯されているかどうか、④家族ごと共同生活をしている場合、未成年者に対して、衛生・栄養・教育の面で配慮されているかどうか、だった。

これに対して、宗教界、宗教研究者の一部は「宗教への無理解、世俗的基準のあてはめ」「信教の自由の侵害、思想統制に通ずる暴挙」と反論した。この反応からうかがえることは、日本の既成宗教（仏教教団）・新宗教の中に日弁連の外形的な判断基準では反社会的とされる献金・教化活動があることを宗教団体の側で認めた上で、なお基準の押しつけには我慢がならぬということである。教団側は、布教・修行や布施・喜捨の行為を宗教者・信者の内面に踏み込まずに（理解せずに）、判断することができるのか、誰が、何の権限によってそれをなしうるのかと問うと反論した。そもそも日弁連のねらいは、消費者被害に相当する特定宗教団体による詐欺的献金強要、欺罔的勧誘、信者の搾取などを予防することであり、特殊な問題への対処でしかない。しかし、宗教研究者の一部や宗教界では、宗教一般を統制しようとする積極的な世俗化の動きと受けとめられ、過剰な反応と議論の行き違いが生じた（前川 二〇〇〇：三一八）。

確かに、カルト／セクトの基準は社会に相対的なものであるが、個人を抑圧する集団主義をカルトの特性とするならば、宗教人類学者の樫尾直樹がいうように、カルトの集団主義にグラデーションはあるとしても、カルト的特徴は教団という社会組織に固有のものだろう。現代のように理念的には個人が組織に優越し、人権に鋭敏な社会では、伝統的な集団主義的教化、権威主義的階梯のシステムが批判の対象になる（樫尾 二〇〇一）。「宗教とはそういうもの」という宗教関係者の言い方が、学校の管理教育、家族の家父長制的残滓、会社の集団主義と同様に、批判の矢面に立たされている。この事態を現在の社会変動に照らして見てみたい。

専門領域の再編

従来、社会システムの諸領域である宗教、教育、家族、組織結社などには、それぞれ固有の達成課題・手段・評価の仕方があったと思われる。そして、専門的な職能（機能遂行）に従事している宗教者、教師、親、経営者がその権限を独占していた。しかし、長期的には近代化の結果によって、短期的にはポストモダンの時代にあたって、家族や地域の基礎社会、個々の制度領域は機能を縮小ないしは変容させ、それらの機能が全体社会としての国家に担われ、国家を超えたグローバルな資本主義システム、人権・法治の理念、自然科学などが国家の社会政策に大きな影響力を持ち、また権限の行使に対して正当性を付与することになった。宗教の問題に弁護士が人権保護の観点から介入し、精神科医・心理学者が信者の精神状態・健康度を自然科学的に判定しようとする。これが社会変動の結果である。

宗教者・研究者が領域侵犯のごとく感じている事柄は、すでに社会的には許容されている。日弁連はカルト問題を当初から宗教問題ではなく消費者トラブルの一環として、勧誘・布施の諸問題を扱ってきた。しかし、宗教界や宗教研究のアカデミズムは、宗教トラブルという概念が成立することで宗教に関わるさまざまな葛藤が世俗的に解決させられるのではないかという危機感を露わにした。もちろん、宗門内部の葛藤が教団内部の話し合いで解決されず、双方が裁判所に提訴し合うという事件は既成宗教・新宗教を問わず少なくない。言うこととやることが違うというのは宗教界に限ったことではないので、これ以上言及しない。

本章の目的は、人権・自己決定権という世俗的理念がどのようにして宗教制度の領域に介入するようになってきたかを、その時代背景や社会的要因を現代のカルト問題や、「宗教被害」をめぐる裁判を通して記述していこうとすることにある。カルト問題とは、次節で述べるように宗教的自己決定権およびその擁護としてのパターナリズム（温情主義）に関わる問題である。第三節、四節で紹介する違法伝道訴訟の札幌地裁判決では、宗教問題を人権の観点から理解し、対処方法を明確に指し示したと考えられ、注目に値する。第五節では、統一教会による違法伝道訴訟の進展をカルト問題の社会的認知という点から解説する。

二　マインド・コントロール論争における宗教的自己決定

マインド・コントロール論争

マインド・コントロール論の日本への導入は、一九九〇年代初期と早い。統一教会の霊感商法・違法伝道訴訟の弁護を担当していた全国霊感商法対策弁護士連絡会の依頼により、一九九三年に浅見定雄がスティーヴン・ハッサンの『マインド・コントロールの恐怖』を翻訳出版したことを嚆矢とする（Hassan 1988＝一九九三）。つまり、具体的な特定教団の勧誘・教化過程の違法性を批判するために、信者が騙されたことをマインド・コントロール概念によって説明しようとした。ハッサンはカルト・カウンセラーという立場で教団による宗教被害への理解を啓蒙しようとしたのであるが、精神医学、心理学、社会心理学のさまざまな強制的説得による回心論を理論的基礎としていた。この部分を一般化し、オウム真理教も含むカルト教団による勧誘・教化の議論に拡大したのが西田公昭である（西田一九九五）。

西田は、マインド・コントロール概念を特定の組織が誘導し承諾させるための社会心理学的操作テクニックとして、信者の認知枠組みの変容をマインド・コントロールにより説明しようとした。カルト批判と同時に、誰もが引っかかる恐れのある心理操作として一般社会への警告も意図された。こうして登場したマインド・コントロール論に、オウム真理教事件以後のマスメディアはいっせいにとびつき、マインド・コントロールは流行語にすらなったが、マインド・コントロール概念は情報操作一般を指すものに拡大された。この語を用いたマスメディアのねらいは、カルトに現代社会の暗部を見るという構図の啓蒙である。

過剰なまでのマインド・コントロールという言葉の濫用による意味の希薄化（教育・政

治もマインド・コントロールだといった言説）が進行する一方で、特定教団から脱会した人々の精神的リハビリテーションに関わっていた精神医学者、カウンセラーたちは、PTSDをもたらしたものとしてマインド・コントロールを捉え始めていた（高橋 二〇〇一：二九―三八）。日本脱カルト研究会は、オウム真理教事件以後、カルト批判、カルト問題の啓蒙普及をめざして、宗教者、カウンセラー、弁護士、精神科医、心理学者などにより設立された。研究会のメンバーにとってマインド・コントロールはカルト視される特定教団信者の疾病の原因であり、脱マインド・コントロールがカウンセリング、リハビリテーションの主要な目的である。

このようにして普及されたマインド・コントロール概念による入信・回心の理解に当初から疑問を呈していたのが、批判の対象となった特定教団と、宗教研究者である（島薗 一九九八、渡辺 一九九八、櫻井 一九九六、一九九九）。ここでは後者についてだけ言及しよう。宗教的回心を研究対象にしてきたものにとって、マインド・コントロール論をそのまま認めるわけにはいかなかった。ここで論者ごとの説を紹介する紙幅はないが、共通した論点を要約すれば次のようになろう。特定教団の反社会的活動、違法行為を批判することと、入信過程を説明することは別の次元でなすべきというのが大筋にある。宗教社会学から二〇年来出された疑義には、すでに第一章と第二章で述べたように北米の学問的傾向もあるのでそのまま鵜呑みにするわけにはいかないが（Robbins 1988）、簡単にマインド・コントロール論の評価を行おう。

第一に、マインド・コントロールを入信行為の直接的な理由として説明するには問題が多い。人が教団による勧誘・教化行為の中で入信するという過程を考えれば、教団による働きかけ（心理操作、集団圧力、行動統制）は入信の大きな要因である。しかし、個人の志向・認知枠組みは多様であり、初期の勧誘に乗らないものが大多数であるし、教化に対する反応もさまざまだ。信者として残った人であっても、入信の要因はさまざまであろう。そして、何より難しいのは、要因の直接的な証明ができないということである（Barker 1995）。ある人がなぜ入信したか、状況証拠を積み重ねていってこうだといっても、あくまでも推測でしかない。

信者や脱会者に入信の動機を尋ねてみても、それもまた彼らの行為に対する解釈を尋ねることであり、それらの解釈には信者であれば教団の教えが、脱会信者であれば脱会の契機が反映されている（Beckford 1978）。脱会カウンセリングにより脱会した信者は、脱会カウンセラーの影響を受けて、マインド・コントロール論により自らの入信行為を理解するかもしれない（Kim 1979）。したがって、入信行為とは自己選択かマインド・コントロールかという二者択一で証明できることでないことは明らかだ。しかしながら、心理的操作、情報操作の効果はともかく、操作的事実、詐欺や欺罔と評価される行為があったという指摘であれば、マインド・コントロールがあったという言い方は成り立つ。

第二に、この点をより強調して、マインド・コントロールを評価的概念として用いて、当該教団の勧誘・教化行為を批判する際に用いるならば、それはそれで問題の告発を効果的に行うのに便利だろう。マインド・コントロールの一般的用法がそれだ。この用法では、さまざまな点で人権を無視した勧誘・教化方法であったからマインド・コントロールと評価したわけであり、具体的にどこが社会的に問題であるのかを逐一あげて論じていくことが必要だ。現在、第一に述べた説明概念と第二に述べた記述の概念（社会的クレーム）が混同されてマインド・コントロール論をめぐる議論が混乱している。

第三に、行為の説明と、責任の所在といった社会制度が課す個人の行為評価は本来別の次元にある問題である。行為の要因は無限の因果的連鎖の中にあり、どんな個人的行為であっても、それに影響を与えた他者、集団がある。しかし、実際は行為責任を無限にさかのぼることなく、適当な段階までに留められる。それは法制度の実際的運用の問題であったり、倫理的問題であったり、法や道徳の文化的形態の違いであったりする。マインド・コントロール概念を免責の論証やクレームに用いるのは一つのやり方だが、事実的事柄と法・倫理的事柄がどの程度一致すべきかについては、さまざまな議論があってよい。このような問題は規範的・論理的に考えるよりも、事例に則して現実的に考えた方が生産的だろう。

自己決定論

現代社会において、個人が自己決定するということはどういうことなのか。社会学的発想では、社会が形成された時点から個人は社会関係の網の目の中で行為する主体であり、行為者には他者の影響力が関係し、相互行為を通じて権力が行使されることは自明だ。現代社会では、直接に関係を結んでいないメディア、市場、行政が個人の生活空間・構造に間接的に介入している。社会学的な事実認識として、他者に影響されない個人はおらず、前節で述べた社会心理学的な情報操作を受けない行為主体は存在しないといえる。つまり、個人の自律性、主体的行為というものは自律／他律の二項対立では捉えられない。となると、マインド・コントロール論が主張していた自己決定の侵害はどこにあったといえるのか。

ジョン・スチュアート・ミルは『自由論』の中で、原則として他者に危害を及ぼさない限り、人々の自己決定に本人の意に反して法的介入をしてはならないと説いている。自由社会では個人の自律、自治を原則として受け入れてきた。西欧市民社会における自己決定の論理は、第一次、第二次世界大戦を経て植民地化された諸民族、国家の政治的独立の理念となった。

現在、自己決定の理念により、医療（治療方法を選択する患者）、経済（商取引・労働契約をする個人）、家族（生殖・性・姓の自由な選択）、エスニシティ（アイデンティティの尊重）など、さまざまな領域で、既存の制度が問い直されている。そこで問題になったのは、専門家が依頼者ないしは顧客にインフォームド・コンセントをとるということ、つまり、決定に伴うリスクを含めた十分な情報の開示である。そして、決定する際に個人に不当な圧力がかからない、公平な条件・環境が与えられていることだ。さらにいえば、従来、国家であれ、企業であれ、個人の自己決定を圧迫し、不利益を生じさせた場合、地位、逸失利益の回復が求められていることも自己決定の議論に連なっている（内野 一九九八：三一一六、花崎・川本 一九九八）。マインド・コントロール論に引きつけて考えれば、マインド・コントロールの主張、および後述する裁判は、原告たちの自己決定権の確認、侵害された権利の回復という意味がある。

ところで、現在問題になっている自己決定権はどのような種類の権利として考えられているのか、その点を自己決定が権利として主張されてきた経緯から確認しておかなければならない。吉田克己によれば、現代社会の経済システムの中で、「弱い市民」が自己決定を実質化するためには、情報提供、地位の保護などさまざまな社会権的措置がとられなければならない。そして、現実に個人の生活全般に介入する国家から私事の領域（教育、家族など）を守ろうとする意識の高まりがあるとする。問題は個人的な自己決定、および同じ志向・生活様式を持つ個々別々の集団、社会をどのように市民社会という大枠の中で調整していくかであり、吉田はそこに外郭秩序、およびその形成への参加を保障する法の機能を探ろうとする（吉田 一九九九：二五八―二七七）。自己決定を行う場、社会の重要性は、次のような自己決定のアポリア（難問）を解消するために必要なことだ。

つまり、主体的な自己決定をなす個人が他者の自己決定を侵害する局面が社会生活には必ず存在する。専門家、為政者、企業家という「強い」個人の自己決定、政治経済力の「強い」国家・民族の自己決定が、相対的に「弱い」個人・国家・民族の自己決定を大いにゆがめてきたことは歴史に示されている。その際、影響力を行使する口実が歴史的な意味でのパターナリズムだった。当事者の自己決定能力を疑問視することで、自己決定の代理としての介入が正当化されたのである。その意味で、「（取り結ぶ関係においての）社会的弱者」の自己決定権が当面問題になっている（瀬戸山 一九九七）。

パターナリズム的介入

自己損壊的な自己決定や隷従する自己決定をどう扱うかという問題から、自己決定のアポリアを再度考えてみよう。自殺、安楽死から援助交際まで、自己決定を主張する論者に違和感を持つ人は少なくない。また、薬物などのアディクション（依存症）も自分で決めた趣味の問題だろうか。カルト視される宗教団体への加入は自己決定であればよいのか。

マインド・コントロール論が主張するように、マインド・コントロールによる入信・回心が自己決定の侵害というのであれば、自己決定がなされた条件の吟味が必要である。これは後に見る「宗教被害」の民事訴訟で実践されている。自己決定ではなかった（操作されたゆえの）心理的・精神的傷害を扱う精神病理学的診断も告発の一つだろう。活動中の信者を脱会させるカウンセリングの手法は、自己決定の回復をめざす行為ということになる。これは、カルトに反対する立場の見解である。他方、教団側の見解としては、自由意志による選択、つまり十分な自己決定が存在しているという。すると、信者の布教活動、資金調達活動も自発的行為であり、それを妨害するのは信教の自由の侵害であり、強制的な脱会工作は人権侵害の極みとなる。

双方とも自己決定が重要であるという点では異論がない。ある種の価値・道徳を持ち出して相手方を責めているわけではない。少し、見方を変えてみよう。

当事者である信者にとっては自己決定が問題である。しかし、教団と告発する側にとっては、自己決定ではなく、パターナリズム的介入が問題なのである。つまり、教団による布教行為は、基本的には頼まれていてもいなくても、その人のためになることを教え、導こうとする介入的行為である。告発する側にとって、信者の活動は自発的行為であってもなくても、自損・破壊的行為であるから、その人のためにやめさせようとする介入的行為である。入信過程と脱会カウンセリング過程が対称的であるのは、心理過程もさることながら社会過程が相似しているからだ。

すでにマインド・コントロール論批判で、入信・回心という自己決定の中身を心理的過程として客観的に説明する困難を述べた。そうであれば、介入↓自己決定↓介入の社会過程を行為の外側から記述するより仕方がない。その場合、きわめて外形的な記述に終始せざるをえないが、介入の目的・手段・結果が問われることになる。マインド・コントロール論の主張を最大限に活かしたかたちで、そのクレームを法的問題に再構成したのが訴訟である。原告である元信者にとって十分な自己決定の場、条件を提示された結果での入信であったのかどうかが外形的に問われる。つまり、自己決定の問題は常にパターナリズム的介入の是非を問うかたちで問題になる。本章では、介入↓自己決定の過程を問題視する違法伝道訴訟についてのみ、考察の対象とし、自己決定↓介入の脱会カウンセリングに関わる諸問題の検討は、棚村政行と筆者の文献を参照していただきたい（棚村 二〇〇一：三五―五〇、櫻井 二〇〇六）。

論理的に自己決定はパターナリズムと対立する。しかし、自己決定を促進・支援するという介入が実際にある。ダブルバインド的状況における脱会信者の心理、およびこの種のパターナリズムによる法的介入のやり方には国家間の差異が大きい。この点は、カルト問題の比較社会学として、アメリカ・イギリス、フランス・ベルギーなどのカルト、セクト対策の違いを考察すべきだが、この点に関してもさまざまな検討がなされている（藤田 一九九四、棚村 一九九六、中野 二〇〇〇、Richardson and Introvigne 2001、櫻井編 二〇〇九）。

三　霊感商法被害から違法伝道訴訟へ

統一教会

統一教会とは、世界基督教統一神霊協会の略称であり、筆者は英語圏でいう The Unification Church との対応から統一協会ではなく、統一教会の語を用いている。一九五四年韓国において文鮮明が創設した韓国のキリスト教系新宗教である。韓国では「統一教」と呼ばれ、キリスト教会からは異端という意味で似而非〔サイビ〕宗教という言い方もなされている。文鮮明一族や初期信者による財閥系企業体（コングロマリット）として韓国では成長したが、その資金は大半が日本の統一教会から上納されたものだ。ここでは、日本の統一教会に説明を限定しておこう。

日本宣教は韓国籍の崔奉春（日本名は西川勝）により一九五九年から一九六五年頃までなされ、一九六四年に宗教法人の認証を得る。立正佼成会から改宗した久保木修己が初代会長になる。一九六四年に全国大学連合原理研究会が創立され、大学生・青年に対する伝道が活発化する。入信した学生が大学を中退して宣教活動に身を投じるため、やがて「親泣かせの原理運動」としてマスコミに取り上げられるようになる。

一九七〇年代には、一九六八年に創立した国際勝共連合による反共政治活動や、一九七四年創立の世界平和教授アカデミーによる学術・言論界への働きかけ、多数の統一企業グループの創設による経済活動を展開するようになる。この時期に、統一教会の本部は文鮮明とともにアメリカに移り、大規模なクルセードと国際会議開催を続け、アメリカでは社会的注目を集める。これらの宣教活動資金はほとんどが日本から流入したといわれている。日本の統一教会は、献身（統一教会の専従メンバーとなることだが、衣食住と月額一万数千円の小遣いが保証される以外に給与などはない）した青年信者による花売りなどの物販で資金を稼ぎ出していた。

一九八〇年代に入り、日本では韓国から輸入された朝鮮人参茶、高麗大理石壺などを販売するようになるが、姓名判断や家系図診断と絡めた商品の販売方法が霊感商法として問題視される。すなわち、姓名判断によれば運勢が悪いとか、家系図を見て先祖が苦しんでいるなどといい、開運や先祖を救うためには、高額の壺（五〇万円から数百万円まで）を購入するしかないというのだ。しかも、霊場と呼ばれる密室でこのような説得を霊能者役の販売員から長時間にわたって受ける。姓名判断から家系図診断、霊能者のトークに至るまですべてマニュアルがあり、教会と販売会社が組織的に行っていたものだった。

全国の消費者センター、弁護士会に物品購入者から相談が持ち込まれ、一九八七年に全国霊感商法対策弁護士連絡会が結成された。各地の弁護士が代金の返還交渉を行い、被害者を原告団とする損害賠償請求の提訴がなされた。統一教会側はこの訴訟にほとんど敗訴したが、それでも違法な物品販売をやめることなく、現在まで継続している。その理由は、警察が組織的詐欺行為として霊感商法を続ける統一教会を取り締まらなかったためだ。

他方で、統一教会は世界中での宣教活動を進め、信者を大幅に増やし、一九九二年に三万組の国際合同結婚式を韓国で挙行した。日本の芸能人も参加して話題をよぶが、その一人である山﨑浩子が翌年「私はマインド・コントロールされていました」と記者会見をひらいて脱会宣言を行った。それ以降、合同結婚式、マインド・コントロールという悪評のために、一九九〇年代から一般市民対象の霊感正法がやりにくくなれば、正体を隠して勧誘を行い、市民を信者にしてから献金を迫るように日本における資金調達の戦略を転換した。これ以降の統一教会の活動については、筆者らによる統一教会の総合的研究を参照していただきたい（櫻井・中西 二〇一〇）。

統一教会に対する訴訟

統一教会に対して一般市民から提訴された物品訴訟はきわめて多く、統一教会側も敗訴の可能性が高いために返金を含む和解に応じてきた。ここでは、元信者から告発された三種類の訴訟を見ていきたい。表5－1は統一教会の責任を認めた物品・献金など損害賠償訴訟である。表5－2には刑事手続きを行った訴訟をまとめた。

第一は霊感商法などの物品訴訟であり、全国で数十件の提訴がなされた。一九九〇年に福岡地裁に提訴された事件は、一九九六年に最高裁で原告勝訴が確定した。そのほか、仙台、奈良、東京の地裁、高裁においても原告の損害賠償請求を認める判決が出されており、霊感商法の違法性、統一教会の不法行為責任がほぼ認められている状況である。一九九〇年以降、霊感商品の販売会社は全国霊感商法対策弁護士連絡会の動きと霊感商法に対する社会的批判に対応して、詐欺商法にならぬように、壺などの物品を売るのではなく、先に品物を与えてそれに献金させる、ないしは、先祖の怨念を解くべく献金のみ促すという宗教行為に活動を変えていった。これにも献金の違法性が認められた判決が続いており、物品訴訟の場合は返金合意の和解も多い。

第二に、元信者の合同結婚式における婚姻の無効申し立て、確認請求が全国の家裁、地裁に出され、婚姻無効の審判、判決が確定している。統一教会の教義では、文鮮明夫妻による祝福（配偶者の選定は再臨主である文鮮明の決定に委ねる）を受けることで原罪から脱却し、無原罪の子どもを産めるとされる。祝福後、入籍するが、同居しての結婚生活は一般の青年信者の場合、教会の活動が優先されるために数年遅れる。その期間に脱会した元信者が、決められた配偶者との結婚生活を将来望まない場合に、婚姻無効を申し立てることが多い。日本女性と韓国男性の国際結婚の場合は、祝福後すぐに結婚生活を始めるよう奨励されていたが、実際に結婚生活を始め、子を産んだ後に、妻のみ脱会し、婚姻を取り消そうとするような場合は、子どもを連れて帰国する事例もある。

第三が、元信者による統一教会の伝道行為自体を違法として告発するもので、違法伝道訴訟と現在いわれている。「青春を返せ」訴訟という言い方は、違法伝道の訴訟を一九八八、一九九〇、一九九二年に続けて起こした札幌の郷路征記弁護士の命名である。

表5－1　統一教会の責任を認めた物品・献金等損害賠償訴訟

事件	地　裁	高　裁	最高裁	不法行為内容	認　容　額
1	福岡1994年5月27日	福岡1996年2月19日	1997年9月18日	献金勧誘	3760万円
2	東京1997年10月24日	東京1998年9月22日	1999年3月11日	献金等勧誘	2540万円
3	奈良1997年4月16日	大阪1999年6月29日	2000年1月21日	献金等勧誘	820万円
4	高松1996年12月3日	高松（和解）			715万円
5	仙台1999年3月23日	仙台2001年1月16日	2001年6月8日	献金勧誘・物品販売	812万8000円
6	福岡1999年12月16日	福岡2001年3月29日	2001年10月16日	物品販売	590万円
7	東京2000年4月24日	東京2000年10月30日	2002年10月25日	物品販売	9000万円＋約70％の遅延損害金
8	岡山　請求棄却	広島2000年9月14日	2001年2月9日	入信勧誘と献金	献金70万円と修練会参加費及び100万円の慰謝料
9	甲府2001年6月22日	東京（和解）		借入の手口	5000万円
10	札幌2001年6月29日	札幌2003年3月14日	2003年10月10日	伝道の手口	元信者20名に合計2000万円余
11	大阪2001年11月30日	大阪（和解）		献金勧誘・物品販売	主婦ら10名に合計1億9800万円
12	東京2002年8月21日	東京2003年8月28日	2004年2月26日	伝道の手口，合同結婚式勧誘	920万円
13	京都2002年10月25日	大阪（和解）		献金勧誘・物品販売	主婦ら15名に6000万円
14	新潟2002年10月28日	東京2004年5月13日	2004年11月12日	伝道の手口	元信者7名に1538万8000円
	新潟2004年2月27日	東京2006年1月31日	2006年6月8日	伝道の手口	元信者9名に2222万8632円
	新潟2005年4月25日	東京2006年10月31日	2007年3月23日	伝道の手口	元信者35名に8704万4147円
15	神戸　請求棄却	大阪2003年5月21日	2003年10月10日	伝道の手口	715万円
16	大阪2003年6月26日	大阪（和解）		献金勧誘・物品販売	7963万7500円
17	東京2006年10月3日	東京2007年7月12日	2008年2月22日	献金勧誘・物品販売	2億7620万円
18	東京2007年5月29日	東京（和解）		献金勧誘・物品販売	4901万3736円
19	東京2008年1月15日	東京2008年9月10日		献金勧誘・物品販売	2190万円

20	東京2009年12月24日	東京2010年8月4日		献金勧誘・物品販売	女性　9567万4100円／高裁1億5131万235円
21	福岡2010年3月11日	福岡2011年1月21日		献金勧誘・物品販売	女性　1億1千万円／高裁　385万円追加容認
22	東京2010年12月15日	東京2011年11月16日		献金勧誘・物品販売	女性　3300万円／高裁7100万円
23	福岡2011年2月28日	福岡2012年3月16日		献金勧誘	女性　8160万円／高裁3億9千万円
24	札幌2012年3月29日	札幌2013年10月31日		伝道・献金勧誘・物品販売	元信者・家族　2億9千万円／高裁原審維持
25	東京2013年11月27日	東京2015年3月26日		献金	女性　請求棄却／高裁　請求棄却　時効
26	札幌2014年3月24日	札幌2015年10月16日		伝道・物品販売	元信者3名　3800万円／高裁　原審維持
27	東京2016年1月13日	東京2016年6月28日		献金	元夫　妻による献金　3430万円／高裁3790万円
28	東京2017年2月6日	東京2017年12月26日		献金・物品・国賠	女性　1020万円／高裁　1164万円　国賠は棄却
29	東京2020年2月28日	東京2020年12月3日	2021年9月28日	今後返金しない合意書	女性　203万円の合意書は無効　被害実額認める
30	東京2021年3月26日	東京2022年4月27日		献金	3人に3901万円，4326万円，3357万円と損害遅延金
別記	福岡1993年10月7日	福岡1995年10月31日	平成8年4月25日	合同結婚式参加者の婚姻無効	

（出典　全国霊感商法対策弁護士連絡会HP　霊感商法の被害　より筆者要約）

表5－2　統一教会信者の責任を認めた刑事手続き

	日　時	事件概要	刑事手続き・判決
1	1970年7月	大阪　原理研究会の修錬会で錯乱者を監禁・致死	保護責任遺棄致死，執行猶予
2	1977年1月7日	鹿児島　人参液で病気に効くと販売	薬事法違反で高麗屋の信者6名に罰金
3	1978年12月25日	新潟　人参茶を諸病に効くと販売	薬事法違反で青心の信者数名に罰金
4	1982年2月12日	最高裁　人参液が高血圧に効くと販売	薬事法違反でファミリー委託販売員に罰金
5	1984年1月12日	青森　悪霊の祟り／夫や子の供養　10時間ホテルで説得し，1200万円払わす	恐喝で3名に懲役2年半，執行猶予5年
6	1986年12月1日	東京　執拗な来訪・鑑定，印鑑販売	迷惑防止条例違反で永福堂鑑定師に罰金1万円
7	1988年8月25日	福岡　霊石愛好会の役員が弁護士誹謗のビラ	名誉毀損　2名に20万円ずつの罰金
8	1988年10月20日	東京　幸運堂の信者が信号無視で事故　女性信者3名死亡2名重症	運転役信者に懲役2年実刑
9	1990年7月29日	神戸　マイクロ車事故　1名死亡6名重軽傷	
10	1991年1月25日	名古屋　マイクロ車事故　2名死亡4名重症	居眠り運転手に禁固1年実刑
11	1991年1月30日	京都　話合い中の信者を奪回に来た信者達が家族に暴行	懲役3ヶ月猶予1年
12	1993年4月19日	愛知　祝福家庭のフィリピン人男性が妻の日本女性を絞殺	精神鑑定
13	1993年8月	東京　自民党議員の戸別訪問を行い，国際勝共連合職員を逮捕	公職選挙法違反　罰金
14	1995年11月	岡山　話合い中の信者宅に押し入り家族に暴行	信者5人逮捕3人罰金
15	1996年3月15日	福島　祝福家庭の韓国人男性が家族トラブルで妻の母を刺殺	
16	2003年12月19日	富山　韓国人信者が教団施設8箇所で1800万円相当の窃盗	懲役3年執行猶予5年
17	2007年10月	沖縄　天守堂職員が客を畏怖困惑させた	特商法違反で罰金
18	2008年2月12日	松本　煌健舎職員が客を畏怖困惑させ印鑑販売	特商法違反で罰金

19	2008年9月27日	大阪　ファミリーネットワークが人参茶をガンが治ると販売	特商法違反で100万円，70万円の罰金
20	2008年11月	新潟　北玄社員が運勢判断などで水晶を販売	特商法違反で50万円2名，40万円2名の罰金
21	2008年12月	福岡　サンジャスト福岡が地獄に墜ちるなどといって水晶，彫刻を販売	特商法違反で罰金50万円
22	2009年2月	東京　新生，渋谷教会に強制捜査	特商法違反で社長・職員5名罰金100万円，会社に罰金800万円，社長・営業部長に各執行猶予付懲役2年，1年
23	2009年9月	大阪　民主党議員の電話掛け報酬を信者が出す	公職選挙法違反　罰金
24	2009年9月	大阪　共栄，吹田教会の強制捜査	特商法違反で2名に罰金100万円，他2名に70万円の罰金
25	2009年10月	和歌山　エムワン，和歌山教会の強制捜査	特商法違反で店長100万円，鑑定師70万円，販売員50万円の罰金
26	2010年1月	大分　天一堂と聖和，大分教会の強制捜査	特商法違反で職員50万円の罰金
27	2010年7月	東京　ポラリス職員　鑑定と念珠販売	特商法違反で罰金
28	2010年8月	熊本　信者による健康保険証の不正使用	詐欺で懲役1年半執行猶予
29	2011年2月	東京　脱会した信者へのつきまといとGPS付携帯電話を設置	ストーカー規制法違反

（出典　全国霊感商法対策弁護士連絡会HP　霊感商法の被害　より筆者要約）

違法伝道という概念

霊感商法被害は、教団外部の第三者が詐欺ないし脅迫的環境で受けた「宗教被害」の損害賠償であるから、訴えはしごく当然に思われるし、事実、被害者の請求は認められてきた。しかし、脱会した信者が教団に対して、信仰生活はすべて間違いであったとして、慰謝料を要求した場合、それは認められるだろうか。おそらく、違法伝道訴訟は宗教者や宗教研究者の理解を超えていた。筆者も例外ではなかった。信仰は賭のようなものであり、未来への期待でしかない。他人には幻想とも見えよう。世俗的な意味での客観性、保証を求めたらそれは信仰と呼べるのだろうか。

筆者は裁判の資料にあたり、原告、弁護士、関係者に会い、原告・被告の証人尋問などを傍聴しながら、どうやら私が宗教という枠組みにとらわれすぎていたように思えてきた。先に述べた筆者の疑問は、元信者たちが統一教会の信仰を自発的に選択し、宗教団体の中で信者としての信仰生活を全うしてきたという前提に立ったものだ。実際には、どうだったのか。

筆者がこれまで話を聞いてきた元信者たちは、脱会後、家族・友人をはじめ、他人を巻き込んで違法な経済活動、信者勧誘をしてきたことに深い罪責感を持っていた。教団による強制ゆえに自分を免責しようなどとはけして思っていない。過ちを犯した自分に落ち込み、立ち直るために煩悶している。しかし、この自己責任に関わる部分と、ここまで自分を追い込み、なおいまも、新たな人々を勧誘・教化し続ける教団を放置できないとして教団の責任を問うことは別のことだ。民事訴訟上、個人の損害賠償というかたちでしか社会的告発はできない。それが、あたかも自己免責のための単なる損害賠償請求のような印象を持たれてしまった。統一教会側は、世間的な常識に依拠しながら、裁判において元信者たちの自己責任を主張した。

しかしながら、統一教会の勧誘・教化行為は、私たちが宗教一般としてイメージしている布教や教化行為とはまったく似て非なるものだった。だからこそ、布教ではなく勧誘の語を用いている。教化ではなく、マインド・コントロールだという立場もあるが、筆者はカルト視されていない宗教団体でも類似した教化・教導をなすところがあるので、教化とそのまま使用している。ともあれ、勧誘・教化行為の特異性を札幌の違法伝道訴訟から考察していこう。

四　札幌地裁判決

原告元信者による論証

原告は一九八〇年代半ばから一九九〇年代初頭にかけて統一教会に勧誘された元信者二〇名で、被告は統一教会である。被告が原告を違法に勧誘し、違法な活動に従事させた結果、原告が精神的・物質的被害を受けたので、その損害賠償を請求するというのが、この訴訟の論理である。その際、原告が立証すべき論点は二つあった。

第一に、被告が統一教会であることの論証である。筆者は、これまでの論述において統一教会が問題のある勧誘や資金集めの主体であるとしてきたが、そのことを含めた立証責任を原告が負わざるをえなかった。統一教会は被告ではないと主張したからだ。

統一教会の申し立てによると、一九八二年八月頃に信者によって設立された「全国しあわせサークル連絡協議会」が、原告によって告発された教会や販売会社を含む地区・教域・教区といったブロックごとの組織を作ったという。そこではビデオセンターが運営され、教養講座が開講され、受講生の中に、健康食品・化粧品・印鑑や絵画などの販売や各種のセミナー、イベントを企画する会社に自主的に参加する教会員がいたというのだ。統一教会は純然たる宗教組織であり、日曜の礼拝をはじめとして宗教的行事しか行わず、営利事業はもとより布教活動すら行っていないとされる。つまり、街頭での伝道はブロック組織によるものだから、原告はこれらの団体により勧誘されている以上、統一教会は原告の被勧誘・経済活動従事などの行為に一切関係がない、本来被告でないものを被告に据える本訴訟は成立しないという統一教会の弁論を、原告側が反証しなければならなかったのだ。

この主張に対して、原告側は、統一教会の活動は多岐にわたり、社会的批判を回避するため、教会としての公然部分と、勧誘・経済・政治などの非公然部分に分かれているが、それは便宜上にすぎず、実質は一体化しており、教団幹部の主張とは裏腹に、教会員は一体のものと認識してきたと主張する。これが認められれば、被告が統一教会であることは当然だし、加えて、宗教法人法第六条二項では、宗教法人の公益性が規定されているので、統一教会および関連団体の商行為（霊感商法自体は民法における違法行為）は違法といわなければならないという主張である。経済活動の違法性についての説明はここでは割愛する。

第二に、原告は被告の組織的・体系的な教育システムの中で、統一原理が真理であると信じ込まされ、統一教会に献身し、教義でいう公式七年路程を歩むために勧誘されたという論証である。公式七年路程とは前半の三年半を伝道、後半の三年半を統一運動の経済活動に従事して、祝福の準備をしなければいけないという教えである。原告は自分と家族・親族、世界の救済のために教会の指揮系統の下、伝道と経済活動に従事した。最終準備書面の半分がこの教育課程における教化がどのような社会心理学的技術を用いてなされたのかを論じている（郷路 一九九三）。そのやり方を、目的（信者を教会の人材・資金調達の歯車として活用）、手段（欺罔的手段、社会心理学的操作）、結果（被告によって人格が入れ替えられ、統一教会に従順な人格になり、多額の献金をなし、長期間の無償労働に従事することになった）の観点から考えると、宗教団体による勧誘・教化としての社会的相当性をはるかに超えたものといえる。そこで、原告に発生した被害を民法第七〇九条に基づき、弁済の責任を被告は負うとされる。なお、原告の行った勧誘・経済行為が被告の直接の管轄権になかったといっても、被告の教義、信仰実践として原告が活動した以上、被告は民法第七一五条における使用者責任を負うべきであるとも主張された。

統一教会による反論

被告は、被告として扱われないという上述の論点に加えて、原告は自発的に入信したのであり、原告のマインド・コントロールの主張は学問的に認められないと主張した。

先の論点に付加するとしたら、仮に、信者が従事したとされる違法行為（霊感商法など）

が民法第七〇九条に規定された不法行為責任についての被告として追及されるのであれば、本来、被告が責任を負わなければならない相手とは、「霊感」商品購入者である。元信者は被告とともに共同不法行為をなしたものとみなされるべきであるにもかかわらず、被告の不法行為責任のみを追及するというのは、自らの責任逃れといわざるをえない。そして、その根拠として出されたマインド・コントロールという考え方は、元信者が家族あるいは教会に反対する牧師やカウンセラーによって拉致監禁された上で、強要された考え方にほかならないという。このマインド・コントロール論に対する反論として、アメリカおよび日本の宗教社会学や判例などをあげながら、元信者は自発的に入信し、これらの活動を行ったのであって、教会として強制した事実がないこと、したがって、教会が責任を負う理由がないことを弁明した。

被告による最終弁論書の三分の一は、マインド・コントロール論批判に費やされ、そこには日本の研究者として、塩谷政憲、島田裕巳、島薗進、渡辺学、櫻井義秀、増田善彦などの論文が広範に引用されていた。後の三分の一は原告二〇名がいかに自発的な入信・活動をしていたのかを現在も活動している信者の証言から論証し、原告の陳述書・証人尋問などでの答弁が信者時代といかに落差のあるものか、つまり脱会カウンセラー等により教え込まれたものかを論じている。

ところで、筆者の論文の引用（当然ながら筆者への連絡はない）は、意図的な文脈の入れ替えというべきものだ。筆者は、オウム真理教事件以降にマスメディアを席巻した性急なマインド・コントロール論による信者の心理の説明や、入信・回心の理解に疑問を呈し、因果的説明と違法行為に対する責任の問題は別途に論じる必要があることを引用元の論文で述べた。この論点は、本書で繰り返し説明しているところだ。ところが、統一教会は、マインド・コントロール論が間違っているとして宗教学者たちの議論を利用した。この問題は、次章において詳しく述べることになる。

統一教会による勧誘の認定

二〇〇一年六月二九日、札幌地裁は、元信者二〇名が提訴した「青春を返せ」訴訟に、原告勝訴の判決を言い渡した。判決では、統一教会の正体を隠した伝道により、元信者が勧誘・教化され、高額の物品購入や献金を強要された事実を認定し、物的・精神的損害の賠償責任を統一教会に認め、総額約二九五〇万円の支払いを命じた。違法伝道訴訟で原告の訴えが認められたのは岡山の男性元信者に続き二例目だった。

主任弁護士の郷路は、二〇〇四年に、提訴から一四年、六九回の公判を振り返り、この年数をかけなければ、ゼロから資料を集めて証拠をまとめあげ、原告や関連の証人に証言してもらい、裁判官に統一教会の不法行為を理解してもらうことは到底できなかったろうと述懐した。判決はA4判用紙（三八字二六行）で五〇〇頁に達する大部なものだが、簡単に要約したい。なお、執筆時点（二〇〇三年に執筆し、二〇〇四年に論文として公刊）においても、判決は『判例時報』には未掲載だったため、判決文から直接引用している。

統一教会の伝道方法は、一九七〇年代末頃まで路傍講義や左翼学生と論戦を展開するなど、統一教会であることを隠さずに教義である統一原理を宣教するものだった。しかし、一九八〇年代初めから大きく方針を変えた。原告の元信者たちは、学生や青年の場合、自己啓発のビデオセンターに誘われ、主婦の場合は、姓名判断などから婦人講座などに誘われ、最初の勧誘の時点では統一教会であることが秘匿されていた。

まず、原告の主張が事実として認定された箇所は二点である。第一に、統一教会と事業部門の一体性が事実認定された。「中央本部および各ブロック以下の部署については、その存在自体きわめて疑わしい連絡協議会なる独立の任意団体であったと解することはできず、その名称が副島嘉和のいう「経済局」（副島・井上 一九八四）であるか否かはさておき、被告協会の公式的な一部門に属していたか、あるいは、被告協会の本来の事業である伝道活動をその協会員が組織的継続的に行っていたものである以上は、少なくとも、その活動が、被告協会のものとして明示的又は黙示的に許容され、その実質的な指揮監督下に置かれていたと推認するのが自然であり、合理的である」。

第二に、教会の教義と信者の経済活動の関連を認定したことだ。「一般に、協会員は、万物復帰の教義を、被告協会側以外のサタン側の勢力に奪われた万物を神側である被告協会側が取り戻すものとして理解していたのであり、その機関誌において各地の販売などの実績を掲載し、競争心を醸成していたことに照らし、被告協会においても、協会員がこうした理解の下に経済活動をしていたことを十分認識していただけではなく、その教えの下に、協会員の経済的活動を正当化し、協会員をして経済的活動に奔走すべく利用していたと認めるべきである」。これは、霊感商法に関わる訴訟と同じ認定をした。

違法な勧誘・教化の認定

統一教会による勧誘行為の違法性に関わる部分では、次の判示が下された。

第一に、「勧誘などの方法が、長年の組織的勧誘などの経験に基づいた手法により、組織的体系的目的的に行われているという点」である。伝道された元信者たちは、青年の場合、ツーデーズセミナー→ライフトレーニング→フォーデーズセミナー→新生トレーニング→実践トレーニングと周到にプログラム化された半年余りの研修の後、統一教会員として献身を決意した。献身後は、青年の場合、先に述べた占いの鑑定師、霊能者役であったり、主婦の場合、統一教会系列の健康食品販売であったり、宝飾・呉服展示会への動員であったりした。

第二に、「被告協会の協会員は、上記のように、組織的体系的目的的に宗教団体である被告協会への加入を勧誘などするに当たり、当初はこの点を厳に秘しているという点である」。原告はみな女性だが、彼女たちにここで教えていることが宗教であること、統一教会であることが告げられるのは、各種セミナーの中盤以降、継続の意志がかなり固まった頃である。統一教会を名乗って勧誘していれば、彼女たちは入信しなかったと語る。統一教会側は世間の風評に良心的な参加者が惑わされることを懸念して、しかるべきときに告知したというが、「正体を隠した」伝道といわれても仕方がない。

しかも、判決では、宗教団体を秘匿して勧誘することは単なる欺罔に留まらないという。物事をよく知っているかどうかで判断力に差はあるとしても、事実に関わる事柄には、合理的・論理的に考えて誤りを指摘することができる。しかし、宗教的教義には自然科学的知識や社会科学的論理で答えることができない内容が含まれている。神の存在、善悪の価値判断、歴史の目的、罪の起源と贖罪など。これらを宗教として教えられたのであれば、信じるか信じないかの判断をすればよい。しかし、教団がこれらをあたかも自然科学的法則や歴史的事実のように語り、信者が普遍的真理として受け入れてしまうと、その後自らの力で教え込まれた知識体系に客観的に反駁することが容易にできなくなる。個人の人生を大きく左右する宗教的知識・論理をカモフラージュして教えることは、内心の自由に不当な影響力を行使するという許されない行為であるとされた。この論点は、札幌地裁において提示された画期的なもので、宗教団体が布教を行う際の倫理的準拠点を示す法理といえる。

第三に、「被告協会の協会員がその勧誘に当たって、被告協会の宗教教義とは本来関連がないような手法を駆使し、その教義上からも根拠があるとは考えられないような害悪を告知するなどして、欺罔威迫するという勧誘などの方法を用いていることである」。つまり、宗教的な言説を説いたとはいえないので、霊視商法などの詐欺と同定できるとされた。

統一教会の勧誘は、元信者の弱み（個人的悩み、家族の病気、将来への不安など）につけ込み、宗教教義とは直接関連のない不安を煽り立て（絶家の恐れ、霊界話、祟りなど）、宗教的救いを願う心情をかきたてる過程で行われたという判断が示された。これは社会的相当性を逸脱しており、違法だというのである。統一教会の教典は、聖書と聖書の新解釈である原理講論だが、再臨主の文鮮明が人類の完全な贖罪を合同結婚式という聖なる祝福によって実現し、また、世界の救済を統一運動で完成させるというのが教義の柱である。霊界、祟り、姓名判断・家系図などは、キリスト教の流れにあるという教義と直接的には関係がない。これらは信者にならなければ救われないという心境に追い込むための手段であり、原告が証言しているようにマニュアルに沿った霊能者役の信者による芝居である。

目的の不当性を認定

統一教会の勧誘行為の目的は「外形的客観的に観察して直截に表現すれば、原告などの財産の収奪と無償の労役の享受および原告などと同種の被害者となるべき協会員の再生産という不当な目的にあったということになる」。判決では、元信者が自発的にやったのか、強要されたのかという個別の事実判定よりも、これらの組織的勧誘・教化の目的・手段の違法性を認めた。被告である統一教会側は、信者は騙されたのではなく自主的に上記の活動をやったのだとして、マインド・コントロール論を否定した。しかし、裁判所は伝道目的の秘匿、欺罔的手段自体が違法行為であるから、信者の入信は違法行為の結果とみなされ、入信の原因が自己選択かマインド・コントロールかという議論は違法性を考慮する前提としないとした。統一教会側の、いつでもやめられたのにやめなかったのだから強制はないという主張に対して、だからといって違法な伝道の事実がなくなるものではないとした。また、統一教会の伝道が違法行為であるならば、原告も同様に違法行為を行ったものであるから、教会に損害賠償を求めるのはおかしいという主張に対しても、原告は「協会員に欺罔などされた結果、情（原文通り）を知らないまま上記の行為に及んだのである」という判断を下し、損害賠償の請求権はあるとした。

この判決文に原告の一人は「ようやく自分の人生が社会に認められたような気がする」と語った。統一教会に入っていたという事実、そこで違法な伝道や経済活動に従事していたという事実は、告発する側にも重い。統一教会で人生を過ごした自分たちを社会がどう見ているのか、これが原告になった元信者たちの関心事である。「青春を返せ」訴訟の意味は、社会の中に自分の居場所を取り戻すことにあった。

しかしながら、原告側は全面勝訴といってよいこの判決にも不十分さを感じている。判決が教化過程におけるマインド・コントロールの問題に踏み込まなかったからである。あくまでも外形的判断としての欺罔を違法とした判決であり、元信者がどのように精神を操作され、どのような人格変容をとげたのか、その点を告発した原告の論点は違法の判断に必要ないとされた。もう一点は、損害の認定に関して慰謝料一名一〇〇万円が妥当かどうかという点である。献金などは弁済されるとはいえ、数年間の労力が一〇〇万円として妥当であるか否か。いずれにせよ、この判決を不服として被告が控訴したので、札幌高裁に公判は移されることになった。

札幌高裁は、二〇〇三年年三月一四日に原審を支持して被告側の控訴を棄却し、最高裁は同年一〇月一〇日に上告を棄却した。これによって判決は確定した。郷路弁護士は、「青春を返せ」訴訟の土台の上に、「信仰の自由侵害回復」訴訟を二〇〇四年一月八日に第一次、同年六月二五日に第二次として提訴した。後者の原告は五二名（提訴当時、三六名が元信者、一六名が元信者の親族・関係者、後に六三名に増加）であり、請求金額は六億一九四六万九一四一円（後に六億五〇〇〇万円に増額）になる。

信仰の自由侵害回復のネーミングは、原告に青年以外が含まれるということと、統一教会による人権侵害の中身をより直截的に表現したものという。統一教会によって違法に勧誘・教化される過程において元信者たちが購入したすべての物品、すべての献金、信者である期間信仰の自由を侵害されたことへの慰謝料などを求める統一教会に対する総括的な訴訟である。この訴訟も「青春を返せ」訴訟と同様、裁判所による長期の吟味を要した。原告・弁護士たちの地道な証拠固めと新しい法理の展開により、新局面がひらかれたが、この判決については次節で解説を加えたい。

五　違法伝道訴訟の展開

各地の違法伝道訴訟

二〇〇〇年以降の違法伝道訴訟判決は、各地の訴訟において原告勝訴の内容になっている。その要因は一つに原告側がマインド・コントロールという主張を既存の法理の中で違法行為として位置づけ、論証していったことだ。もう一つは、一九九五年のオウム真理教事件によって宗教性善説が崩れ、信者に組織的犯罪行為をなすようにしむけた教義体系や精神状態を変える修行方法、信者の財産や労力を収奪する出家などの組織運営に社会的関心が集まったことだろう。オウム真理教事件では、信者の心理や思想、教団組織論から違法行為発生の要因を十分説明することはできなかったものの、マスメディアがマインド・コントロール、カルトとして問題視した特殊な教団が存在すること自体が、裁判官を含め市民の社会的常識になったのではないか。

表5-3で示すように、統一教会に対する違法伝道訴訟は、一九九〇年代にはなかなか裁判所の理解するところではなく、高裁段階で原告敗訴や原告にとって不本意な和解が少なくなかった。しかし、カルト問題の所在がマスメディアによって伝えられ、宗教団体に

対して日本社会が認識を新たにするに至って、布教・教化という宗教行為に対する見方が根本的に変化してきたのではないかと思われる。

その結果、日本国憲法第二〇条に規定された「信教の自由」の外郭に、「信仰を強要されない自由」や「強要する教団に国家が介入することの是非」という問題が加わった。これは、従来の議論が宗教者側から提起された信教の自由論であったことに比べて異質なものである。

従来、信教の自由論といえば、信仰者の自由を指した。典型的な例として、一九七二年に自衛隊の演習中の事故で亡くなった夫が護国神社に合祀されたことにより、キリスト者としての妻の信仰の自由が国家により侵害されたという合祀訴訟がある。一九七九年の山口地裁と一九八二年の広島高裁の判決は原告の主張を認めたが、一九八八年の最高裁は原審を破棄し、原告敗訴の判決を下した。

ある信仰が別の信仰によって抑圧されないという宗教多元主義の論理を推し進めると、「信じない自由」をも強く支持するものとなる。信仰の自由の発露とはいえ、宗教的活動に無限の自由があるわけではなく、当然のこととして他者の自由を侵害しない限りにおいてという内在的制約が存在する。この制約が宗教団体による布教活動の際に、日本の宗教者や一般市民においてもほとんど認識されることがなかったのは、布教行為は元来が善意

98	99	2000	1	2	3	4
→	→	→	○→高		○→最	○
→	→	→	→	地二○ →高		○→最○
×→高		○→最○				
→	×					
地一－三		△				
×→高						
→	△					
	地	→	→	○→高	○→最	○
	→	→	地一△			
→	→	→	×→高		○→最	○

13	14	15	16	17	18	19	20	21	22
高○									
地○	→	高○							
	地○	高○							
			地○高○						
				地○高○					
							地○高○	最○	
								地○	最○

表５－３　統一教会の違法伝道訴訟

訴訟	1987	88	89	90	91	92	93	94	95	96	97
札幌	地	→	→	→	→	→	→	→	→	→	→
新潟		地一	地二	地三	地四	地五	地六	→	→	→	→
岡山一		地	→	→	→	→	→	→	→	→	→
岡山二							地	→	→	→	→
名古屋			地一	地二	地三	→	→	→	→	→	→
東京一				地一，二	→	地三	→	→	→	→	→
東京二											
静岡					地一	→	地二	→	→	→	地二△
神戸						地	→	→	→	→	→

	2003	4	5	6	7	8	9	10	11	12
大阪	地△									
東京				地○	高○	最○				
東京					地○高△					
東京						地○				
						高○				
東京							地○	高○		
福岡								地○	高○	
東京								地○	高○	
福岡									地○	高○
札幌										地○
東京										
札幌										
東京										
東京										
東京										
東京										

地：地裁，高：高裁，最：最高裁
→：係争中，×：敗訴，△：和解，○：勝訴
（出典　全国霊感商法対策弁護士連絡会 HP　霊感商法の被害　より筆者要約）

の産物であり、迷惑ならば断れば済む程度のことでしかなかったからだろう。また、いくつかの法華系仏教団体に見られるような強い布教活動（折伏）が日本では特殊と考えられていたのかもしれない。現代は、この制約こそが宗教的自己決定権や信教の自由の要と考えられているのではないか。

統一教会は違法伝道訴訟において、裁判の不当性を主として宗教行為への無理解と、司法の宗教行為への介入の二点から批判している。しかし、宗教行為であったとしても、個人の自己決定を阻害したと認識される行為は社会的に許容されないのであり、そのような行為を司法が違法と認定し、被害者の損害を回復し、当該の教団に対して行為の是正を求めるのは当然のことだ。「人権」「社会的相当性」という概念は、事実上、宗教行為を評価する上位概念になっているといえよう。

信仰の自由侵害回復訴訟判決

八年かかった損害賠償事件（平成一六年（ワ）第一四四〇号他）が結審し、二〇一二年三月二九日、判決が札幌地裁で下された。原告六三名が求めた六億五〇〇〇万円の損害賠償請求の裁判において、橋詰均裁判長は二億七八〇〇万円（入教関係費、物品購入費、献金関係費など損害賠償額として約一億六〇〇〇万円、慰謝料約八七〇〇万円など）の支払いを統一教会に命じた。

　判決では、統一教会による勧誘・教化と経済活動などが「社会常識から著しく逸脱し違法」であり、「社会一般の価値観、憲法が規定し社会が内包する倫理観に反する」と結論づけられた。本訴訟で原告が主張した論点の一つとして、統一教会による布教活動は信教の自由を侵害し、日本国憲法第二〇条に違反しているというものがあったが、これについて判決は直接言及しないものの、信者に「宗教性や入信後の実践内容を隠し信仰への隷従を導く」布教・教化は許されないと明言している。勧誘時において、①統一原理の宗教性を秘匿したまま、神・霊界といった神秘的領域の事柄を事実として教え込み、②信者になった後に従事する経済活動（マイクロ隊と呼ばれる珍味売りやいわゆる霊感商法と呼ばれる姓名判断・家系図診断など）も秘匿したまま、③家族や友人・知人から隔離された状態で教化する統一教会のプログラムは、④本来、健全な情緒や判断能力が維持された状態でなされるべき信仰選択の自由を侵害する不正で不当なもの、とまで判決文は言及している。そして、布教時において自由に信仰的決断をなすための配慮をなさねばならないと宗教団体一般の活動にも敷衍可能な指摘を加えている。

　勧誘・教化の局面において勧誘者と市民・学生は一対一で対峙し、コミュニケーションを行っているように見えるが、実際は勧誘者・教化者には教団というバックが控えており、勧誘に応じないものには上司やスタッフがあの手この手で勧誘を執拗に試みるのである。宗教的知識や社会的知識においても優位にあるものが、統一教会は実際に何をする宗教なのかという最も肝心な情報を隠したままで勧誘活動を行うことは、被勧誘者を著しく不利な状況に追い込むものであり、知識・権力の非対称的な関係において相手の弱みにつけ込むことは社会的正義に背くものと裁判所は判断している。

従来の違法伝道訴訟では、入教時に情報を秘匿したことが違法であり、その違法行為の結果入信して統一教会でさまざまな違法活動に従事させられたことに対して統一教会は責任を有するという判断があった。しかしながら、物品購入費や献金については、その都度どのような心理的圧力がかけられ不当にも判断能力がゆがめられたのかという点が問題にされ、圧力をかけられたという証拠を原告が示せない場合、それは自発的な献金とみなされ損害賠償は認められなかった。ところが、今回は入信後に元信者が出したお金はすべて損害として扱われた。統一教会による違法行為は、正体を隠した勧誘のみならず、正常な判断能力を奪うような教化プログラムにまで及ぶために、信者となった後の献金や統一教会グッズの購入などはすべて教団側の要求に従わせられたものとみなされたのである。

損害項目の認容では、入教関係費用が九五パーセント、献金は九六パーセント、物品購入費は本人の場合に一〇〇パーセント（親など家族に働きかけて元信者のものとして買わせたものは一〇〇パーセント認容されたが、親自身が自分用に購入したものは自発的な購入として損害を認められない）、慰謝料については三七パーセントの認容となった。

原告側は教団で献身生活をさせられた際の逸失利益として賃金センサスに基づいた一般的な損失計算を行ったが、判決では損害保険等で考慮される逸失利益の事例を適用するには躊躇があるとされた。そのために、献身損害として原告が主張した逸失利益が認められなかったので、慰謝料の認容の度合いが低くなった。しかしながら、今回の判決では、慰謝料を一人あたり一律一〇〇万円と算定された札幌の「青春を返せ」訴訟よりも詳しい算定基準が示されている。すなわち、入信期間は一ヶ月につき一万円、献身期間は同三万円、マイクロ隊など経済活動に従事した期間は同四万円、海外宣教など負担の多い業務に従事した期間は同五万円、さらに、合同結婚式などで入籍させられた、渡韓して生活をした、病気で入院した、子どもの献身に反対する親から離れるべく逃亡生活を強いられたなどの経験者にはさらに加算金が加えられた。

なお、遅延損害金が認められたので、すべての損害に関して損害の発生した時点、すなわち入信の日時から年五パーセントの損害金が付加される。二〇年前の入信者であれば損害金額は倍額となる。今回の原告は一九八〇年代後半から入信して一九九〇年代に脱会したものが多いので、総額二億七八〇〇万円の賠償額でも、元来の請求額に近くなる。

以上の判決内容を総合的に勘案すれば、この訴訟は原告側の完全勝利といっても過言ではない。原告側が統一教会による不正な勧誘・資金調達活動を告発し、再発防止を求めて社会的アピールを企図した裁判の趣旨は貫徹された。もちろん、統一教会側は控訴し、最高裁で結審されるまでには数年の時間がかかることが予想されるが、原判決が覆るほどの立証を教団側がなしうる見込みはないだろう。

六　宗教と公共性

信教の自由と公共圏

特定宗教団体による「宗教被害・トラブル」が、問題を告発し、解決を志向する弁護士、医療関係者、脱会カウンセラー、元信者たちから、信者の人権を侵害し、社会の公共性を脅かすものとして鋭く批判されてきた。司法はこれらの団体の活動内容を「信仰」の中身、信教の自由といった権利問題から切り離し、一般的な社会行為としてその違法性を判断した。しかも、布教に際して、科学的合理性や歴史的事実とは異なる宗教的言説であることを十分説明することが、現代人の宗教的自己決定権保護の観点から望ましいとまで述べた。おそらく、この点は、宗教者、宗教研究者には、真理や徳、信仰を近代合理主義・世俗主義の下に置く、宗教に対する越権行為と認識されるに違いない。あるいは、社会の安寧（「社会的相当性」という法的基準による）の名目で信教の自由が抑圧された時代を想起するかもしれない。宗教は既成の価値・秩序に縛られず、価値を追求し、社会的実践を行うものだという主張は、宗教者、宗教研究者から常に出されるものだ。だからこそ、宗教と世俗社会との軋轢は歴史上枚挙にいとまがない。宗教界の反発には理由がある。

しかしながら、宗教制度を取り巻く社会が変わった。世俗化された現代社会では、人権・自己決定権や公共性を超える価値は存在しないだろう。宗教的価値観においてすら、公然とこれらの価値を否定することはできない。宗教こそ、それらの諸価値を追求してきたし、実践する力を持っているという主張もあろうが、主観的評価はともかく、客観的には、諸宗教が説く自己実現のあり方や理想世界の創造に関わる思想・方法には、世俗社会と相容れない面が多分にある。「カルト」という特定教団・教派への蔑称の提起は、それらの団体が公共的秩序から逸脱しているという特定個人・グループへの社会的告発だったが、一般社会レベルでも受容される程度に、宗教性善説への疑念は強まっている。

「青春を返せ」訴訟は信教の自由をめぐる裁判の中では特異な例だったが、自己決定権と公共性の関係に関わる興味深い論点を示したといえる。教団側は、布教行為に対して違法性を認めるという判決は信教の自由を侵害していると主張する。しかし、これは信仰における自己決定権の限界を明確に意識していない主張に思える。判決にも示されたように、自己決定には他者の自己決定を阻害しないという内在的な制約がある。しかも、何をもって侵害となすかは、自己と他者の了解だけに由来するわけではなく、常識、社会的規範、倫理・道徳などのルールにより予め決められていることが多い。それらは自己決定の外在的制約であるが、同時に個人の自己決定を保障する社会制度でもある。公共性とは無数のルールにより構成された社会秩序であり、さまざまなレベルで状況に対応するルールが少しずつ変化している以上、公共性も時代の中で変化し、また、時代に対応して新たな次元で公共圏が構築されていく。

公共的論議としてのカルト問題

終末期医療や出産において、医療技術の進歩に伴い個人の選択可能性は飛躍的に高まった。しかし、安楽死（自己損壊）や他人の精子・卵子、あるいはクローン技術を用いた生殖技術が登場するに及んで、生命・家族に関わる社会的価値が意識化され、それらを守るために外在的な制約がルールとして新たに付加され、公共性の一つの側面が現代医療の領域で確立されている。

同じように、伝道をめぐる信教の自由（信じて活動を行う自由と信じない自由）や、入信・脱会における宗教的自己決定の問題が民事訴訟を通して社会的に論議される中で、宗教における自己決定権、公共性としての制約の問題が社会的に意識化されるようになってきた。信教の自由は信じる自由、宗教活動をする自由から、非信者側の宗教的選択にまで公共性の領域を拡大しているのである。社会学の研究としては問題状況を十分示したということでもって本章を閉じたいが、次のような根本的な問いが出されてくるかもしれない。今後の課題提示ということで最後にまとめておきたい。

第一に、自己決定する主体の問題である。主体とは何か。自己決定の要件とは何か。本章では布教、脱会をめぐるパターナリズムとの関連で自己決定の一局面を扱ったにすぎない。自己決定に関わる根本的な問い、およびそれへの応答は保留している。第二に、特定教団に関わる判決が、どの程度現代宗教一般の問題を把握しているのか、今後の宗教関連訴訟に影響力を持つのかは、当然のことながら、最終的な見通しを述べるにはもう少し時間を要する。第三に、近年、組織的実体概念では捉えきれない宗教の動態を個人の行為・相互作用的側面に着目して、スピリチュアリティや霊性運動という概念によって把握することをめざし、従来の宗教集団研究を乗り越えようという思潮がある。これに対して、教団への入信過程の分析は時代遅れのきらいがある。しかしながら、日本のようにカルト問題が立ち上がってきている状況においては、むしろ、問題状況の素描、叙述ということが重要であり、その点では、本章は現代宗教の行方をうらなう分析・考察の素材提供を果たせたのではないかと考えている。

■判決文

札幌地方裁判所　昭和六二年（ワ）第六〇三号、昭和六三年（ワ）第一九二九号、平成二年（ワ）第五七〇号、平成四年（ワ）第一七七五号　平成一三年六月二九日判決言渡し

札幌高等裁判所　平成一三年（ネ）第三三一号　損害賠償請求控訴事件　平成一五年三月一四日判決言渡し

最高裁判所　平成一五年一〇月一〇日上告棄却、上告不受理

札幌地方裁判所　平成一六年（ワ）第一四四〇号

第六章　強制的説得と不法行為責任

一　違法伝道批判とマインド・コントロール論

不法行為

統一教会に対する訴訟は二種類に分けられる。一つは、統一教会による資金調達活動によって被害を受けた一般市民が統一教会を提訴するものであり、最高裁のレベルで統一教会の敗訴が確定しており、教団は賠償金の支払いに応じている[1]。これは、霊感商法として告発されてきた違法な物品販売に対する損害賠償請求訴訟である。もう一つの訴訟形態が、「青春を返せ」訴訟等の違法伝道訴訟である。元信者が違法に伝道された結果として統一教会員になり、合同結婚式に参加したのであるから、このような結婚は破棄したいとして、家庭裁判所、地方裁判所に婚姻無効を訴える訴訟も、違法伝道訴訟の一環と考えられる[2]。

ところで、「違法伝道」というのは耳慣れない言葉であり、統一教会の布教行為に対する正確な理解なしには、きわめて納得しにくい概念であろうと思われる。日本国憲法第一九条では「思想及び良心の自由は、これを侵してはならない」、同第二〇条一項では「信教の自由は、何人に対してもこれを保障する」とあり、また、同第二一条一項「集会、結社及び言論、出版その他一切の表現の自由は、これを保障する」とある。個人の信じるところに従って、教団を結成ないしは教団に加入し、布教を含む宗教活動を行うことは憲法に保障された行為である。したがって、布教それ自体が違法ということはありえない。特定の布教行為の中に、他者の権利を侵害する行為が含まれておれば、それは民法第七〇九条の不法行為に該当し、布教者は布教されたものからの損害賠償請求に責任を持つ、というのが違法伝道の主張である。

不法行為の発生要件は、①加害者の故意・過失が認められること、②被害者の権利を違法に侵害していること、③侵害行為と損害とのあいだに相当因果関係があること、④加害者が責任能力を持つこと等である（遠藤・幾代編 一九八〇：一七三、有泉・我妻 一九六三：四〇七―四八〇）。布教という行為を考えてみた場合に、その目的は教勢の拡大という組織的目標や個人的信仰の証しという動機づけでなされることが多いので、布教者が布教の意図を持ってそれに従事していることは明らかであり、教団や布教者に責任能力があることは当然に認められる。そうすると、②③が問題になる。つまり、布教者の行為に、被布教者の権利を侵害する行為があったのかどうか。被布教者は損害を受けたのかどうか。その損害と権利侵害行為とのあいだに、十分な事実的あるいは法的な因果関係が認められるかどうか。以上の諸点を告発する側が立証しなければならない。

詐欺とマインド・コントロール

法の華三法行が行った詐欺事件はわかりやすい。病気に悩む人々を言葉巧みに、教祖福永法源の足裏診断に誘い込み、その後、被害者を数日間の研修に参加させ、御利益を授かるためと称して数百万円の物品を買わせるか、同教団の出版物を配布する布教活動に従事させる。教祖は二〇〇〇年に逮捕され、被害者による損害賠償請求訴訟では、原告勝訴判決が続き、二〇〇一年教団は破産宣告されて解散させられた。明確な御利益の提示。法外な値段の商品。布教や販売方法の詐欺性、強迫性。教団自体が被害者による損害賠償請求が起こされていながら、なおその行為を続けたことから、組織的に資金調達を目的としてこれらの行為がなされていたことが明らかにされている。先に述べた統一教会の霊感商法や、明覚寺による霊視商法もこの類であり、提訴してから勝訴判決を得るまでの労力が原告側にとって相当なものであったことは想像に難くないが、それでも、こうした布教、教団活動が不法行為であることは比較的明瞭である。

しかし、統一教会の元信者たちは、大方の教団にありがちな貧病争解決の御利益を求めたのではなく、自己啓発や社会貢献をうたった教団に勧誘され、信者になることを決心し、その後活動したことを当人にとって損失と認識し、教団に捧げた労力と献金の返還と、信者にされたこと自体を人権への侵害として訴えた。この論理は、当初、宗教者や宗教研究者の想像を超えていた。つまり、統一教会の布教行為において無理やり信仰を強制するような外形的暴力を伴ったものであれば、不法行為という認識が容易であったが、統一教会の勧誘・教化方法は見かけ上はそれに該当しない。信者生活において無償の労力奉仕や多大な喜捨、献金を行うことも、既成宗教・新宗教ともによくある話であり、教勢を拡大している教団とは、そのような熱心な信者を抱えたところといえる。人生においてコミットする対象、集団の選択ミスは往々にして生じるわけで、その都度損害賠償を訴えていたらきりがないのではないか。その決断をしたものの自己責任はどうなってしまうのか。このような疑問が「青春を返せ」訴訟に出されてきた。

そこで、訴訟の中で提起され、また、明確化されてきたのが、強制的説得によって入信したのだというマインド・コントロール論である。一九九五年の地下鉄サリン事件以来、オウム真理教信者の行動原理を説明する論理としてマインド・コントロールという言葉がマスメディアに流行したが、言説レベルのマインド・コントロール論と、不法行為責任を追及するために、相当因果関係を説明する議論として主張されたマインド・コントロール論は次元を異にする。後者に関していえば、この議論は社会心理学において社会的影響力の行使、説得というかなりの程度確立された議論である。ただし、宗教研究においては国内外でその妥当性を疑問視する意見が相当に強かった(3)。

裁判所では、長らく教団によるマインド・コントロールが信者になされたという事実認定もしなかったし、マインド・コントロールという行為それ自体を直接不法行為とも認定していない。オウム真理教信者の教団犯罪に対する判決において、弁護側は、教祖と教団によるマインド・コントロールの結果、彼らは犯罪行為に荷担したわけであるから減刑を求めるという主張をしたが、認められなかった。「青春を返せ」訴訟において原告が勝訴した岡山判決、札幌判決でも、マインド・コントロール論に依拠せずとも、不法行為責任を問いうるとした。

しかし、二〇〇七年二月二六日、ホームオブハートの元セミナー生が同団体を訴えた事件において東京地裁は、この自己啓発セミナーにはセミナー生の全財産(ローンによる借り入れも強いる)を提供させるマインド・コントロールが組織的になされていたことを認定し、一五〇〇万円余りの献金の返還を被告に命じる踏み込んだ判決を出した。

札幌地裁判決とマインド・コントロール論争

二〇〇一年六月二九日、札幌地裁は、統一教会を相手どり元信者二〇名が提訴した一四年に及んだ「青春を返せ」訴訟に、原告勝訴の判決を言い渡した。判決では、統一教会の正体を隠した伝道により、元信者が勧誘・教化され、高額の物品購入や献金を強要された事実を認定し、物的・精神的損害の賠償責任を統一教会に認め、総額約二九五〇万円の支払いを命じた。

判決の中で、裁判所は伝道目的の秘匿、欺罔的手段自体が違法行為であるから、信者の入信は違法行為の結果とみなされ、入信の原因が自己選択かマインド・コントロールかという議論は違法性を考慮する前提としないとした。秘匿、欺罔ということ自体が、マインド・コントロールの要素であり、マインド・コントロールという言葉を用いないがその主張をほとんど汲んだ判決と考えられる。公判において、原告、被告ともに、マインド・コントロール論の是非を争点にしようとした時期があり、とりわけ、統一教会側は公判の後期には、そのような主張をなしてきた。筆者自身が公判を傍聴してきた際のやりとりは次のようなものだった。

二〇〇〇年一二月五日、札幌地裁の上記公判において、教会側証人として、カルト、マインド・コントロール問題の専門家として統一教会員である魚谷俊輔が出廷した。魚谷は、マインド・コントロール論などは、アメリカではすでに学会によって否定された議論であって、宗教が、とりわけ統一教会が、洗脳やマインド・コントロールと呼ばれる特殊な心理技術を用いて、人を入信させることなどありえないと述べた。その際、魚谷は、マインド・コントロール論はアメリカ心理学会（APA：American Psychological Association）でも、宗教を科学的に研究する学会（SSSR：The Society for the Scientific Study of Religion）でも否定されたと述べた。APAはマーガレット・シンガーらにより作成されたマインド・コントロール論に関する報告書を否定したし、元統一教会信者が教団を訴えたモルコとリール裁判において、APAとSSSRの代表的な研究者がカリフォルニア州最高裁にマインド・コントロール論を否定する法廷助言書を提出したというものだった。

魚谷の話は、彼の著書『統一教会の検証』に基づいたものだが、彼の上司であった増田善彦『「マインド・コントロール理論」その虚構の正体――知られざる宗教破壊運動の構図』との共同作業で資料収集にあたったと証言した。二人とも統一教会員であり、統一教会において宗教論争的な部門を担当する人物と見ることができよう（魚谷 一九九九、増田 一九九六）。証言において、あろうことか、筆者のマインド・コントロール論批判の論文も引用された。この件は前章で述べているので、内容を繰り返さないが、マインド・コントロール論批判の部分だけを有効活用され、カルト側を擁護する研究者という誤解を持たれたのは心外だった。しかし、これも一種の製造物責任として、知見の製造者である研究者は、この問題への対処を社会的に考えていかざるをえないと考え、本章の内容に関わる調査を始めた。

魚谷の論調は、アメリカのアカデミズムの権威を借りてマインド・コントロール論を一蹴したという観があった。筆者も含めて若干の日本人研究者に言及はあったものの、魚谷自身が日本の研究者は井の中の蛙で世界の研究情勢を知らないという評価を著作の中で下しているだけに、日本のこの問題に対する後進ぶりを嘆くという態度だった。「権威」を用いて同意を促すというやり方は、社会心理学者がマインド・コントロールの初歩、説得の効果的技術として紹介している。おそらく、原告、被告、司法関係者を含めて、APAやSSSRがどのような団体であるのか、そのような学術団体の有力な研究者によって否定された報告書の内容、マインド・コントロール論を否定するべく提出された法廷助言書の内容を十分に理解してはいなかったと思われる。そのような状況において、文書の具体的な中身と提言された脈絡を説明せずに、学会の権威によって科学的にはこうなっていると断定するのは適切なやり方ではないだろう。

本章の構成

本章では、ＡＰＡが否定したとされるシンガーを代表とする「強制的説得論」の報告と、カリフォルニア州最高裁に提出されたマインド・コントロール論を否定する法廷助言書の中身を具体的に検討する。もちろん、筆者は宗教社会学を専門にするものであって、心理学・社会心理学の専門家が上記の報告書を検討するほどの、また、法律の専門家が法廷助言書を子細に検討するほどのことはできない。しかし、問題の対象それ自体については専門的な調査研究を行っているので、何がどのように論じられているのかを的確に紹介することは可能である。

また、違法伝道訴訟に関わる当事者や、カルト問題に関係する人々が、上述のカルト論争にとってきわめて重要な資料を直接手に取る機会がない状況は改善されてよい。この問題を論じる研究者であれば、カルト問題を扱う関係機関のホームページ上で、上記の文書を英文で読むことも可能だし、すでに読了している人も少なくないと思われる。しかし、カ忙しい市民や弁護士などの実務担当者には、英語から日本語への翻訳程度であっても、カルト論争の背景を知るための資料になりうると考える。そこで筆者は、ＡＰＡの文書は学会の内部文書であるが、公表された文書であるので、法廷助言書ほか関連文書を訳出した。(4)

以下では、上記の二つの文書に関して、内容の紹介と問題点を論じていくことにする。

二　説得と統制の詐欺的・間接的技術に関する専門調査部会報告

レポート作成の経緯と内容概括

説得と統制の詐欺的・間接的技術に関する専門調査部会報告（Report of the Task Force on Deceptive and Indirect Methods of Persuasion and Control）（以下、ＤＩＭＰＡＣレポート）がどのような経緯で作成されたのか、レポートに書かれてあることから説明したい。アメリカ心理学会（ＡＰＡ）の内部組織である「心理学における社会倫理理事会」は、一九八三年の秋に、心理学的説得技術の用法に関するプロジェクト委員会を発足させた。そして、同委員会は専門調査部会に以下の課題を託した。①自由を制限し、個人、家族、社会に悪影響を与える説得と統制の詐欺的・間接的技術を明らかにせよ。②当該の研究領域をレビューせよ。③心理的なサービスを利用する消費者のために、説得と統制の詐欺的・間接的技術の持つ意味を明らかにせよ。④この現象の倫理的・教育的・社会的含意を検討せよ。

そして、カルト問題の研究、社会的影響力の研究で高名なマーガレット・シンガー、マイケル・ランゴーニ、ルイス・ウェストを含む六名の委員によって、レポートが作成された。

ＤＩＭＰＡＣレポートの要旨にはこう書かれている。「カルト集団と自己啓発セミナーは、説得と統制の詐欺的・間接的技術をかなり用いているということで物議をかもしている。これらの技術は個人の自由を危うくし、多数の個人や家族に深刻な結果をもたらしている。本報告はこの問題をレビューし、影響力を行使する新しい技術の存在を提示し、説得と統制の詐欺的・間接的技術の利用から派生する倫理的な問題を考察することで、本報告に記載される諸問題を示そうというものである」。

内容を項目順に示すと次のようになる（番号は筆者による）。

① 説得と統制の詐欺的・間接的技術に関する専門調査部会報告作成の経緯を説明。
② 現代のカルト問題が発生した歴史的背景を説明。
③ カルト集団をどのように定義するかという問題。
④ 宗教的カルトの説明において、宗教的カルトの類型論と有害性が検討され、全体主義的カルトのみを問題とすることを言明。
⑤ 宗教的カルトのトラブル例が報告され、先行研究の問題性も指摘。
⑥ 洗脳・ディプログラミング論争における心理学者の立場は、教団側とジャーナリズム側の中間にあるとし、個人に関しては、「特定集団が説得と統制の詐欺的・間接

的技術を用いて、特定の個人や家族に対して、ある時期、どの程度の危害を加えたのか」、社会的な次元では、「この特定集団あるいは集団の幹部たちは、説得と統制の詐欺的・間接的技術をどの程度悪用したのか」を具体的に調査研究すべきであると言明。

⑦ 心理療法カルトとして、心理療法従事者によるものと素人によるものの事例、および裁判例を紹介。

⑧ 大人数グループでの「気づき」のトレーニング（自己啓発セミナー）発生の歴史的説明と問題点の指摘、裁判例を紹介。

⑨ 分析として、影響力の行使という概念を、選択を尊重する教育や治療的な行為から、服従を強要する統制的・破壊的な行為までを含むものとして捉え、後者の問題点を議論の対象として設定。

⑩ 心理学者が考慮すべき倫理的問題として、優越的な地位（専門家）を利用した心理療法ならびに心理操作の技術を濫用することは許されないし、学会としてこのようなことをなす個人、団体には毅然とした態度をとるべきであると言明。

⑪ カルト集団やセミナー以外にも、政治・メディアにおける情報操作、コマーシャルや悪徳商法における心理操作などの問題があり、社会的影響力の行使については広

く倫理的な問題として考えていかなければならないと言明。

⑫提言として、ⓐ心理学者は社会的影響力を行使する技術についての理解を深める調査研究（実験研究）を行うとともに、その濫用により被害を受けた人々の回復に役立つ実践的研究も行うべきであること、ⓑ学会として倫理綱領を改定し、臨床心理の専門教育に役立てるとともに違反者には厳重な勧告も行うべきであること、ⓒ心理技法の悪用があるということを広く市民に啓蒙し、対策として規制を設けるための検討をするべきであることを提案。

レポートに対するAPAの態度、モルコとリール裁判、および法廷助言書

DIMPACレポートの内容を評価する前に、なぜ、このレポートが問題なのか、繰り返しになるが、確認しておきたい。専門調査部会によるレポートは草稿段階にあるもので（レファレンスがついていない）、これを「心理学における社会倫理理事会」が一九八六―八七年にかけて検討し、一九八七年五月一一日の時点で、同理事会がそのままでは受け取ることができないという決定を下した。同理事会が専門調査部会に対して、その理由の文面を送った。

ところで、この間、カリフォルニア州最高裁において、モルコとリール裁判が行われて

いた。青年男女が統一教会の修練会にバス停で誘われて参加し、強制的説得（あるいは威圧的説得）（本章では coercive persuasion を強制的説得と訳す）を受けたとして、詐欺の不法行為責任を問うた。判決として、布教活動に一定の制限を設ける（不法行為責任を課す）ことは宗教活動の自由を制限するということになるが、個人・家族を守り、公共の秩序を維持するという「やむにやまれぬ州の利益」と比較考量した場合に、後者の方が重要であるという理由で、原告の主張が認められた（棚村 一九九六：七六四―七六六）。

この裁判において、強制的説得の理論は学問的に認められないとする法廷助言書がAPAと個人の研究者名（宗教社会学者、宗教学者が半数以上）によって提出された。その期日が、一九八七年二月一〇日である。法廷助言書の中身は二つからなり、一つは強制的説得の理論が回心行為を説明しないということ、もう一つは違法伝道という判断は、信教の自由、特定教会を優遇（差別）しないという憲法の精神に反するというものだった。

APAは一九八七年三月二四日、この法廷助言書の署名部分を取り下げた。つまり、学会として公認しないという決定をしたわけである。その一月半後に、DIMPACレポートも公認しないという決定をした。この間の経緯に何があったのか、筆者には推測できない。

アメリカのカルト・ウォッチ団体である American Family Foundation（AFF）（現在

はＩＣＳＡ：International Cultic Study Association）の*Cultic Studies Journal*に掲載された論文によると、ＡＰＡは巨大組織であり、ＤＩＭＰＡＣレポートのような作業を進める委員会を持ちながら、他方でまったく反対の立場表明になる法廷助言書にＡＰＡの署名をなすような理事を抱えているという事実だけがはっきりしているという。著者であるアルベルト・アミトラーニとラファエラ・ディ・マルツィオは、ＡＰＡがカルト問題というような厄介な事柄から素早く引き上げたかったのではないかと書いている（Amitrani and Di Marzio 2000: 110–111）。

この点は専門調査部会への理事会の回答を読めばはっきりするが、それはＡＰＡが学会として論争の渦中にある問題や裁判等に対して賛成も反対もしないこと、特定の見解を学会として示しうるほどにＤＩＭＰＡＣレポートは心理学における理論と実証の十分なフォローがなされていないということの表明だった。おそらく、それは法廷助言書に署名した数多くの宗教学者、宗教社会学者とも態度を異にし、マインド・コントロールの議論を支持しないだけでなく、否定もしないということだったのかと考えられる。さらにいえば、先の論文では、ＡＰＡ第三六部会（当時は宗教問題に関心のある心理学者グループ、現在は、宗教心理学グループ）が一九九〇年の年次総会において「洗脳証言に関する解決」と題したテーマ・セッションを設け、そこでは、「宗教問題に関心のある心理学者グループの理事会においては、現時点で、身体的強制を伴わない不当な説得（強制的説得、マインド・コントロール、あるいは洗脳として知られている）が、特定宗教団体において使われている影響力の技術と同じであるということを、科学的に言明するに足る十分な心理学研究がないというコンセンサスを持っている」と述べたとされる（Amitrani and Di Marzio 2000: 116–117）。

つまり、巷間いわれているように、シンガーらのレポートは全否定されたのではなく、学会は態度を保留したのだ。

DIMPACレポートへの評価

筆者なりのレポートに対する評価をしてみたい。その前に、心理学における社会倫理理事会がレポートを外部の二人に評価してもらった際の講評のメール文が、先のプロジェクト委員会から専門調査部会への文書に付加されているので、それを簡単に見ておこう（http://www.cesnur.org/testi/APA.htm）。

二人の評価内容は、①DIMPACレポートでは、説得と統制の詐欺的・間接的技術の濫用については詳細に述べているものの、それがどのような心理操作なのかを具体的な事例によって、あるいは、肝心なことだが、心理学の理論によって説明していないので説得的な議論になっていない、②カルト団体についてのデータの質に難点があり、疑惑を報じる雑誌記事をもとに議論することはできない、③カルトによる危害、搾取といっているがそれを明確に概念定義し、具体的なレベルで説明しきれていない、というものだった。一人は好意的な評価だが、④カルト団体についての記述は道徳的判断としてなら同意できるが、それを心理学のレベルで論議が可能かどうかは疑問だとし、むしろ、心理療法の問題点について同意可能としている。もう一人は、ほとんどの論点において否定的評価を下している。

筆者自身は、おそらく社会学であっても判断を留保せざるをえない内容だと思われる。その理由は、ＤＩＭＰＡＣレポートが予め断っていることだが、①説得と統制の詐欺的・間接的技術の具体的な中身が書かれていないし、入信の因果的説明の論理には疑問が残る、②この技術を用いて実害をなす集団の特定を行っていない、③新聞報道、係争中の裁判など、問題の所在を示すものが資料の大半であることなどだ。

しかしながら、本レポートの目的が、心理学的な影響力を行使する際の倫理問題を提起するということであれば、十分な記述ではないだろうか。本文では、渦中の問題が、カルト視される集団による刑事事件や、巻き込まれた人々の精神や財産に関わる被害であると特定しているのであり、いわば宗教そのものに関わる問題ではないと明言している。

シンガーたちの主張は、精神を扱う専門職、あるいはそれに準じる仕事を持つものたちの倫理を問うことにあり、直接的にはマインド・コントロールの議論を行っていない。文章の大半がカルト、セラピー、セミナーにおける「被害」の実態報告であり、それに対して、専門家集団はどのように対処すべきかという、職業倫理の確立を呼びかけている。

一九七〇―八〇年代に、アメリカでは各種のセラピストや自己啓発セミナーの集団における自己変容の技術化が進み、一つの産業の様態を呈した。カルト問題はその極端な側面を切りとったものだ。当時からアメリカでは、セラピーが一種のキーワード的働きをしており、これは競争社会アメリカの負の側面を示している。おそらく、日本もアメリカのスタンダードを受け入れているので、セラピー産業が発達し、同種の問題が発生すると思われるし、すでに「心の専門家」に頼りすぎる社会現象に警鐘を鳴らす人も出ている（井上二〇〇〇、小沢 二〇〇二、小池 二〇〇七）。

DIMPACレポートは四半世紀ほど前の文書だが、主張は現代的であり、感心する部分も多々ある。これを学会として公式的な立場にするかどうかは、内部的事情があったのではないかと推察される。どの学会もそうだが、研究者だけで成り立っているわけではなく、実践家、賛助団体を含んで、そこからの寄付収入に頼りながら学会経営を行っている。APAには、シンガーたちが批判した内容において、境界線上にいるような心理療法家や団体があったのかもしれないし、そこを配慮することが政治的判断としてなされたのかもしれない。倫理条項はどの学会でも提案がされているが、数万人規模の大所帯であれば、学会のメンバーすべてが納得するものを提示することは実際にはきわめて難しい。規模のメリットを保持するためには、組織が割れるような議論はしないでおくというやり方が実際ありうる。およそ、学問的議論とは別のところにこの文書の処遇の理由があったのかもしれない。

三　法廷助言書をどう読むか

1　法廷助言書の概要

すでにモルコとリール裁判についてはカリフォルニア州最高裁の判決を述べているが、これは一九八三年の控訴裁における被告勝訴判決をくつがえしたものだった。原告が控訴したために最高裁で争われたが、DIMPACレポートの代表者であるシンガーとサミュエル・ベンソンの専門家証言を拒否するよう、APAの有志が法廷助言書を提出した（魚谷一九九九、増田一九九六）。

以下では法廷助言書の目次に沿って内容をまとめてみたい。

（一）　法廷助言者の問題関心

法廷において、行動科学、社会科学の最新の知識が必要とされた場合、ＡＰＡの学術的貢献、社会的役割から、ＡＰＡのメンバーは喜んで専門家証言を引き受けてきた経緯がある。しかしながら、新宗教運動に対する偏見と学問的裏づけのない主張をなす、シンガー、ベンソンの専門家証言には、学会として座視することはできないと考え、当該分野において研究実績のある研究者有志により法廷助言書を提出するはこびとなった。

（二）　緒言と議論の要約

原告の主張する「強制的説得」による回心、その結果として原告が受けた心理的危害（ないしは被害）に対する損害賠償を請求するような不法行為責任の法理は一切認めることができない。その理由は二つあり、第一に、シンガー、ベンソンの主張は、許容性テストの基準を満たしていないために、証拠採用できない。第二に、特定教団の布教行為に不法行為責任を課すことは、合衆国憲法修正条項第一条に定められた宗教の自由という内容に反するものであり、認められない。

(三) 議　論

第I部　原告が論じる強制的説得の理論は科学的概念としては意味がなく、この理論を支持するために提出された専門家の証言は正当に除外された。

A. 科学の専門家による証言の許容性に関する基準。

① 法的基準　フライ基準による許容性限界の基準を満たさなければならない。具体的には、当該分野の学術団体において通説もしくは重要な知見として認められていることを、学術誌からの引用等で示すこと。

② 科学的基準　当該分野で認める信頼性と妥当性を満たすものでなければならない。

B. 原告が論じる強制的説得の理論は科学に関わる学会では受け入れられない。

① シンガー、ベンソンの結論は、当該分野の学会では科学的な結論とは認められない。強制的説得により原告の自由意志が剝奪されたという主張は科学的言明ではない。自由意志を定義することは事実を扱う諸科学がなしうることではない。特定の刺激群に対して、ある一定の環境では、被験者に一様の反応が見られた場合、その刺激は特定の反応を「強制する」という言い方が可能かもしれない。仮に、このような観察方法で、統一教会の布教過程を眺めてみた場合に、統一教会に関する事例研究が明らかにしたところでは、声をかけられ、初期のセミナーに参加したもののうち、

数パーセントしか教団に残らないことが明らかである。九〇パーセント強の途中離脱という反応を引き出した統一教会の布教方法は、「回心を強制したのか」それとも「離脱を強制したのか」。また、仮に、統一教会が、このような少数の回心しやすい特性を持った人々を効果的に集めたとして、これが不法行為とどうしていえるのか。

② 原告による強制的説得の理論は当該研究の学術文献では一般的に認められない。両博士は「強制的説得」論の理論的根拠を戦争捕虜の「洗脳」研究に見いだしているようだが、学術的研究が実際に明らかにしていることは、二点で大衆紙のセンセーショナルな報道とまったく異なる。第一に、戦争捕虜が受けた身体的拘禁、拷問、強迫と新宗教運動における布教、勧誘を比較することはできない。後者には、洗脳に必要であった物理的拘束の状況（逃れることは死を意味した）が欠けている。第二に、強制的説得といわれているものが、大学寮での新入生歓迎や軍隊の新兵教育ほど手ひどいものかどうか疑問であり、この種のイニシエーションはイデオロギーを注入する各種の団体で行われており、特定の宗教団体に限ったことではない。

C. シンガー、ベンソンの方法論は科学に関わる学会では否認されてきた。

① シンガー、ベンソンが依拠するデータは、文献として公表されておらず、検証でき

ない。専門家同士のピア・レビューを受けない知見を学会は共有しない。

② シンガー、ベンソンが依拠する情報源は偏っている。ディプログラミングを受けた脱会者の証言を主要なデータとしている。そのために、宗教研究者が報告しているように、ディプログラミングを受けた脱会者はディプログラマーの考え方をそのまま証言する可能性があることを否定できない。両博士は、途中で教団を自主的に離脱した人々について調査を行っていないために、脱会者の証言がディプログラミングのバイアスをどの程度受けているのかを述べることができない。宗教研究者によってなされた現役信者の調査を参照すると、両博士が述べる統一教会とはかなり異なる教団像、教団の活動に対する信者の認識がうかがわれる。

③ シンガー、ベンソンは元統一教会員に発見されたと主張する危害が統一教会へ入会したことによって引き起こされたということを示していない。入信、教団活動と、脱会後に見られた元信者の精神的障害がどのように相関しているのかを説明していない。第一に、教会員であったことが原因であると述べるのであれば、同世代、社会的地位、健康状態等をコントロールした上で、統一教会員とそうでないものとの精神的障害発生の差異を調べなければならないが、これをやっていない。第二に、精神的障害発生の別の要因について考察しておらず、そのような可能性を排除する

ような調査方法の設計もなされていなかった。つまり、ⓐ観察された疾患は入会前からあったのではないか、ⓑ疾患と会員であることの関係は、第三の媒介的要因によって説明されるのではないか、ⓒ疾患は、ディプログラムにより発症したものではないか、ⓓ疾患は教会脱会後に、新生活に適応する段階で発症したものではないか。

D. 科学的論証が不十分であるということを考えると、強制的説得という原告の主張は、原裁判所が結論づけたように、科学的装いをこらした否定的な価値判断にすぎない。要するに、両博士は、普通の人が統一教会の信念体系と生活様式を選択できたという事実を認められない、あるいは認めるべきではないという道徳的評価を統一教会に下しているだけだ。

第Ⅱ部　原告が論じる強制的説得の理論を認知することは、合衆国憲法修正条項第一条を侵すことになり、法体系の基本的前提を損なうことになる。

A. このような条件で不法行為責任を課すことは、合衆国憲法修正条項第一条にある信教の自由の項目を侵すことになる。宗教的行為、教団の活動が、社会的にきわめて逸脱したもので、他者の権利を侵害するようなものであれば、政府は公衆衛生や社会的安寧のために、特定の宗教行為に対して規制を加えることができる。しかし、原告が「強制的説得」

として告発している具体的な布教行為、宗教的儀礼・活動等は、一般の宗教団体にも認められるごく普通の行為である。政府が合衆国憲法修正条項第一条を超えて、宗教に規制を加えなければいけないような公共的な利害が、統一教会の布教行為にあるのかどうかを、原告たちは立証していない。

B. 原告による強制的説得の理論は、法体系の基本的な諸前提と調整不可能である。ある程度まで合理的に行為し、自己の行為に対して責任を十分にとることができる個人を前提に、法体系は構築されている。ところが、原告のように、自己の選択をすべて他者との関わり、環境的な要因のせいにして、それに対して一切の行為責任を負わないとすれば、法体系そのものが成立しなくなるだろう。

2 法廷助言書への評価

全体への評価

法廷助言書の内容は、宗教社会学の知見を十分に活用し、現在においてもカルト問題やマインド・コントロール論に対する、宗教社会学的評価・態度の水準を示していると思われる。しかしながら、大きくいえば二つの点で問題を残している。

第一は、科学的厳密性に関わる問題である。細かくいえば、一つは宗教行為・宗教意識に関して、どの程度の客観的研究をもって厳密な人間科学、社会科学というのか。方法論に関わる問題であり、これはとてつもなく大きな問題である。もう一つは新宗教研究の具体的な調査状況から考えられる客観性の問題である。

第二に、法廷助言書は法的基準として、フライ基準の許容性テストに合致するために、専門家証言は当該学会で評価される必要性を主張しているが、どの程度の評価で許容性を満たすと判断されるのかという問題がある。もう一つは、不法行為責任について論じる際に、科学的客観性というものをどの程度法的問題に取り入れるべきか。これには法廷助言書とは異なる論理も展開可能ではないかというものだ。

最後に、合衆国憲法修正条項第一条に規定された信教の自由に関するアメリカ社会の認識と対応はかなり独特なもので、普遍的な信教の自由を国内外の政策としているわけではないということを十分考慮に入れておく必要があろう。論点のみを列挙すれば、第一に、カルト問題・対策に関していえば、アメリカはイギリスとともに、信教の自由を個人レベルで確保することを重視し、フランスのように反セクト法を作り、国家レベルで人権の保障を考える社会とは対極にある。アメリカはカルトの活動も反カルト運動も民間ベースできわめて活発だが、政府は基本的に介入しない。第二に、国内的対応とは別に、対外的にアメリカは道徳的国家として、他国や地域紛争に積極的に介入する。これは冷戦体制から今日の反テロリズム戦争に至るまで枚挙にいとまがない。第三に、アメリカは教派や宗派のレベルでは宗教多元主義であるが、市民宗教的価値で社会統合を図る等、柔軟な宗教の使い方をする社会であり、簡単にアメリカ社会における宗教のあり方、機能をこうだといいきることができない。このような諸点を考慮に入れた上で、法廷助言書の第Ⅱ部を読むべきだろう。

以下では、指摘した問題群のうちから、新宗教研究の客観性と、不法行為責任を考える上での法的因果関係についての二点についてだけ、コメントを加えたい。

臨床家のクライアント

最初に、新宗教研究における客観的な調査研究はどの程度可能かという問題である。

確かに、法廷助言書が科学の客観性を保証する諸手続を列挙しているのはその通りだし、DIMPACレポートがそうであるように、両博士の専門家証言は科学的手続きの厳密性を欠いている。それは法廷助言書に記載された註一六（本章の註4を参照）で示されているように、両博士がそのような手続き上の方法論を知らないわけではなかった。法廷助言書が指摘した調査研究上の問題点は、一つはサンプリングの問題であり、もう一つは複数の対立仮説を統制するための調査設計がなされていなかったということだった。

シンガー、ベンソンをはじめ、臨床心理や精神医学の専門家が、脱会信者、とりわけ脱会カウンセリングを受けた（ディプログラムと呼ばれた時代のものでもよいが）人たちを事例としているのは、ある意味で当然だ。つまり、何らかの心理的・精神的問題を抱えた人たちに対応する専門家である以上、クライアントはそのような人たちである。活動中のカルト信者が、本人自ら、あるいは家族に連れられて面談に訪れることはありえない。信者は救済、あるいは癒しや覚醒を、世俗の専門家ではなく、教団に委ねているからだ。

心理療法や精神医療の専門家は、疾病の原因を本人の素因でなければ、過去の経験や行為、環境に求めるだろう。クライアントの共通点はカルトへの入信、活動経験であり、それは普通の人々の経験とはかなり異なるものだ。そこに原因を求めるのは常識的だが、疫学的方法により、同様の精神的疾病を持つ人を、カルト経験者と非経験者に分け、発症率を比較する等の比較検討はなされてよかった。そうすれば、確かに、法廷助言書が述べるように、カルト信者特有の疾病を扱っているのかどうかが判然としたと思われる。あるいは、カルトではない社会集団を経験した人たちと比較することで、カルト特有の問題性も浮かび上がったかもしれない。クライアントのみならず、コントロール集団も含めて大量観察するというのは経費・労力のかかる調査になる。

しかし、ここまで厳密に調査研究を進めずとも、カルト経験者の方が一般の人よりも心理的落ち込み、変調の度合いが有意に高いという推測は可能である。つまり、社会的是認を受けられない集団に人生を賭け、そのあげくに失敗したとすれば、社会復帰はきわめて難しい。本人のカルト経験を、家族を含めて社会が肯定的に受容しない限り、当人の経験は本人と社会によって二重に否定され続けるからだ。カルト視される教団で数年間過ごしていたことを人前で普通に語れるようになるまでには相当の歳月が必要だろうし、ほとんどの人はそうしないだろう。カルトへの入信・活動が、脱会者にとって精神的重荷となり、疾病となる可能性が高いことは肯定できよう。問題はそれに対して、教団に責任があるかどうか、責任があるとしたらどの程度のものかという評価である。

教団調査における客観性

法廷助言書のいうところによれば、確かに教団は多数の一般人を勧誘し、一定期間特殊な教化を行ったかもしれないが、それに対して離脱する、残留する、残留してもどのくらいやるか等、人によってかなりの差異があったのではないかということだ。心理的危害があったと申し立てる方が少数で、現役信者および途中離脱者（通常は捕捉が難しいので調査対象になっていない）の圧倒的多数はそのようなことを語らないと、教団調査に基づいて論じる。この知見を受け入れれば、教団の布教手法は「強制的説得」ではなかったし、それが心理的危害をもたらしたということはできないということになる。

しかしながら、これもまた厳密な統制的調査をせずとも（した方がいいことはいうまでもない）、ある程度推測がつくことだろう。信者として活動を継続しているものは、熱狂的信仰をしているときでも、冷めたときでも、それなりの理由があって続けているのだ。心理的危害を加えられっぱなしであって、それを主観的に認識していても、自分がどのように組織に利用されているのかという客観的状況が認識できなければ、半ば諦めの気持ちであっても活動を継続することはある。このような人々は自分の気持ちは気持ちとして、活動の際には教団の理想的な役割を演じきるだろう。そこで一面識もないような相手から突然に、あるいは文書で問われるような意識調査に、どの程度その人の心境が語られるのだろうか。

いうまでもなく、現役信者の語りには、教団のディスコースが含まれており、そのような語り方、ふるまい方を身につけてこそ、信者であり続けられる。教団に依頼した面接調査や意識調査等で通常明らかになるのは、このような語り方である。教団としての教導や組織統制が強いところほどその典型例が見られるだろう。バイアスを受けているという点において、過去と現時点に関して自分が経験した組織がどうであったかを語る場合に、現役信者の語りは、脱会カウンセリングを受けた元信者の語りと、どの程度異なっているのだろうか。単に否定的か肯定的かという評価ではないだろう。評価は異なっていても、事実経過については争いのない事実というものはある。調査研究においては、得られた回答の妥当性は常に検討の対象となる。

脱会カウンセリングのバイアスに関しては、脱会者の証言についてこれまで何度も語られてきたことであるが、現役信者の語りや教団調査のバイアスについては、あまり厳密には議論されてこなかった。法廷助言書が依拠した宗教社会学の調査研究も同様の吟味がなされなければならない。

法廷助言書の最終的な代表となったアイリーン・バーカーは、統一教会の著名な研究者である。セミナーに参加した人を、それでやめたもの、それ以上のセミナーに参加したが最終的にやめたもの、二年以上続けているものに分け、どのような原因で統一教会に人は入信するに至るのかを、本人の志向性、教団の人間関係、時代背景などさまざまな要因から検討していった。さらに、セミナー参加者、信者たちと同世代の若者をコントロール集団にとり、計四つのグループを比較対照した。結論は、最終的に信者であり続けたグループが、入信当時、人生の価値をほかの集団以上に求めており、統一教会がそれを提供したというもので、洗脳、マインド・コントロールによる入信の要因をすべて否定している(Barker 1984)。バーカーの客観的な社会学的研究方法に対しては、筆者自身、古典的評価を与えるものだ。

しかしながら、バーカーによる統一教会調査の経緯、教団との関係を含めて、同じイギリスの宗教社会学者から批判が出ている。つまり、統制的な調査設計を見事になし、模範的な新宗教の調査研究を行いえたのは、イギリス統一教会との緊密な関係があったからだ。セミナー参加者名簿の入手、各種セミナーへの参加、そのほかの「ホスピタリティ」を受けることで可能になったやり方だった[5]。新宗教研究の調査に関して、学会レベルで議論があったと聞く（Beckford 1983, Robertson 1985）。この調査研究の知見をその後統一教会がどのように利用したかは推して知るべしだ。ここでは、法廷助言書に参照される研究にもさまざまな意見が出されているということも確認しておきたい。

事実的因果関係と法的因果関係

前項において、筆者は、法廷助言書が指摘した専門家証言の不備を認めるものの、新宗教の教団研究において、教団側か、教団に反対する人たちを通してしか、現実には調査しえないことを指摘した。理想的なサンプリング、統制的調査は特殊な研究条件でしか通常は行えない。そのような条件を得たということ自体、調査研究のコンテキストとしてはデータの妥当性ということで問題を含み、調査の倫理性・政治性という点でも現代ではかなりの問題になるのではないかと思われる。客観的研究というのは、あくまで調査研究の手続き的な面に関して問われることであり、後続の研究者が追試ないしは検討が可能なようにデータ、資料の提示を行わなければならないだろう。

しかしながら、法廷助言書が強調するほどに、科学的研究や科学的証明は、この課題に関して簡単にいかないだろうという点は指摘しておいてよい。APAが「強制的説得」の手法が特定教団で用いられている可能性があるという点に関して態度を保留したように、宗教社会学においても、入信過程の客観的分析はきわめて難しいという見解に落ち着いている。論点のみを示せば次のようになろう。

第一に、入信過程において、ある個人が入信を決断するに至るには、個人の志向性と、勧誘に始まる信者との相互作用における影響、研修・儀礼等における環境的影響等、複数の要因が作用していると考えられる。どの要因がどれだけ利いていたのかは、本人の特性、教団ごとの布教戦略、勧誘者との個別的関係にかなり左右され、教団ごとに一定の入信パターンがあるわけではない。典型例を示すとすれば、それは入信を観察する研究者の概念に沿ったかたちでの典型例にすぎない。つまり、布教者や教団の組織的影響力を重視する見方に立てば、その極論は洗脳モデルになろうし、個人の決断に重きを置く見方を突き進めれば、合理的選択としての入信モデルになろう（Kilbourne 1988: 11-21）。あるいは、教団ごとに、①知的回心、②神秘的回心、③実験的回心、④感情的回心、⑤リバイバル的回心、⑥強制的回心、等のモチーフで特性を大まかに理解することも可能だろう（Lofland and Skonovd 1981）。しかし、ある個人がどのような入信、回心のパターンであったのか、正確に知ることは難しい。

第二の問題は、理念型を想定することは可能でも、事実的事柄を測定することが難しいということだ。測定する対象は入信という外形的行為であるが、それに至った動機や決断は「回心」という心的現象を含み込んでいる。これは直接に観察不能であるから、そのような意識状態を言語化した部分、すなわち当事者の語りで推測するしかない。しかし、現役信者を対象とした調査にせよ、脱会信者から聞いた証言にせよ、現在の状況から過去の出来事を回顧的に評価した上で、過去の経緯を語ってもらっているのだ。過去は現在の解釈枠組みの中で再構成される。そのような解釈をどのように分析したとしても、その人を回心させるに至ったその時点の「真の」動機、「真の」外形的影響物を特定することは不可能だろう。

法廷助言書が再三力説したのは、「強制的説得」論のような決定論的色彩の強い理論は、論理的にも実証的にも考えることが難しいということだった。だからといって、統一教会信者が自発的に、自律的な判断で入信したと断定しているわけではない。何がその人を入信せしめたのかを特定する議論はこのように面倒だが、教団でさまざまな活動をやり、さまざまな経験をしたとして、どれが脱会後の精神状態に影響を与えたのかを特定するのもまた難しい。したがって、この問題に関しては、自然科学のように強い事実的因果関係を立証することは難しいのだから、疫学的な因果関係の推定により集団的影響を調べるのが理にかなっているといえる。

その場合、不法行為責任の議論が要求するのは、事実的な因果関係といっても、法廷助言書がいうところの科学的に厳密な因果関係でなくてもよく、高度の蓋然性が認められればよいとされている。また、そこに、法的な価値判断を加えて、損害賠償の範囲を特定できる程度に、被告の行為責任と原告の損害を関連させることができる因果性であればよいとされる（幾代 一九七八：一一一―一五〇、水野 二〇〇〇）。もちろん、自然科学的な因果関係のレベルに達した説明ができるのであればそれにこしたことはないが、すでに述べたように社会的行為の説明には因果的説明が容易ではない場合が少なくない。無数の因果関係に言及せずとも、損害を与えた行為責任を帰することができる対象と範囲、あるいは賠償の程度を特定できればよいとされるのだ。これは、賠償の範囲が権利保護に対する考え方や政策的判断ときわめて関係していることも指摘されている。カルト問題に関わる損害賠償請求の裁判には、この点が大きく関わってくるのではないだろうか。

布教・教化の適切性

教団の布教手法に関する不法行為責任を追及する、あるいは社会的批判を行うという目的からすれば、ＤＩＭＰＡＣレポート、および法廷助言書で議論の争点になっている「強制的説得」と呼ばれる布教方法により、ある人が入信し、活動を継続したのかどうかを、事実的因果関係のレベルで証明せずともよいのではないかと思われる。宗教社会学の知見に従えば、新宗教教団における入信の必要十分条件は、布教されることと、布教者との相互作用を持つことだけだ。これは統一教会のように知り合いから勧誘されるか、街頭・訪問の勧誘を受けるか以外に入信の外形的な契機がないような場合はわかりやすい。布教の際に、布教者の名称を隠したり、実際の活動内容を偽って教化を図ったりすれば、これは詐欺であり、布教されるものの知る権利を侵害したことになる。そのような布教方法のゆえに入信したのか、それ以外の要因・契機によるのかは問わずとも、入信し、活動を継続してきたことの事実に先行する事実として詐欺行為があるのであれば、元信者の入信に関わる責任を教団に帰すことは不合理ではない。インフォームド・コンセントという権利の概念を導入すると非常にわかりやすくなるが、個人の人生や財産を賭けるような決断には相応の情報が必要であり、そのような決断を迫るものは十分な情報を与える必要がある。その後で決断した行為であれば当人が責任を負うべきであり、そうでなければ教団が責任を一部なりとも負うべきであろう。

法廷助言書でもふれていることだが、モルコとリール裁判の原告、およびアメリカの統一教会信者一般は、勧誘された初期段階では、統一教会の活動の一端を示されたのみだ。後に、セミナーを重ね、信者が伝道や資金調達の活動に従事するに従って、徐々に活動の全貌を理解していくに至る。だから、信者として活動している段階では、十分に情報が提供されている。確かに、信者として活動しているあいだは主観的には納得していた。筆者は、この間も信者が詐欺的なマインド・コントロールを受けていたという見解をとらない。しかし、末端信者に対して十分な情報や組織運営の全貌が明かされていたと考える方が不自然だろう。問題は、教団のメンバーとしての認識枠組みが形成される過程において、布教における情報の開示、研修における教化の仕方が適切であったかどうかである。

信念や行動様式を強制する度合いにおいては、大学寮における新入生や軍隊の初年兵が受けるイニシエーションの方が強烈だろう。しかし、その中身はおおよそ社会に知られているし、経験者が昔物語に伝えているから、参加者は気持ちの準備が可能だ。統一教会の活動内容や研修の中身は世間で広く知られていることだろうか。部分的には知られているだろう。しかし、研修の初期段階において、参加者に、ここは統一教会であり、この活動に参加すれば、伝道や資金調達のさまざまな活動に従事することになり、最終的には教祖文鮮明夫妻の司式する合同結婚式に参加して、祝福家庭を持つことになるという情報は正確に伝えられているだろうか。その伝道活動や資金調達活動が具体的にどういうものであるかということまでを含めてだ。これらの情報は信者になることを決断する上できわめて重要だったはずであり、この点が適切になされておれば、モルコとリール裁判をはじめ、日本の違法伝道訴訟もなかったといってよい。とりわけ、日本の場合は、霊感商法という違法性が確定した資金調達活動に信者が従事することになっていたわけで、この情報はきわめて重要だった。この情報が十分に伝えられておれば、違法な活動に従事させられ、青年期の数年間を浪費させられたことへの慰謝料という言い方は、原告の中からは出てこなかったはずだ。

信教の自由に対する配慮と義務

統一教会は、布教の初期段階において、重要な情報を適切に伝えていなかった。その情報があれば入信し活動することはなかったという元信者に対しては、教団が責任を負うべきだろう。法廷助言書が述べていることだが、布教に際してどのような方法をとらなければならないかなどと法令により決められているわけではない。しかしながら、合衆国憲法修正条項第一条でも、日本国憲法第二〇条においても、信教の自由を保障することの中身として、自己の信教の自由が認められるためには他者の信教の自由をも十分に尊重するということが、宗教活動の内在的制約として盛り込まれているはずであり、教団は布教活動を行うにあたって、この点に十分配慮することが求められる。布教に際して、布教される側の信教の自由を法律的保護の範囲に含めるのであれば、入信する前に十分な情報を得て熟慮する期間・環境が保障されることも、布教される側の権利として考えられてよい。

このような配慮はどの程度すべきか。しなかった場合にどの程度、布教者側の責任が問われるのか。法的判断をなすにあたっての社会的合意が問題になる。裁判の中では、社会的相当性という言葉で表現される。不法行為責任を考えるにあたって、法的（相当）因果関係に必要な要素は、事実的因果関係の証明だけではなく、法的保護範囲に対する考慮である。法廷助言書は、前者については十分吟味しているが、後者への配慮が欠けているのではないかと思われる。アメリカ社会がインフォームド・コンセントを重視しないわけはなく、これは従来の宗教のあり方、布教方法という概念に縛られているからであろう。教団も社会集団の一つであり、宗教にのみ許された社会活動上の特権があるわけではない。運動に参加を要請するのであれば、参加者から十分な同意を得るための配慮がいずれにせよ求められる。モルコとリール裁判においても、統一教会の違法伝道訴訟においても、原告勝訴の場合は、布教方法の不適切性（詐欺的要素）が指摘された。これが不法行為とされたわけである。現時点においては、この点に関する改善を諸教団に求めるだけでも、布教行為や資金調達活動にまつわるさまざまなトラブルを解消できるのではないかと思われる（日本弁護士連合会　一九九九、山口・中村・平田・紀藤　二〇〇〇）。

四　臨床・実践の方法と認識の方法

学問の認識枠組み

法廷助言書が述べるように、また、統一教会が札幌地裁の裁判でも訴えているように、強制的（威圧的）説得論、すなわち、マインド・コントロール論が信教の自由を侵害するという議論は、宗教活動一般が強制的説得によるものであるとされた場合、確かに問題がある。しかし、精神操作（mind manipulation）の問題提起は、特定集団による危害（「被害者」がクレームを出すことで明らかになる）に遭った特殊なケースに議論を限定しているのであって、社会集団一般でも、宗教集団一般の議論でもない。その意味では、DIMPACレポートを問題指摘の文書として読めば、確かに社会問題の所在を示しているし、その点は十分に評価できる。

しかしながら、具体的な問題解決を志向する臨床の諸科学や政策科学と、理論的な問題にこだわる基礎科学的な研究とでは、方法論の前提となる学問的な認識枠組みに差がある。倫理的な議論の前提となる人の精神性や集団のあるべき姿については学問ごとに異なる立場があり、おそらく、その点において、学問領域ごとに認識の枠組みがかなり異なっていて、カルト問題に対する異なった評価が生まれてくるのではないか。

（臨床）心理学、あるいは精神医学という学問の性質に由来すると思われるが、正常／異常の区別、治療行為（精神的な機能障害を疾病として病名を与え、治療の対象とする）の正当性というものは、科学的な議論によって保証されているものではなく、かなりの程度、時代状況や社会制度によって保証されているものだ。その自明性から出発していいのかどうか、宗教学や社会学は常に考えてしまう。憑依や覚醒といった一種の正常ならざる精神状態に宗教性を認めたり、社会病理は制度側が逸脱者につけたレッテルにすぎないといい、少数派の擁護を買って出たりするようなスタンスを持つのだ。

明確に法的正義の基準が確定していない領域において展開される社会的相当性という概念も、宗教や宗教学にはきわめてなじみにくい概念である。常識を超えた地点に真理や価値を認めるという志向性があるからだ。もちろん、普通の宗教団体では、信者個人のレベルで、常識を超える行為が他者の幸福をないがしろにするものであってはならないという倫理的判断を持っているはずだ。宗教研究においては、宗教・信仰の価値を前提としているために、反社会的宗教という形容矛盾でありながら現実に生じている逆説的事実に素早く対応しきれないという限界がある。

市民的倫理観

繰り返しになるが、宗教学や社会学の倫理的な立場とは、「健康」「普通の行為」という基準だけで一見逸脱的な行為や社会的に平均的な基準から外れた人を判断してはいけないというものだ。しかし、これでは特定の宗教的立場やイデオロギーに立たない限り、価値相対主義の虜にならざるをえない。それはそれで学問の面白みということだが、現実の問題に対しては、社会にある程度の基準やルールが存在し、それがうまく機能することを認めざるをえないし、それは現実に必要なことでもあろう。

極端にいえば、自殺や他殺の自由や自己選択を私たちの社会では認めないし、困って救いを求めている人がいれば、行為の意味を原理にまでさかのぼって考えることなく、反射的に助けるという倫理観があってよい。シンガーたちが立脚しているのはこのようなごく常識的な市民感覚であるし、これは科学的・学問的な議論とは別に、科学者・専門家の社会的なあり方として、別のコンテキストで考えられるべき事柄である。ＤＩＭＰＡＣレポートはその名称とは裏腹に、主張の大半は倫理問題（被害の検証と対策）に費やされ、心理操作技術の存在の有無、理論的説明ではなく、そのようなものがあると仮定した場合に、どこが問題になるのかという解釈を行っているように見える。

従来のマインド・コントロール論争とは、問題とされた事柄を直接扱うのではなく、それぞれの学問的立場から、問題の存在論について議論してきたのではなかったか。そのように筆者が考えるようになったきっかけは、やはり調査の過程で多くの「被害」の実態を知り、「被害者」の声を聞き、「そこにあった事実」の重さを実感として受けとめ始めたからではなかったかと思う。確かに問題はある。それがどのような問題になりうるのか、本質的に規定することはできないし、学問によって定義可能になるような性質の事柄でもない。

社会学的にいえば、社会には歴史や文化によって規定された倫理・道徳・社会規範・伝統・エチケットといった一定の社会的合意がある。この合意に従って私たちは生活している。しかも、この合意は時代の移り変わりによって、少しずつ変わっていく。昨日まで不問に付されていたことが、今日は問題になるということがある。

漠然とした議論だが、この必ずしも明文化されていない合意の感覚を大事にした方がいいのではないかと思われる。カルト問題とは、この感覚を持たない個人・集団に対して、社会が問題の所在をマーキングする現象として見ることができるのではないか。具体的には、被害者であり、彼らを支援する人々、団体による告発によるわけだが、このマーキング、あるいは、ラベリングを単なるレッテル貼り、自分たちの主張に合うような事実の捏造と見るのは、方向が違うのではないかという気がしている。社会的に構成された概念としての「カルト」批判、「マインド・コントロール」告発の意味を、理論的問題としてはもちろん、社会問題としても考察していくことが、社会科学の研究には必要だろう。

註

（1）霊感商法の違法性が判例により確定されて以降は、統一教会側が、提訴された後、和解で賠償金を支払う事例が多い。また、婚姻無効の訴訟では五〇例以上の無効判決が出ている。全国霊感商法対策弁護士連絡会公式ホームページ（http://www.stopreikan.com/hanketu/hanketu_gaiyo.htm）参照。

（2）一九九六年四月二五日に、最高裁は福岡高裁が下した婚姻無効判決に対する信者側の上告を棄却した。

（3）社会心理学の分野では、西田公昭『マインド・コントロールとは何か』（西田 一九九五）、榊博文『説得と影響――交渉のための社会心理学』（榊 二〇〇二）。なお、この分野の翻訳書の出版は多数あるが省略する。洗脳やマインド・コントロールという概念で入信・回心を説明することに疑問を提示する論文として、櫻井義秀「オウム真理教現象の記述をめぐる一考察――マインド・コントロール言説の批判的検討」(櫻井 一九九六)、島田裕巳「宗教とマインド・コントロール」(島田 一九九四)、渡辺学「カルト論への一視点――アメリカのマインド・コントロール論争」(渡辺 一九九八)、島薗進「マインドコントロール論を超えて――宗教集団の法的告発と社会生態論的批判」(島薗 一九九八)。

(4) 「説得と統制の詐欺的・間接的技術に関する専門調査部会報告」「専門調査部会に対する倫理委員会の回答」が櫻井義秀「「マインド・コントロール」論争と裁判――「強制的説得」と「不法行為責任」をめぐって」(櫻井 二〇〇三a:九二―一二九、URLは北海道大学図書館の北海道大学学術成果コレクション〈http://eprints.lib.hokudai.ac.jp/dspace/bitstream/2115/34042/1/109_PL59-175.pdf〉に掲載されている。

(5) 櫻井義秀「「カルト問題」の動向――AFF二〇〇二大会に出席して」(櫻井 二〇〇二d)。これは「新宗教と危害」という部会において、バーカーが統一教会調査の経緯についてフロアから質問された際、回答したのを筆者が直接聞いたものだ。

第七章　カルト問題と公共性

一　本書の要約

カルト問題研究

本書では、「はじめに」において公共性を個人の人権と福祉を守り、社会の秩序や安寧に資する価値や、その価値を維持促進する社会の方向性と措定し、公共性の観点からカルトが社会問題化される一九九〇年から現在までの日本社会を記述してきた。カルトの隆盛は現代的な社会現象と捉えられることが多いが、「宗教」ではない「カルト」が出現したわけではない。日本において人権や公共性に対する意識が鋭敏になったことで、従来は見過ごされてきた特定団体の宗教実践や社会活動が問題視されるようになった。それと同時に、宗教者やメンタルヘルス・法律の専門家が支援者や告発者として問題に介入し、「カルト」「マインド・コントロール」という概念を用いて社会問題がここにあるというアピールを行ったのである。

しかしながら、オウム真理教や統一教会の裁判でもふれたように、カルト視される教団側からも「信教の自由」という公共的価値を論拠として、特定教団への批判や統制を是認するモラルパニックに陥った（と団体側や支援する評論家・研究者は評する）日本社会の硬直性や狭量ぶりが批判された。カルト批判の主要なエージェントであるカルト批判運動（反カルト運動）もカルト的だと揶揄されることがある。このようなカルト批判への批判は、アメリカではカルト論争の一環として一九八〇年代からよくなされたが、日本ではオウム事件や統一教会の霊感商法のようにカルト被害があまりにも深刻であるために、司法的問題解決が先行し、カルト論争は統一教会が十数年仕掛けている例を除いてほとんどなされない（増田 一九九六、魚谷 一九九九）。

ただし、カルト問題への社会的批判が強まり、強力な法曹関係者やメンタルヘルス・教育関係者の理解・バックアップがあるからといって、カルト問題への理解や特定教団が提出するカルト論争、信教の自由擁護の言説に対して効果的で包括的な応答ができたわけではない。一部ではあれ、宗教研究者や法律家、評論家の中から過剰なカルト批判に対する危惧はいくどとなく発せられてきた。バランスのとれた人々、慎重な物言いを心がける人々は、両論併記でまさにカルト論争を認めてきたのだ。

筆者がカルト問題を研究しているのは、カルト論争を超えた地平においてカルト問題解決に寄与する議論をしたいと考えたからに他ならない。この章では、カルト問題研究のみならずカルト批判が社会の公共性を高めることに貢献するという本書の主張を再度確認しようと思う。そのために、本書の内容を簡単にまとめた上で、公共性や公共的世界の概念について検討し、公共的秩序形成を社会学や宗教学ではどのように考えてきたのかをたどるとともに、社会運動としての日本におけるカルト批判運動を展望しながら、章を締めくくりたい。

本書で明らかにしたこと

第I部ではカルト、マインド・コントロール概念の検討を行った。「どんな宗教も最初はカルト」「世の中マインド・コントロールだらけ」といった俗論を退け、「宗教とカルトの間」「自発的選択と教導との境界」といった微妙な問題を慎重に吟味した上で、「カルト」「マインド・コントロール」概念があぶり出そうとした問題を提示した。二つの概念が、人権の擁護、社会的秩序の維持という公共的価値の実現を企図して構成された実践的概念と捉えることで、両概念の限界と有効性が了解できると筆者は考えた。

第Ⅱ部ではマインド・コントロール論争と裁判を公共性の観点から考察した。特に、第四章では、カルト、マインド・コントロール概念の社会的構築という側面を論じた。具体的には、マスメディアによる宗教記事データベースを活用しながら、カルト、マインド・コントロール概念が、誰によって、どのような経緯から日本社会に導入され、特定教団を超えた宗教の諸団体や他の社会集団にまで応用されるようになったのかを見てきた。すなわち、統一教会への入信・脱会を説明するためにカルト批判運動の担い手たちによってマインド・コントロール概念が日本に導入され、カルト概念はカルト批判運動とマスメディアによってオウム真理教の教団や信者の逸脱的・違法行為を説明する際に使用され、他教団へ適用されるようになった。ただし、無限定的な適用を行うのは週刊誌・評論の類であり、新聞は慎重に第三者的用法にこだわる。司法は、法理になじまない概念の使用にはきわめて禁欲的だが、これらの概念によって提起された問題意識を汲む判決を下すようになってきた。

統一教会をめぐる裁判では、日本の違法伝道訴訟とアメリカにおけるカルト論争の論点を詳しく分析しながら、元信者の人権回復がどのように司法で図られたのか、また、教団側に立つ研究者が裁判にどのように介入したのかをも示した。筆者は、社会調査上の方法論的反省が欠如した北米の新宗教研究や英米系宗教社会学の限界を指摘しておいた。

以上の要約をふまえて、ここで改めて初発の問題意識だったカルト問題を通して現代の公共性を問い直すという地点に立ち返ることにしたい。

二　現代社会における公共性

公共性を考える論点

公共性を法哲学の課題として正面から論じようとする井上達夫によれば、公共性を捉える三つの側面があるという。すなわち、①公と私の領域的区別、②公共団体と民間団体という主体による区別、③フォーマルとインフォーマルという手続きによる区別、④公共的理由と私的・特異的理由という理由による区別である（井上達夫編 二〇〇六：五―六）。そして、現代のような多元化した社会においては、①～③における公私の境界が流動的になるという。①でいえば、結婚・出産・子育てという個別家族の営みが日本の人口構造や社会保障制度の存続と大きく関わってきている例をあげれば理解できる。②は行政による地域支援や社会福祉サービスを補完するＮＰＯや企業による地域振興がある。③の例は、政治にも経済活動にも人的つながりによる政策立案や事業展開が考えられるし、災害支援のように緊急を要する問題では、自助・共助（隣組・消防団）が公助（自衛隊出動等）よりも早く多くの人を助けることができるといったことだろう。

このように公私の領域・主体・手続きが相互に重なってきている状況では、何が公共的であるかを考える際、指標となるのは外形的に観察される事柄それ自体ではなく、理由によるとされる。二〇一一年三月一一日の東日本大震災では約三万名近くの死者・行方不明者を出し、数十万の人々の家や家財、生業の手段が奪われた。津波映像や悲嘆に暮れる被災者の姿に胸ふさがれる思いの人々は、イベントや祭りを自粛し、哀悼と共感を示そうとした。東京都知事は花見の宴を控えるよう公園内に掲示させた。しかし、経済活動の縮小は震災復興の最大の障害となる。娯楽・行楽含めて日常の生活を維持継続することこそ、被災地に回す資金を捻出することになるという経済の仕組みは、まさに現代の公共性が個人の動機付けだけではかれないことを示している。

また、井上は、何が公共財であるかは、そのものが有する価値によるし、その価値は政治・経済・歴史的文脈よりも普遍的原理による決定が望ましいとも述べる。公権力の主体が発する言葉が公共性を持つとは限らないし、どのような悪徳であれ無駄であれ消費の拡大は資本主義の発展につながるとまでは言い切れない。日本人や日本文化という伝統を実体化することで排除される人々や多様な文化を考えれば、共同体主義の危うさにも自覚的でなければならない。そういうわけで、井上は、公共性の基準に正義をおき、その正義とは、自分に対しても相手に対しても通用するという反転可能性と、正義や公共性を固定化・実体化せずに常に問い続ける実践の中で具体化するものと考えるのだ。

公共性は具体的な問題状況の中で問われるものというアイディアは本書の中で筆者が提唱している考えに等しい。特定の政治理念や宗教理念の中に公共性があるのではない。また、誰か傑出した指導者だけが公共的理念や正義を語りうるのではない。もちろん、筆者は宗教的理念に基づいて優れた宗教人が公共的理念や正義を語ることを否定するものではない。しかし、公共性や正義は、その言葉に宿るのではなく、その言葉を聞くものとの間に可能性として生まれるというのが実態に近いのではないか。

同じく法哲学者の齋藤純一は、公共性を再定義するという論考の中で、啓かれた人々による自由闊達な談論によって合意形成を生み出す空間を公共圏の誕生とみたドイツの社会哲学者であるユルゲン・ハーバーマスから議論を展開しながらも、人々が互いに了解不可能であることへの懸念を隠さない。そして、ユダヤ人の政治哲学者であるハンナ・アーレントの研究から、公共性に関する三つの示唆を提示する（齋藤 二〇〇〇：一〇二―一〇三）。

アーレントによれば、公共性は社会的に実体化されるもの（全体化の危険性も内包）でもなければ、個人を超えた崇高な価値でもない。個人は他人によって代替不可能な個であり、その個性は他者から完全に了解されるものではない。人と人との距離（集団と集団、国家と国家も同じ）は埋められないし、普遍的理念や制度によって本来的に複数の生が単一の生にまとめ上げられるべきではない。アーレントの言う公共性とは、人々の間に現れるものだ。自己を維持し、他者を承認し、その間を保ちながら、共存する生の様式が政治ということになる。

カルト問題と公共性

おそらく、カルト問題が光を投げかける公共性や公共的世界とは、反面教師的な現れだろう。人々の本来的な生の意義と一人一人の個性が崇高さを称する理念に領有されてしまい、全体的生に自己同一化するしか生の目的がないと思い込まされた人々の存在をカルト視される集団に私たちはみるのではないか。ドグマの正当性を疑わず、手段を選ばずにそれを他者に強要し、受け入れないものには存在の価値を認めない独善性こそ、公共性の対極にある。

そのような生のあり方をも信教の自由の名の下に認めよと主張することは可能だろうか。自らの決断としてそのように生きることを選択した人たちがいるとしたら、それは私たちにとって私たちの生を揺さぶる衝撃的な事実となる。マインド・コントロール概念が提起した問題はここにある。

実のところ、公共性を法哲学や政治哲学で詰めていくと、共同体主義の宗教集団のあり方や、献身や帰依が信仰生活の規範とされる宗教的世界は公共的世界にふさわしくないものと考えられてしまう。つまり、カルトだけではない。宗教というのはそもそも了解不可能な存在や世界観を他者に強要するものではないかという議論すら成立しかねないのだ。筆者はここまでいうつもりはないし、多くの宗教実践には個や個と個の間を喪失させない心の持ち方や生活の仕方の工夫というものがあると思われる。これ以上この議論には立ち入ることはしないが、カルト問題を検討することは宗教のあり方を問い直すことでもある。

宗教が独善性を排し、普遍性をめざそうとしたことは歴史宗教において認められるし、近現代においては、宗教そのものに公共的性格を持たせたり、読み込んだりした学問的営みが現れた。社会の統合的価値を宗教に見いだした社会学の議論にふれておこう。宗教と公共性の関係については二〇〇〇年来の議論がある。

三　カルト批判運動が参画する公共空間

社会運動としてのカルト批判

社会運動とは社会体制や構造の変革を目的としてなされる集団的活動だが、突発的な抗議行動や事件に同調したパニック行動とは、運動の計画性・持続性において区別される。現代の社会運動は、変革の対象となる社会問題、あるいは公共的な問題の性格に応じて、かつての市民社会内部の制度的変革（身分や階級）をめざした直接行動から、自他／公私の領域設定を公共的な課題とする現代的な問題解決を企図した集合的な行為に変わりつつある。問題を考え、異なる意見を持つ人々と対話し、その結果をふまえて行為する人々が社会的インパクトを与えるのであれば、それも社会運動と見なすことができる。

本書ではカルト批判運動によって、特定教団の違法・逸脱的行為が社会問題として構築されてきた過程を描き出した。カルト批判とは、特定教団批判に加えて、自己と他者の境界が権威的個人や集団構造によって破壊されることへの警鐘を含んでおり、このことが精神の呪縛、マインド・コントロール、人格権・財産権の侵害など、多様な切り口から問題視された。従来は、個人的信念の問題、私人間の争いとして、公的機関はもとより第三者が介入すべき事柄ではないと考えられてきたことに、メンタルヘルスの専門家や法律家が関わってきた。宗教者や宗教団体の中にも、異端・異教批判ではなく、自分たちの所属教団含めて信教の自由を問い返す意味で関わる人たちがいる。

カルト批判の社会運動はアメリカからはじまり、ヨーロッパ、日本、中国へと拡大しているが、民間団体のカルト批判がマスメディアを巻き込んで行政・司法にどの程度働きかけられるかは、当該社会の政教関係を反映したものとなっている（櫻井編 二〇〇九a）。アメリカでは一九七八年の人民寺院によるガイアナの集団自殺以降、宗教者、家族などの関係者、マスメディアが個々の事情から個々のカルトを問題視していった活動に、精神病理学や臨床心理の専門家が介入するようになり、「マインド・コントロール」という精神操作の概念や「カルト」という全体主義的組織の概念がうみだされた。個々の地域的反対運動は八〇年代に入り、Cult Awareness Network や American Family Foundation（現在の International Cultic Studies Association）といったカルト情報・相談機関に組織化されていった。

しかし、アメリカでは元信者が教団を訴える裁判は勝訴例が少なく、社会的クレームの申し立てには成功しているものの、実質的な司法・行政上の問題介入は避けられている。キリスト教を文化伝統にすえたヨーロッパ大陸の諸国では、新宗教をセクト運動と呼び、一般社会では強引な勧誘や教化、資金集めを警戒している。しかし、政府の対応は国ごとに分かれる。二〇〇一年にいわゆるセクト法を制定し、精神操作を違法に行ったとみなされた団体に解散を命じるフランスがセクト対策の最右翼に位置している。他の諸国は、政府が行ったセクト問題調査委員会の報告書を見る限り、ベルギー、スペインがセクトによる精神操作を批判的に認識しており、スイス・ドイツは反カルト運動側の見解と宗教社会学側の見解を併せて問題の多面性を認識し、消費者法等の現行法でこの問題に対処する方針を示している。このように、カルト概念はアメリカから世界中に輸出され、中国では法輪功をカルトとして取り締まろうとしている。

日本のカルト批判運動

日本において特定教団の活動に反対する活動が開始されたのは、一九六七年に結成された「原理運動対策父母の会（一九七五年被害者父母の会に再編）」が最初である。その後、一九八七年に「全国霊感商法対策弁護士連絡会」が結成され、統一教会元信者の訴訟を支援している。同連絡会には全国で統一教会に関わる損害賠償請求（霊感商法による購入させられた物品、正体を隠した違法伝道、合同結婚式の婚姻無効）を行う数十名の弁護士他、協力関係にある多数の弁護士が所属している。加えて、連絡会を支援する会員に、統一教会の元信者・家族関係者、宗教者、大学関係者がいる。年に二度開催される全国集会において統一教会の現状や訴訟の進展状況が報告され、カルト問題の啓発的な講演や元信者による統一教会の実態報告も行われている。

近年、若手弁護士が統一教会の訴訟に加わり、同連絡会における弁護士の世代交代は順調に進んでいるように思われる。他の消費者被害同様に損害賠償請求訴訟には判例が確立し、同会創立当初のどこから手を付けたらよいのか分からないという難事件ではなくなってきたことが大きい。統一教会に対する司法的対応は日本が世界で最も進んでいる。同会の弁護士が進めてきた訴訟については第Ⅱ部で詳しく説明してある。

一九九五年のオウム事件以後、子どもの入信に悩む親たちとカウンセリングを行う宗教者やメンタルヘルスの専門家、弁護士が情報交換を行うネットワークを形成し、一九九五年一一月に日本脱カルト研究会（Japan De-Cult Council）が結成され、二〇〇四年に日本脱カルト協会（The Japan Society for Cult Prevention and Recovery）と名称変更した。初代会長は精神科医の高橋紳吾、次いで神学者の浅見定雄、仏教者の楠山泰道、現会長は西田公昭である。同会は、マスメディア・研究者部会、カウンセラー部会、家族・関係者部会という部会制で活動を行っている。マスメディア・研究者部会には、マインド・コントロールを研究する社会心理学者、カルトを研究する宗教研究者、カルト問題に関心を有するジャーナリスト、大学関係者が集まる。カウンセラー部会は、信者の脱会や元信者の精神的リハビリテーションに関わるメンタルヘルスの実務家で組織されている。家族・関係者部会は元信者、元信者の親たちが作ったカルト団体ごとの「親の会」の人たちが関わっている。

日本脱カルト協会の全体の活動は、年二回の会員相互の研修・交流会、年一回の公開講

表7-1　日本脱カルト協会の公開講座

年	タイトル	開催場所
2000	第1回公開講座「世紀末とカルト」	早稲田大学
2001	第2回公開講座「カルトか宗教か」	慶應義塾大学
2002	第3回公開講座「カルト集団による虐待」	上智大学
2005	第1回カルト問題研修会	日本青年会館
2006	公開シンポジウム「メディアとスピリチュアルなサブ・カルチャーの〈あいだ〉」	静岡大学
2007	第2回カルト問題研修会「学校におけるカルト問題―その実態と対策―」	立正大学
2009	2009年公開講座 part1「カルト予防と大学の責任」	北海道大学
2009	2009年公開講座 part2「大学におけるカルト予防の実際と展開」	大阪大学
2010	2010年公開講座「大学におけるカルト問題の今―現場・理論・対策―」	東京国際大学
2011	2011年公開講座「カルト問題からみた大学の役割―対策から教育へ―」	キャンパスプラザ京都
2012	2012年公開講座「大学でカルトに入った私たち―得たもの，そして，失ったもの―」	岡山国際交流センター
2013	2013年公開講座「オウム集団・あの事件は何だったのか？―カルトメンバーと死刑―」	日比谷コンベンションホール
2013	2013年公開講座「被災地をねらうカルト!?―大学やコミュニティでとるべき対策とは―」	日本基督教団（仙台）青葉荘教会
2014	日本社会心理学会第58回公開シンポジウム（JSCPR 共催）「カルト問題とマインド・コンロール論再考―今なお幻想の彼方へ惹かれる若者たち―」	フェリス女学院大学
2015	日本脱カルト協会創立20周年「カルト問題の今後―自由と人権の未来は？―」	立正大学

座である。公開講座の開催は前頁の表の通り。二〇〇〇年から二〇〇二年までは啓発的なカルト問題の解説を一般市民対象に行い、二〇〇五年から二〇〇七年のカルト問題研修会では教育・宗教・メンタルヘルスの分野でカルト問題に対応している実務者対象の講座を開催、二〇〇九年以降は大学の学生相談・学生支援に携わる教職員への啓発的な講座を開いている。公開講座のテーマや対象者の設定は、日本社会におけるカルト問題への関心の低下をまず防ぐことと、カルト問題の現場がキャンパス内の勧誘問題に移行していることを示している。

筆者は、全国霊感商法対策弁護士連絡会と日本脱カルト協会の会員として活動に参加しているが、この二団体以外にもカルト問題の対応に従事する団体や個人は少なくない。日本基督教団の統一原理問題連絡会は二〇年来の活動のなかで、韓国の大韓イエス長老会統合異端対策委員会、大韓イエス長老会類似キリスト教相談所、韓国基督教統一教対策協議会と連携して、韓国在住の日本人女性信者への対応含めた統一教会問題の対応を継続している。真理のみことば伝道協会で中心的働きを行うウィリアム・ウッドは、二〇〇二年に埼玉県にカルト研究・リハビリーセンターを設立し、エホバの証人、統一教会問題等の対応にあたっている。パスカル・ズゥヴィは、一九九四年に札幌でマインド・コントロール研究所を設立し、カルト団体信者の脱会カウンセリングやリハビリテーションを行っている。日本で最初にカルト元信者のためのリハビリテーション施設を立ち上げたのが川崎経子であり、二〇〇二年にNPO法人「小諸いのちの家」開設以来、年間数十名のカルト元信者、DV被害者に対して数日から数週間の滞在型カウンセリングやリハビリテーションを提供し、その志と活動は白河教会の牧師竹迫之に継承されている。

著作やホームページでカルト問題を解説しているキリスト教の牧師では、聖神中央教会の問題解決に力を尽くした京都アッセンブリー教会の村上密牧師、統一教会問題の詳しい解説を提供する真理のみことば伝道協会倉敷めぐみ教会の高山正治牧師、エホバの証人問題に著作の多い日本バプテスト教会連合大野キリスト教会の中澤啓介牧師、日本基督教団では岡崎西尾教会の杉本誠牧師、戸塚教会の黒鳥栄牧師、埼玉県行田教会の清水与志雄牧師がおり、統一教会関係の裁判にも関わった。他にもカルト問題に積極的に関わる牧師がいる。キリスト教会関係者以外では、真宗大谷派青少年センターが二〇〇四年より、宗派内信徒向けであるがカルト予防のパンフレットを作成し、日蓮宗では社会福祉法人立正福祉会青少年こころの相談室において楠山泰道（大明寺住職）が三〇年来カルト問題の家族相談に取り組んでいる。

これらの宗教者や教団対応以外にも、元信者・現信者の親や家族が組織する「家族の会」がカルト批判運動の担い手となっている。統一協会被害者家族の会は、一九七五年に設立された「被害者父母の会」を引き継ぐものではなく、二〇〇三年に新たに統一教会元信者の家族によって設立された。この団体の主な活動は統一教会に入信した子どもや配偶者、親を持つ家族の相談を行うことで、メールや電話（週二回午後）で受け付け、金銭的被害や全国霊感商法対策弁護士連絡会へ、入信・脱会の相談は先に記載した牧師等へ紹介も行う。

オウム真理教では、オウム真理教家族の会（旧称被害者の会）とオウム被害者の会がある。オウム真理教家族の会は、一九八九年、入信した子どもを脱会させるために「オウム真理教被害者の会」として永岡弘行が設立し、相談者の坂本堤弁護士一家が殺害され、自身もオウムのVXガスで重傷を負うなどの困難にもかかわらず、現在まで活動を継続している。一九九五年の地下鉄サリン事件まで、唯一オウム真理教を批判し続けた団体である。現在は、オウム真理教（現アレフやひかりの輪）に入信した子どもの親の相談や、執行直前までオウム死刑囚の死刑回避運動を行っていた。死刑に反対する理由は、教祖松本智津夫以外の実行犯はマインド・コントロールされた被害者としての一面もあることと（教祖と同程度の罪ではない）、一生かけて罪を悔悟し、教団犯罪の事実と意味を明らかにすることができるカルト事件の生き証人として彼らを生かすべきではないかというものだ。他方、サリン事件で駅職員の夫を失った高橋シズヱが代表を務める「地下鉄サリン事件被害者の会」は、教祖以下犯罪実行役の幹部信者たちの死刑を支持し、サリン事件を含めた犯罪・テロの被害者救済のための活動を継続している。

カルト批判運動とマスメディア

日本においてカルト問題を社会問題として構築することに直接的な力を持ったのはカルトに批判的なマスメディアだった。しかし、新聞・雑誌記者、テレビ番組の制作者に対して情報を提供してきたのが、これまで述べてきたカルト批判団体に属する専門家や親の会だった。カルト関連の裁判において争点がどこにあるのか、判決の論点・法理がどのように構成されているのかは、事件担当の記者であっても弁護士の解説なしに理解することは難しい。元信者や被害者への取材も、上記団体や個人の仲介なしではできない。

このようにカルト問題の構築において協力関係にあるカルト批判団体とメディアだが、互恵的関係の維持はそれほど簡単ではない。一九九五年のオウム事件から二〇〇〇年までは、批判団体にはメディアから取材が殺到し、情報を欲するメディアにカルト論、マインド・コントロール論の解説を加えて情報を提供できた。しかし、二〇〇〇年以降、二〇〇一年の九・一一事件によってテロリズムと原理主義的宗教への関心が喚起されたものの、マスメディアはカルト問題を視聴者や読者の関心事としては扱わなくなった。むしろ、スピリチュアリティ・ブームの片棒を担ぐ霊能番組を流すなど、カルト批判団体とは対立した。

二〇〇七年、フジテレビの番組においてスピリチュアルカウンセラーを称する江原啓之が霊視を行った。局側の誤って伝えた事前情報を江原がそのまま霊視の解釈に使い、そのまま放送された。全国霊感商法対策弁護士連絡会は、番組には「霊界や死後の世界を安易に信じこませる効果」があり、霊感・霊視商法などに巻き込まれる人々を増やすことになること、事実、統一教会はビデオセンターでこれらの番組を教材に使用していることを指摘する申し入れを放送倫理・番組向上機構に行った。最終的に、同機構の放送倫理検証委員会は番組には制作上の倫理に反した問題があったことを認め、フジテレビに注意を促した。

日本脱カルト協会でも、二〇〇六年の公開講座において、スピリチュアリティ・ブームがオウム真理教と地下水脈でつながっていることを確認し、江原啓之や細木数子の霊能番組をゴールデンタイムに組むマスメディアの姿勢を批判した。筆者も二〇〇九年に『霊と金』という新書で、霊能番組が若者に深刻な影響を与えていることを宗教意識調査のデータに基づいて指摘し、宗教やスピリチュアリティに関わるリテラシーを高めることがカルト問題に巻き込まれることを防ぐ方策であることを提言した（櫻井 二〇〇九b）。

批判団体はこのような注意喚起を継続的に行っているが、批判団体側がメディアに要求してもカルト問題を大きく扱うことはなくなっている。この点は、第四章のマスメディアによるカルト問題の社会的構築の箇所で述べたとおりだ。現在、この点を補っているのがインターネットを利用した情報発信であり、カルト問題に関する情報は圧倒的にカルト批判団体や個人が運営するサイト情報である。

ただし、当のカルト視される団体側が対抗的サイトを立ち上げるなどして、一般市民にはどちらの言い分が正しいのか判断に困る状況も出現している。この状況に拍車をかけるのが、ネット世界のウォッチャー（オウム真理教であればオウマー）や、カルトの過剰な社会問題化を訝しがる評論家たちの言説である。日本のマスメディアがカルト問題の存在を看過し、スピリチュアリティ番組で視聴率を稼いでいる間に、宗教やスピリチュアリティに関わる規範意識も倫理観も薄れ、情報の多元化・複雑化だけを進行させたのだ。そうすると、おそらく、カルト問題に関わる現場、すなわち身近な人が巻き込まれた、あるいは職責上この問題に関わらざるをえない人を除いて、一般市民は錯綜する多様な情報の中で取捨選択の基準を構築することができないのではないかと思われる。そして、そのことはカルト批判団体においても、適切な情報処理と組織的対処能力の向上において課題を残すことになっている。

カルト批判運動の課題

カルト批判運動もまた、社会運動や運動団体が抱える一般的な課題に直面する。批判団体は、設立当初、批判活動に同意する同士によって形成されるが、その後にさまざまな立場や見解・利害を持ち込む人々を巻き込みながら運動を拡大する中で、組織内部の意思統一や意見の調整に手間取るようになる。運動参加者や支援者が多様化・多元化しなければ運動は拡大しないのだが、情報処理に負荷がかかるために運動が掲げた目標に不同意のものには組織内外において非寛容にならざるをえない。また、当初の目標達成まで予想以上の時間を要するようになると、目的達成よりもメンバーの関係性維持や自己実現の方に価値が置かれることになる（大畑 二〇〇四）。とりわけ、現代の社会運動は自己変革も伴う社会変革を志向する特徴を有するので、メンバーへの同調欲求が強く感じられる側面もある。

反カルト運動もカルト的と揶揄される状況は極力回避されるべきだ。そのためには、差異性を媒介する運動の目標設定や組織作りが重要になる。差異性の媒介とは、批判的視点の複数性と相対性を承認することであり、立場性や現場を異にするもの同士が目標達成のために協働できる局面を模索することだ。おそらく、批判団体内部においてこの問題が解消されないのであれば、批判団体がカルト視される団体と社会の側を仲介することは不可能と言わざるをえない。双方のインターフェースとして活動できるかどうかは、目標の設定の妥当性と媒介者としての経験がものをいうだろう。

日本のカルト批判運動には特定教派・宗派から異端的宗教を論難するものは少ない。社会問題性の指摘・解決が活動目標となっているものが大半だ。そうであれば、なおさら批判的視点の複数性や相対性を前提に運動を構築していかない限り、一般市民を巻き込むものとはならないだろうし、日本における適切で効果的な問題提示を行うことはできないだろう。

カルト批判運動は、マスメディアを動員しながら社会問題の提示を行い、成功したという意味で公共的世界の形成に参画している。もし、草の根的な市民運動なしにマスメディアだけがカルト問題に関わっていたとしたら、カルト問題が社会問題であるという認識は日本に生まれなかっただろう。しかし、現在、風向きは変わっている。今後、カルト批判運動が問題を解決する主体としての力量を高めるためには、さらなる運動の自己改革が求められる。運動を継続するうちに、組織の目的を固定化・実体化することは避けなければならない。カルトを批判する側が絶対的に正しく、カルト側が全体的に間違いという認識の枠組みだけではきわめて危うい。何が正しく、何が公共的観点から妥当ではないのかについては、批判対象のみならず、自己についても常に問い続けるべき課題である。

これは筆者自身が、カルト批判運動に参画していることから、自戒を込めて書いている。カルト問題研究には机上で諸理論をつきあわせるだけの複眼的思考を超えた実践の場から立ち上がる理論への思考も必要とされる。そして、研究が運動的性格を持たざるをえないこと、そのことが公共的議論をも喚起する。

カルト問題研究やカルト批判運動が参画し、市民や当のカルト視される団体をも巻き込みながら形成する社会の公共性は、未だ達成されたということはないし、今後も簡単に実現されることはないだろう。しかしながら、個人の精神的独立・自律と差異性の尊重、そうした個人同士が協働して形成する公共的空間において、カルト的人間形成や組織の論理がどれほど人間社会を危うくするかについて声を上げていくことの意義は今後も変わることはない。

Amitrani, Alberto and Di Marzio, Raffaella, 2000, "Mind Control" in New Religious Movements and the American Psychological Association, *Cultic Studies Journal* 17: 101–121.

Barker, Eileen, 1984, *The Making of a Moonie, Choice or Brainwashing?* Gregg Revivals, Aldershot.

Barker, Eileen, 1995, The Scientific Study of Religion? You Must Be Joking! *Journal of the Scientific Study of Religion* 34–3: 287–310.

Beckford, James A., 1978, Accounting for Conversion, *British Journal of Sociology* 29–2: 249–261.

Beckford, James A., 1983, Some Questions about the Relationship between Scholars and the New Religious Movements, *Sociological Analysis* 44–3: 189–196.

Bellah, Robert, 1957, *Tokugawa Religion: the Culture Roots of Modern Japan*, Free Press＝ロバート・ベラー、一九六二、堀一郎・池田昭訳『日本の近代化と宗教倫理――日本近世宗教論』未來社。

Bellah, N. Robert, 1970, *Beyond Belief: Essays on Religion in a Post-traditional World*, Harper & Row＝ロバート・ベラー、一九七三、河合秀和訳『社会変革と宗教倫理』未來社。

Bellah, N. Robert, 1975, *The Broken Covenant: American Civil Religion in Time of Trial*, University of Chicago Press＝ロバート・ベラー、一九八三、松本滋・中川徹子訳『破られた契

約——アメリカ宗教思想の伝統と試練』未來社。

Benford, Robert D. and Snow, David A., 2000, Framing Processes and Social Movements: An Overview and Assessment, *Annual Review of Sociology* 26: 611–639.

Bromley, David G., 1998, *The Politics of Religious Apostasy: The Role of Apostates in the Transformation of Religious Movements*, Praeger Publishers.

Bromley, David G. and Cutchin, D. G., 1999, The Social Construction of Subversive Evil, eds. by Jo Freeman and Victoria Johnson, *Waves of Protest*, Rowman & Littlefield Publishers, Inc., pp. 195–218.

Brown, Daniel P., Scheflin, Alan W. and Hammond, D. Corydon, 1998, *Memory, Trauma Treatment, and the Law*, W. W. Norton & Company.

Casanova, Jose, 1994, *Public Religions in the Modern World*, University of Chicago Press＝ホセ・カサノヴァ、一九九七、津城寛文訳『近代世界の公共宗教』玉川大学出版部。

Hammond, Phillip E. and Machacek, David W., 1999, *Soka Gakkai in America: Accommodation and Conversion*, Oxford University Press.

Hassan, Steven, 1988, *Combating Cult Mind Control*, Park Street Press＝スティーヴン・ハッサン、一九九三、浅見定雄訳『マインド・コントロールの恐怖』恒友出版。

Huntington, Samuel P., 1996, *The Clash of Civilizations and the Remaking of World Order*, Simon & Schuster＝サミュエル・ハンチントン、一九九八、鈴木主悦編訳『文明の衝突』集英

社。

Kaplan, David E. and Marshall, Andrew, 1996, *The Cult at the End of the World: the Terrifying Story of the Aum Doomsday Cult, from the Subways of Tokyo to the Nuclear Arsenals of Russia*, Crown Publishers, Inc.

Kilbourne, Brock, 1988, Paradigm Conflict, Types of Conversion, and Conversion Theories, *Sociological Analysis* 50-1: 1-21.

Kim, Byong-suh, 1979, Religious Deprogramming and Subjective Reality, Sociological Analysis 40-3: 197-207.

Lawrence, Peter, 1987, Cargo Cults, *The Encyclopedia of Religion* vols. 3 and 4, Macmillan Publishing Company.

Lofland, John, 1977, "Becoming a World-Saver" Revised, *American Behavioral Scientist* 20-6: 805-819.

Lofland, John and Skonovd, Norman, 1981, Conversion Motifs, *Journal for the Scientific Study of Religion* 20-4: 373-385.

Lofland, John and Stark, Rodney, 1965, Becoming a World-Saver: a Theory of Conversion to a Deviant Perspective, *American Sociological Review* 30: 862-875.

Marty, Martin E., 1998, public religion, ed. by William H. Swatos, Jr., *Encyclopedia of Religion and Society*, AltaMira Press, A Division of Sage Publications, Inc.（電子版）

Melton, Gordon, 1986, *Cults in America*, Garland Publishing, Inc.
Miki, Hizuru, 1995, Towards a New Paradigm of Religious Organizations, *International Journal of Japanese Sociology* 8: 141–159.
Miyamoto, Yotaro, 1999, The Family of Religion, Religion of Family: A Case Study of the Unification Church, 『宗教と社会』五号、六一—八六頁。
Nelson, Geoffrey, 1968, The Spiritualist Movement and the Need for a Redefinition of Cult, *Journal for the Scientific Religion* 8–1: 152–160.
Putnam, Robert D., 2000, *Bowling Alone: the Collapse and Revival of American Community*, Simon & Schuster＝ロバート・パットナム、二〇〇六、柴内康文訳『孤独なボウリング——米国コミュニティの崩壊と再生』柏書房。
Richardson, James T. and Introvigne, Massimo, 2001, "Brainwashing" Theories in European Parliamentary and Administrative Reports on "Cults" and "Sects," *Journal for the Scientific Religion* 40–2: 143–168.
Robbins, Thomas, 1988, *Cults, Converts & Charisma*, Sage Publications, Inc.
Robertson, Roland, 1985, Scholarship, Partisanship, Sponsorship and "The Moonie Problem": A Comment, *Sociological Analysis* 46–2: 179–184.
Shupe, Anson and Bromley, David G., 1994, The Modern Anti-Cult Movement 1975–1991: A Twenty-Year Retrospective, eds. by Anson Shupe and David G. Bromley, *Anti-Cult*

Movements in Cross-Cultural Perspective, Garland Publishing, Inc., pp. 3-32.

Singer, Margaret with Janja Lalich, 1995, *Cults in our Midst*, Jossey-Bass, Inc.＝マーガレット・シンガー、一九九五、中村保男訳『カルト』飛鳥新社。

Stark, Rodney and Bainbridge, William Sims, 1979, Of Churches, Sects, and Cults: Preliminary Concepts for a Theory of Religious Movements, *Journal for the Scientific Religion* 18-2: 117-133.

Stark, Rodney and Bainbridge, William Sims, 1980, Towards a Theory of Religions: Religious Commitment, *Journal for the Scientific Religion* 19-2: 114-128.

Stark, Rodney and Bainbridge, William Sims, 1981, Secularization and Cult Formation in the Jazz Age, *Journal for the Scientific Religion* 20-4: 360-373.

Stark, Rodney and Bainbridge, William Sims, 1985, *The Future of Religion*, University of California Press.

Wilson, Bryan and Dobbelaere, Karel, 1994, *A Time to Chant: The Soka Gakkai Buddhists in Britain*, Clarendon Press.

Wright, Stuart A., 1984, Post-Involvement Attitudes of Voluntary Defectors from Controversial New Religious Movements, *Journal for the Scientific Religion* 23-2: 172-183.

Wright, Stuart A., 2002, Public Agency Involvement in Government-Religious Movement Confrontations, eds. by David G. Bromley and Melton J. Gordon, *Cults, Religion & Violence*,

Cambridge University Press, pp. 102–122.

ウィルソン、ブライアン、二〇〇二、中野毅・栗原淑江訳『宗教の社会学――東洋と西洋を比較して』法政大学出版局（Bryan R. Wilson, *Religion in Sociological Perspective*, Oxford University Press, 1982）。

ウェーバー、マックス、一九七二ａ、大塚久雄・生松敬三訳『宗教社会学論選』みすず書房（Max Weber, Vorbemerkung, *Gesammelte Aufsätze zur Religionssoziologie*, 3 Bde., 1920–1921の第一巻の抄訳）。

ウェーバー、マックス、一九七二ｂ、大塚久雄・生松敬三訳「世界宗教の経済倫理　序言」『宗教社会学論選』みすず書房、三三―九六頁。

ウッド、ウィリアム、二〇〇三『教会がカルト化するとき』いのちのことば社。

ガードナー、リチャード、二〇〇四「裁かれる教祖と日本社会」『ニューズウィーク日本版』三月三日号、一四―一五頁。

コント、オーギュスト、一九七〇、霧生和夫訳「実証精神」『世界の名著36　コント、スペンサー』中央公論社、一四一―二三三頁（Auguste Comte, *Discours sur l'esprit positif*, Barilian-Goeury et vor Dalmont, 1842）。

サンデル、マイケル、一九八九、菊池理夫訳『自由主義と正義の限界』三嶺書房（Michael J. Sandel, *Liberalism and the Limits of Justice*, Cambridge University Press, 1982）。

ズィヴィ、パスカル、一九九五『マインド・コントロールからの脱出――統一教会信者たちのこころ』恒友出版。

ズィヴィー、パスカル、二〇〇二『「信仰」という名の虐待』いのちのことば社。

チャルディーニ、ロバート、一九九一、社会行動研究会訳『影響力の武器――人はなぜ動かされるのか』誠信書房（Robert B. Cialdini, *Influence: Science and Practice*, Scott, Foresman and Company, 1988）。

デュルケム、エミール、一九六四、麻生誠・山村賢明訳『道徳教育論　1・2』明治図書（Emile Durkheim, *L'éducation morale*, 2 (Cours dispensé en 1902-1903 à la Sorbonne), Paris: Librairie Félix Alcan, 1934）。

デュルケム、エミール、一九七五、古野清人訳『宗教生活の原初形態』岩波書店（Emile Drukheim, *Les formes elementaires de la vie religieuse: le systeme totemique en Australie*, 5e ed., Paris: Presses Universitaires de France, 1912）。

トクヴィル、アレクシス・ド、一九八七、井伊玄太郎訳『アメリカの民主政治　上・中・下』講談社（Alexis de Tocqueville, *De la democratie en Amerique*, Paris: Pagnerre, 1850）。

ドベラーレ、カレル、一九九二、ヤン・スィンゲドー／石井研士訳『宗教のダイナミックス――世俗化の宗教社会学』ヨルダン社（Karel Dobbelaere, Secularization: A multi-dimensional concept, *Current Sociology* 29-2: 1-213, 1981）。

トレルチ、エルンスト、一九八一、住谷一彦他訳「キリスト教社会哲学の諸時代・諸類型」『トレルチ著作集7』ヨルダン社（Ernst Tröltsch, Einleitung und methodische Vorfragen aus: Die soziallehren der christlichen Kirchen und Gruppen, *Gesammelte Schriften*, Bd. 1, Tübingen, 1912)。

パーソンズ、タルコット、一九七七、井門富二夫訳『近代社会の体系』至誠堂（Talcott Parsons, *The System of Modern Societies Englewood Cliffs*, NJ: Prentice Hall, 1971)。

ハーマン、ジュディス、一九九七、中井久夫訳『心的外傷と回復』みすず書房（Judiths L. Herman, *Trauma and Recovery*, Basic Books, 1993)。

フリック、ウヴェ、二〇〇二、小田博志・山本則子・春日常・宮地尚子訳『質的研究入門——人間の科学のための方法論』春秋社（Uwe Flick, *Qualitative Forschung*, Rowohlt Taschenbuch Verlag, 1995)。

マクナミー、シーラ／ガーゲン、ケネス・J、一九九七、野口祐二・野村直樹訳『ナラティヴ・セラピー』金剛出版（Sheila Mcnamee and Kenneth J. Gergen, *Therapy and Social Construction*, Sage Publications, Inc., 1992)。

ミューラー、ハンスフリード、一九八七、雨宮栄一・森本あんり訳『福音主義神学概説』日本基督教団出版局（Hansfried Müller, *Evangelische Dogmatik im Überblick, Evang*. Verl.-AnstH, 1978)。

リフトン、ロバート・J、一九七九、小野康博訳『思想改造の心理』誠信書房（Robert Jay Lifton, *Thought Reform and the Psychology of Totalism*, W. W. Norton & Co., 1961)。

ルソー、ジャン＝ジャック、一九五四、桑原武夫訳『社会契約論』岩波書店（Jean-Jacques Rousseau, *Le Contrat Social ou Principes du droit politique* (orthographe modernisée), 1762)。

ロフタス、エリザベス／ケッチャム、キャサリン、二〇〇〇、仲真紀子訳『抑圧された記憶の神話——偽りの性的虐待の記憶をめぐって』誠信書房（Elizabeth F. Loftus and Katherine Ketcham, *The Myth of Repressed Memory*, St. Martin's Press, 1994)。

ワースレイ、ピーター、一九八一、吉田正紀訳『千年王国と未開社会——メラネシアのカーゴ・カルト運動』紀伊國屋書店（Peter M. Worsley, *The Trumpet Shall Sound*, MacGibbon & Kee, 1957)。

秋庭裕・川端亮、二〇〇四『霊能のリアリティへ——社会学、真如苑に入る』新曜社。

秋庭裕・川端亮、二〇〇五「リプライ」『宗教と社会』一一号、一五〇—一五三頁。

浅野健一、二〇〇四「犯人扱いに反省ないメディア企業」『週刊金曜日』三月五日号。

麻原彰晃、一九八五『ザ・超能力秘密の開発法』大和出版。

麻原彰晃、一九八六a『生死を超える』大和出版。

麻原彰晃、一九八六b『イニシエーション』大和出版。

浅見定雄、一九八七『統一協会＝原理運動——その見極めかたと対策』日本基督教団出版局。

荒井荒雄、一九七一、一九七二、一九七六、一九七八、一九七九『日本の狂気　一—六』青村出版社。

有泉亮・我妻榮、一九六三『民法2　債権法』一粒社。

有田芳生、一九九〇『原理運動と若者たち』教育史料出版会。

有田芳生、一九九二『統一教会とは何か――追いこまれた原理運動』教育史料出版会。

粟津賢太、二〇〇四「記憶の場の成立と変容――欧米における戦没記念施設を中心に」国際宗教研究所・井上順孝・島薗進編『新しい追悼施設は必要か』ぺりかん社、二四五―二六七頁。

李元範・櫻井義秀編著、二〇一一『越境する日韓宗教文化――韓国の日系新宗教 日本の韓流キリスト教』北海道大学出版会。

井門富二夫、一九七四『神殺しの時代』日本経済新聞社。

幾代通、一九七八『不法行為』筑摩書房。

池内了、二〇〇八『疑似科学入門』岩波書店。

伊藤幹治、一九八二『家族国家観の人類学』ミネルヴァ書房。

伊藤雅之・樫尾直樹・弓山達也編、二〇〇四『スピリチュアリティの社会学――現代世界の宗教性の探求』世界思想社。

稲垣久和・金泰昌編、二〇〇六『公共哲学16　宗教から考える公共性』東京大学出版会。

井上達夫編、二〇〇六『公共性の法哲学』ナカニシヤ出版。

井上順孝、一九九九『若者と現代宗教――失われた座標軸』筑摩書房。

井上順孝・孝本貢・対馬路人・中牧弘允・西山茂編、一九九〇『新宗教事典』弘文堂。

井上順孝・宗教情報リサーチセンター編、二〇一一『情報時代のオウム真理教』春秋社。

井上治代、二〇〇三『墓と家族の変容』岩波書店。

井上芳保、二〇〇〇「消費社会の神話としてのカウンセリング」日本社会臨床学会編『カウンセリング・幻想と現実』現代書館、二一二—二五七頁。

猪瀬優理、二〇〇二「脱会プロセスとその後——ものみの塔聖書冊子協会の脱会者を事例に」『宗教と社会』八号、一九—三八頁。

魚谷俊輔、一九九九『統一教会の検証』光言社。

内野正幸、一九九八「自己決定権と平等」『現代の法14　自己決定権と法』岩波書店、三—二九頁。

瓜生津隆真、二〇〇一、基調講演「宗教倫理学会設立の意義」『宗教と倫理』一号、一一—一五頁。

江川紹子、一九九一『救世主の野望——オウム真理教を追って』教育史料出版会。

遠藤浩・幾代通編、一九八〇『民法入門　改訂版』有斐閣。

大石眞、一九九三「いわゆるセクトをめぐる法律問題（三・完）——教会・国家関係の新局面」『法政研究』五九巻二号、二二九—二六三頁。

太田好信、二〇〇一『民族誌的近代への介入』人文書院。

大谷栄一、二〇〇五「宗教社会学者は現代をどのように分析するのか——社会学における宗教研究の歴史と現状」『社会科学基礎論研究』四号、七六—九五頁。

大谷栄一・川又俊則・菊池裕生編著、二〇〇〇『構築される信念——宗教社会学のアクチュアリティを求めて』ハーベスト社。

大畑裕嗣、二〇〇四「モダニティの変容と社会運動」曽良中清司・長谷川公一・町村敬志・樋口直人編『社会運動という公共空間——理論と方法のフロンティア』成文堂。

小沢牧子、二〇〇二『こころの専門家はいらない』ＰＨＰ。

樫尾直樹、二〇〇一「カルト人類学の視座？　日仏比較カルト／セクト論」『自由と正義』五二号、八八―一〇一頁。

樫村愛子、二〇〇三『「心理学化する社会」の臨床社会学』世織書房。

川崎経子、一九九〇『統一協会の素顔――その洗脳の実態と対策』教文館。

假谷実、二〇〇四「実行犯との対決」『文藝春秋』四月号、二九三―二九五頁。

菊池裕生、二〇〇〇「物語られる「私」（self）と体験談の分析――真如苑「青年部弁論大会」のコンテクストに注目して」大谷栄一・川又俊則・菊池裕生編著『構築される信念――宗教社会学のアクチュアリティを求めて』ハーベスト社、三五―六〇頁。

黒田宣代、二〇〇六『「ヤマギシ会」と家族――近代化・共同体・現代日本文化』慧文社。

小池靖、二〇〇七『セラピー文化の社会学――ネットワークビジネス・自己啓発・トラウマ』勁草書房。

小泉洋一、二〇〇五『政教分離の法――フランスにおけるライシテと法律・憲法・条約』法律文化社。

公安調査庁、二〇一二『内外情勢の回顧と展望』。

孝本貢、二〇〇一『現代日本における先祖祭祀』御茶の水書房。

郷路征記、一九九三『統一協会マインド・コントロールのすべて――人はどのようにして文鮮明の奴隷になるのか』教育史料出版会。

齋藤純一、二〇〇〇『公共性』岩波書店。

榊博文、二〇〇二『説得と影響――交渉のための社会心理学』ブレーン出版。

佐川一政、二〇〇二「凶悪犯罪に群がる進歩的文化人の本音とは」『月刊サイゾー』一一月号、八一頁。

櫻井義秀、一九九六「オウム真理教現象の記述をめぐる一考察――マインド・コントロール言説の批判的検討」『現代社会学研究』九号、七四―一〇一頁。

櫻井義秀、一九九九「カルト批判への展望」『中外日報』九月二日。

櫻井義秀、二〇〇二a「「宗教被害」と人権・自己決定をめぐる問題――統一教会関連の裁判を中心に」『現代社会学研究』一五号、六三―八一頁。

櫻井義秀、二〇〇二b「日本における「カルト問題」の形態――宗教社会学的「カルト」研究の課題」南山宗教文化研究所編『宗教と社会問題の間――カルト問題を考える』青弓社、一〇〇―一一八頁。

櫻井義秀、二〇〇二c「「カルト」調査研究の課題」『宗教と社会』八号、二四五―二四九頁。

櫻井義秀、二〇〇二d「「カルト問題」の動向――AFF二〇〇二大会に出席して」『中外日報』八月六日、八日。

櫻井義秀、二〇〇三a「「マインド・コントロール」論争と裁判――「強制的説得」と「不法行為責任」をめぐって」『北海道大学大学院文学研究科紀要』一〇九号、五九―一七五頁。

櫻井義秀、二〇〇三b「宗教／ジェンダー・イデオロギーによる「家族」の構築――統一教会女性信者を事例に」『宗教と社会』九号、四三―六六頁。

櫻井義秀、二〇〇四a「現代のカルト問題と宗教情報教育の可能性」『高等教育ジャーナル――高等教育と生涯学習』一二号、五一―六〇頁。

櫻井義秀、二〇〇四b「カルト論の現代的射程」『現代社会学研究』一七号、一―一九頁。

櫻井義秀、二〇〇四c「世俗化の限界、政教分離への異論」島薗進編著『講座宗教9　挑戦する宗教』岩波書店、七五―一〇三頁。

櫻井義秀、二〇〇四d「カルト問題と社会秩序（一）――麻原判決とオウム報道」『北海道大学大学院文学研究科紀要』一一四号、一六三―二二二頁。

櫻井義秀、二〇〇四e「教団発展の戦略と「カルト」問題――日本の統一教会を事例に」伊藤雅之・樫尾直樹・弓山達也編著『スピリチュアリティの社会学――現代世界の宗教性の探求』世界思想社、二〇五―二二四頁。

櫻井義秀、二〇〇五「「カルト」問題における調査研究の諸問題――フレーミングとナラティブをめぐって」『年報　社会科学基礎論研究』四号、五七―七五頁。

櫻井義秀、二〇〇六『「カルト」を問い直す――信教の自由というリスク』中央公論新社。

櫻井義秀、二〇〇九『霊と金――スピリチュアル・ビジネスの構造』新潮社。

櫻井義秀、二〇一二「書評　『情報時代のオウム真理教』」『宗教研究』八六巻一号、一六八―一七四頁。

櫻井義秀・中西尋子、二〇一〇『統一教会――日本宣教の戦略と韓日祝福』北海道大学出版会。

櫻井義秀編、二〇〇九『カルトとスピリチュアリティ――現代日本における「救い」と「癒し」のゆくえ』ミネルヴァ書房。

塩谷政憲、一九八六「宗教運動への献身をめぐる家族からの離反」森岡清美編『近現代における「家」の変質と宗教』新地書房、一五三―一七四頁。

島薗進、一九九二『現代救済宗教論』青弓社。

島薗進、一九九六「聖の商業化――宗教的奉仕と贈与の変容」島薗進・石井研士編『消費される宗教』春秋社、八八―一一〇頁。

島薗進、一九九七『現代宗教の可能性――オウム真理教と暴力』岩波書店。

島薗進、一九九八「マインドコントロール論を超えて――宗教集団の法的告発と社会生態論的批判」『精神医学』四〇巻一〇号、一〇四四―一〇五二頁、四〇巻一一号、一一四四―一一五三頁。

島薗進編、一九九二『救いと徳――新宗教信仰者の生活と思想』弘文堂。

島田裕巳、一九九〇「オウム真理教はディズニーランドである」『別冊宝島114　いまどきの神サマ』JICC出版局、二八―四五頁。

島田裕巳、一九九四「宗教とマインド・コントロール」『季刊AZ』三三号、一二四―一二九頁。

島田裕巳、一九九五「独占取材！　サリン製造工場か⁉　疑惑の施設「第七サティアン」」『宝島30』三月号、三一―三六頁。

島田裕巳、二〇〇一『オウム――なぜ宗教はテロリズムを生んだのか』トランスビュー。

宗教事情調査委員会、一九九六『国民議会「フランスにおけるセクト（カルト）教団」――調査委員会リポート no.2468 情報資料』天理教。原文は、次のサイトを参照のこと（二〇一三年八月一二日閲覧）。http://www.assemblee-nationale.fr/rap-enq/r2468.asp
宗教事情調査委員会、二〇〇一『ベルギー議会報告「ベルギーにおけるセクト（カルト）教団」』天理教。原文は、次のサイトを参照のこと（二〇一三年八月一二日閲覧）。http://www.prevensectes.com/rapportb.htm
宗教法人オウム真理教、一九九四―九五『ヴァジラヤーナコース　教学システム教本』特別総本部第二上九。

消費者法ニュース発行会議、二〇〇三「宗教トラブル特集」『消費者法ニュース』別冊。

白水寛子、一九七八「変化エージェントとしての新宗教の霊能者」森岡清美編『変動期の人間と宗教』未來社、七一―九五頁。

杉本誠・名古屋「青春を返せ訴訟」弁護団編著、一九九三『統一協会信者を救え――杉本牧師の証言』緑風出版。

青春を返せ裁判（東京）原告団・弁護団編、二〇〇〇『青春を奪った統一協会』緑風出版。

瀬戸山晃一、一九九七「現代法におけるパターナリズムの概念――その現代的変遷と法理論的含意」『阪大法学』四七巻二号、二三三―二六一頁。

全国統一協会被害者家族の会編、二〇〇五『自立への苦闘』教文館。

全国霊感商法対策弁護士連絡会・日本基督教団統一原理問題連絡会・全国原理運動被害者父母の会編、一九九七『統一協会合同結婚式の手口と実態』緑風出版。

副島嘉和・井上博明、一九八四「これが「統一教会」の秘部だ」『文藝春秋』七月号、一三四―一五一頁。

高木宏夫、一九五九『日本の新興宗教』岩波書店。

高橋紳吾、二〇〇一「社会的問題を起こす新たな社会病理に関する研究」吉川武彦『厚生科学研究費補助金特別研究事業　社会的問題行動を起こす新たな精神病理に関する研究』一九―四七頁。

滝本太郎・永岡辰哉編著、一九九五『マインド・コントロールから逃れて――オウム真理教脱会者たちの体験』恒友出版。

武田頼政、二〇〇四「オウム幹部　死刑の淵から届いた二〇〇通の手紙」『現代』四月号、一五六―一六四頁。

棚村政行、一九九六「アメリカにおける宗教団体の法律問題」小野幸二教授還暦記念論集刊行委員会『二一世紀の民法』法学書院、七五〇―七八三頁。

棚村政行、二〇〇一「家族による保護説得活動とその法的限界」『早稲田法学』七七巻一号、一―五〇頁。

茶本繁正、一九七八『原理運動の研究』晩聲社。

茶本繁正、一九七九『原理運動の実態』三一書房。

茶本繁正、一九八七『原理運動の研究　資料編Ⅰ・Ⅱ』晩聲社。

塚田穂高、二〇一一「事件前の「オウム論」書籍と学術研究」井上順孝・宗教情報リサーチセンター編『情報時代のオウム真理教』春秋社。

辻由美、一九九八『カルト教団太陽寺院事件』みすず書房。

対馬路人・西山茂・島薗進・白水寛子、一九七九「新宗教における生命主義的救済観」『思想』六六五号、九二―一一五頁。

弟子丸元紀、二〇〇四「PTSDについて――被害者Aさんの状態」『福音と世界　特集「セクハラ裁判」が問うこと』六月号、二八―三三頁。

寺田喜朗、二〇〇三「内在的理解の方法的地平とは何か――島薗進の中山みき研究再考」『年報社会科学基礎論研究』三号、一五〇―一六六頁。

内藤莞爾、一九四一「宗教と経済倫理――浄土真宗と近江商人」『社会学』八号、二四三―二八六頁。

永井美紀子、一九九三「新宗教における修養性と呪術性――真如苑を事例として」『年報　社会学論集』六号、一六七―一七八頁。

永井美紀子、二〇〇五「書評　『霊能のリアリティへ――社会学、真如苑に入る』」『宗教と社会』一一号、一四四―一五〇頁。

中沢新一、一九八一『虹の階梯――チベット密教の瞑想修行』（ラマ・ケツン・サンポとの共著）、平河出版社。

中沢新一、一九八九『クレア』一二月号（「オウムは反社会的かもしれないが、あらゆる宗教で反社会的でない宗教はない」）、『週刊SPA!』一二月六日号（「狂気がなければ宗教じゃない」

「神秘体験は本物」「オウムの主張は基本的に間違っていない」)、『週刊ポスト』一二月八日号(「オウム真理教のどこが悪いのか」「顔に似合わずとても高度なことを考えている人」)等。

中沢新一、一九九五a「宗教学者・中沢新一は死んだ！」『週刊プレイボーイ』四月二五日号。

中沢新一、一九九五b「「尊師」のニヒリズム」『イマーゴ　オウム真理教の深層』青土社、二五四—二七七頁。

中野毅、二〇〇〇「EU統合とセクト・カルト政策の展開」新宗教研究会例会口頭発表資料。

中野毅、二〇〇二『宗教の復権——グローバリゼーション・カルト論争・ナショナリズム』東京堂出版。

中村敦夫、一九九四『狙われた羊』文藝春秋。

南山宗教文化研究所編、二〇〇二『宗教と社会問題の間——カルト問題を考える』青弓社。

西田公昭、一九九五『マインド・コントロールとは何か』紀伊國屋書店。

西田公昭・黒田文月、二〇〇三「破壊的カルト脱会後の心理的問題についての検討——脱会後の経過期間及びカウンセリングの効果」『社会心理学研究』一八巻三号、一九二—二〇三頁。

西山茂、二〇〇五「日本の新宗教研究と宗教社会学の百年」『宗教研究』三四三号、一九五—二二六頁。

日本社会学会、二〇〇三「特集　社会調査——その困難をこえて」『社会学評論』五三巻四号。

日本弁護士連合会、一九九九『宗教トラブルの予防・救済の手引』教育史料出版会。

沼尻正之、二〇〇二「宗教市場理論の射程」『社会学評論』五三巻二号、八五—一〇一頁。

野口裕二、二〇〇二『物語としてのケア』医学書院。

野宮大志郎編、二〇〇二『社会運動と文化』ミネルヴァ書房。

芳賀学、一九九六「現代新宗教における体験談の変容――真如苑青年部弁論大会を事例として」『上智大学社会学論集』二一号、一―二三頁。

芳賀学・菊池裕生、二〇〇六『仏のまなざし、読みかえられる自己――回心のミクロ社会学』ハーベスト社。

間宏、一九六三『日本的経営の系譜』日本能率協会。

花崎皋平・川本隆史、一九九八「自己決定権とは何か」『現代思想』七月号、四四―五六頁。

藤田庄市、二〇〇四「彼はなぜ凶悪犯罪を実行したのか」『世界』四月号、二六六―二七七頁。

藤田庄市、二〇〇八『宗教事件の内側――精神を呪縛される人びと』岩波書店。

藤田尚則、一九九四「アメリカ合衆国における「新宗教運動」をめぐる法的諸問題」宗教法学会『宗教法』一三号、一一九―一五六頁。

藤本龍児、二〇〇九『アメリカの公共宗教――多元社会における精神性』NTT出版。

古野清人、一九四五『高砂族の祭儀生活』三省堂出版創立事務局。

前川理子、二〇〇〇「宗教活動の自由と市民の人権をめぐる現代の衝突――「反社会的な宗教活動」に関する日弁連の意見書をめぐって」『国際宗教研究所ニュースレター』二八号。

増田善彦、一九九六『「マインド・コントロール理論」その虚構の正体――知られざる宗教破壊運動の構図』光言社。

松嶌明夫、二〇〇六「近代フランスにおける公認宗教体制と宗教的多元性」深沢克己・高山博編『信仰と他者――寛容のヨーロッパ宗教社会史』東京大学出版会、二六一―二九七頁。

水野謙、二〇〇〇『因果関係概念の意義と限界――不法行為帰責論の再構成のために』有斐閣。

三土修平、一九八七『水ぶくれ真如苑――急成長の秘密と欺瞞の構図』ＡＡ出版。

室生忠編、二〇一二『大学の宗教迫害――信教の自由と人権について』日新報道。

森達也・鵜飼哲、二〇〇四「死刑文化からの抜け道を求めて」『現代思想』三月号、二六―四三頁。

森岡清美、一九七八『真宗教団における家の構造』御茶の水書房。

安丸良夫、一九七四『日本の近代化と民衆思想』青木書店。

山折哲雄、一九九六「日本宗教の世俗化と「オウム真理教」」国際日本文化研究センター『日本文化と宗教』。

山折哲雄他、一九九二『別冊太陽77　輪廻転生』平凡社。

山口広、一九九三『検証・統一協会――霊感商法の実態』緑風出版。

山口広、二〇〇一「「宗教」被害の救済の現状と日弁連「判断基準」」『自由と正義』五二号、七四―八七頁。

山口広・中村周而・平田広志・紀藤正樹、二〇〇〇『カルト宗教のトラブル対策』教育史料出版会。

山﨑浩子、一九九四『愛が偽りに終るとき』文藝春秋。

弓山達也、二〇〇二「現代宗教研究の明暗」南山宗教文化研究所編『宗教と社会問題の間――カルト問題を考える』青弓社、六七―七五頁。

横山真佳、一九七八「真如苑」梅原正紀・小野泰博・横山真佳他著『新宗教の世界Ⅲ』大蔵出版、九五―一四五頁。

吉田克己、一九九九『現代市民社会と民法学』日本評論社。

米本和広、二〇〇四「書かれざる「宗教監禁」の恐怖と悲劇」『現代』一一月号、二八四―三〇三頁。

米本和広、二〇〇八『我らの不快な隣人――統一教会から「救出」されたある女性信者の悲劇』情報センター出版局。

渡辺脩、二〇〇四『麻原を死刑にして、それで済むのか?』三五館。

渡辺雅子、二〇〇一『ブラジル日系新宗教の展開――異文化布教の課題と実践』東信堂。

渡辺雅子、二〇〇七『現代日本新宗教論――入信過程と自己形成の視点から』御茶の水書房。

渡辺学、一九九八「カルト論への一視点――アメリカのマインド・コントロール論争」『中外日報』一二月一五日、一七日。

渡辺学、二〇〇二「島田裕巳著『オウム――なぜ宗教はテロリズムを生んだのか――』」『宗教研究』三三二号、一七八―一八七頁。

渡辺学、二〇〇三「脱会者の研究をめぐって」『宗教哲学研究』二〇号、一一―一四頁。

あとがき

二〇二二年七月八日の安倍元首相殺害事件から二ヶ月余りで、拙共著『統一教会――韓日祝福と日本宣教の戦略』（二〇一〇年初刷、二〇一二年三刷）と拙著『カルト問題と公共性――裁判・メディア・宗教研究はどう論じたか』（二〇一四年初刷）の在庫が北海道大学出版会からなくなった。前著には事件に対する考察を加えて四刷を刊行したが、後著は増刷できないので品切れになった。

しかし、筆者を取材する新聞記者の中にはネットの古書店で書籍を求め、事前に問題を整理してから取材に臨む人もいた。なかには、統一教会信者の入信・回心のプロセスや資金調達活動の組織戦略に迫り、その社会問題性を描き出すために、統一教会問題をカルト問題として一般化したうえで人権や公共の福祉という観点から批判できないかと記事の構想を語る人もいた。こうした取材を受けるたびに、旧著の『カルト問題と公共性』に目を通してもらう必要性を痛感した。

とりわけ、文部科学省における統一教会に対する質問権の行使や解散命令の請求といった行政的対応と、法人による不当寄附勧誘防止法の制定が論議される際、宗教活動やカルト的活動の規制には、宗教と国家にかかわる広範な議論が蓄積されていることを念頭においてほしかった。宗教をめぐる議論が消費者庁において消費者保護の観点からなされていることも気になった。宗教研究者はこうした法案の策定に関与を求められなかった。実際、二ヶ月あまりの短期日のうちに、与野党で統一教会に対する強制的処分と規制の法案が検討され、会期末に合わせて質問権の行使と法人による不当寄附勧誘防止法の制定、および宗教的虐待防止のガイドラインが厚生労働省から出されたのである。

私は、二〇二二年一〇月二四日に二四名の宗教研究者有志と共に「旧統一教会に対する宗務行政の適切な対応を要望する声明」を出し、二八日に東京地方裁判所の司法記者クラブにて島薗進東京大学名誉教授と一緒に記者会見を行った。声明の趣旨は、①統一教会による正体を隠した勧誘は「信教の自由」を侵害し、一般市民や信者の家計を逼迫させ破産に追いこむほどの献金要請は公共の福祉に反し、②市民として、こうした人権侵害に対して教団としての責任を認めてこなかったことを容認しがたいので、③日本の大学や研究機関において長らく宗教研究や宗教学等の教育に携わってきた者としても、統一教会問題に対する行政的対応の迅速かつ適切な遂行を求めたいというものだった。

こうした声明を出したうえで、あらためて宗教法人法に基づいて質問権の行使と宗教法人審議会における公正な検討と、統一教会被害者及び二世信者支援の施策を求めたのである。デュープロセス（司法手続きの適切性と公平性）を強調しなければならなかったのは、約三十年間統一教会にほとんど関心を示してこなかったマスメディアが、突如統一教会批判を始め、情報番組が連日統一教会の諸問題を暴露し、世論も統一教会へのサンクションに流れる急展開ぶりに宗教研究者が懸念を強めたからでもある。カルト問題は当該教団への集中豪雨的な批判や法的規制だけで解決できるものではない。地道な社会問題の析出と関係する専門家や当事者との連係作業で一つ一つ解決していくしかないのである。首相の英断や政治家の本気度などで解決が図られるというメディアや世論の盛り上がりには、戦前の恣意的な権力行使による宗教弾圧も想い出され、宗教界や一般市民が警戒すべきことと思われた。

案の定、法人による不当寄附勧誘防止法の制定後、統一教会の金銭的被害や精神的被害の救済や二世信者支援などが緒につく前に、二〇二三年の年明けからメディアは統一教会報道を急速にクールダウンさせた。これまでの洪水のような統一教会情報を整理し、カルト問題とは結局のところどういう社会問題なのかを整理する役割が研究者に託された。

年末に別の本（櫻井義秀・猪瀬優理編『創価学会——政治宗教の成功と隘路』二〇二三年四月

刊行予定）で法藏館の今西智久氏と打ち合わせを行った際に、『カルト問題と公共性』の再刊に向けた私の問題意識などを伝えたところ、法藏館文庫のラインナップに加えてもらえる可能性が出てきた。そこで、北海道大学出版会と法藏館との間で版権の協議をしてもらい、私が『カルト問題と公共性』からオウム真理教に関する論考の二章と宗教社会学研究の一章の計三章を割愛して、再版に寄せたまえがきとあとがきを増補することで新しい書籍を刊行する計画ができあがった。

私は北海道大学出版会の理事長を長年務め、学術書の刊行や重版の難しさを痛感してきた。再販制のもとでは、八年前に刊行した本を重版する場合でも原則的には同じ体裁と価格を維持しなければならない。紙代他の原材料価格や諸経費が上がっているのに同じ価格で少部数を印刷すれば赤字になり、さりとて増刷部数を大幅に増やして薄い粗利を部数で回収するほど販売能力もない。北海道大学出版会としては学術出版の刊行という当初の目的を果たしたので、あとは宗教系書籍の専門店として評価の高い法藏館に学術コンテンツを委ねる判断をした。文庫の体裁で再版できることは願ってもないことである。

本書が、統一教会問題を含め日本のカルト問題の解決に貢献できることを期待してあとがきとしたい。

二〇二三年二月二三日

櫻井義秀

初出一覧

本書は、既発表論文に加筆修正を加えた章と書き下ろしの章によって構成されている。大半の章に資料の補充を行い、本書全体の構想に合わせて分析や考察を改めた。念のために、初出論文と本書の異同を確認できるよう初出一覧を掲げておく。

第一章　カルト論の射程
「カルト論の現代的射程」『現代社会学研究』一七、二〇〇四年、一―一九頁。
第二章　カルト問題におけるフレーミングとナラティブ
「「カルト」問題における調査研究の諸問題――フレーミングとナラティブをめぐって」『年報社会科学基礎論研究』四号、二〇〇五年、五七―七五頁。
第三章　カルトと宗教のあいだ
「「宗教」と「カルト」のあいだ」『宗教研究』三六一号、二〇〇九年、一六五―一九〇頁。
第四章　マスメディアによるカルト、マインド・コントロール概念の構築
「マインド・コントロール言説と情報化社会」櫻井義秀編『科学研究費報告書　現代宗教への視角をめぐって――新宗教教団の形成過程と地域社会変動』一九九七年、九―二〇頁。
第五章　「宗教被害」と人権・自己決定
「「宗教被害」と人権・自己決定をめぐる問題――統一教会関連の裁判を中心に」『現代社会学研

究』一五巻、二〇〇二年、六三―八一頁。
第六章　強制的説得と不法行為責任
「「マインド・コントロール」論争と裁判――「強制的説得」と「不法行為責任」をめぐって」
『北海道大学大学院文学研究科紀要』一〇九、二〇〇三年、五九―一七五頁。
第七章　カルト問題と公共性
書き下ろし

櫻井義秀（さくらい　よしひで）

1961年，山形県出身。北海道大学大学院文学研究科博士課程中退。博士（文学）。現在，北海道大学大学院文学研究科教授。専門は宗教社会学，タイ地域研究，東アジア宗教文化論。著書に『霊と金——スピリチュアル・ビジネスの構造』（新潮社，2009年），『統一教会——日本宣教の戦略と韓日祝福』（共著，北海道大学出版会，2010年，2022年増補第四版），『カルトからの回復——心のレジリアンス』（編著，北海道大学出版会，2015年），『人口減少社会と寺院——ソーシャル・キャピタルの視座から』（共編，法藏館，2016年），『しあわせの宗教学——ウェルビーイング研究の視座から』（編著，法藏館，2018年），『東アジア宗教のかたち——比較宗教社会学への招待』（法藏館，2022年），『統一教会——性・カネ・恨から実像に迫る』（中公新書，2023年），『創価学会——政治宗教の成功と隘路』（共編，法藏館，2023年）などがある。

信仰《しんこう》か、マインド・コントロールか
カルト論《ろん》の構図《こうず》

二〇二三年五月一五日　初版第一刷発行

著　者　櫻井義秀
発行者　西村明高
発行所　株式会社法藏館
京都市下京区正面通烏丸東入
郵便番号　六〇〇-八一五三
電話　〇七五-三四三-〇〇三〇（編集）
〇七五-三四三-五六五六（営業）

装幀者　熊谷博人
印刷・製本　中村印刷株式会社

ISBN 978-4-8318-2647-3 C1114

法蔵館文庫既刊より

価格税別

し-1-1
ポストモダンの新宗教
現代日本の精神状況の底流
島薗進著
一九七〇年代以降に誕生・発展した「新新宗教」の特徴を読み解き、「新新宗教」を日本・世界の宗教状況とリンクさせることで、現代宗教論に一つの展望を与えた画期的試み。
1200円

や-2-1
〈方法〉としての思想史
安丸良夫著
安丸史学が対峙し、目指したものとは――。自身の研究や経験を回顧した論考・時評等を中心に収め、その思想的格闘の軌跡を示した歴史学徒必読の名著。解説＝谷川　穣
1300円

ア-2-1
英国の仏教発見
フィリップ・C・アーモンド著
奥山倫明訳
19世紀の英国人らによる仏教表象を分析し、西洋近代において、仏教が称賛や蔑視を交えながら「創造」されていく過程を、オリエンタリズムと宗教をめぐる観点から解明。
1300円

か-1-2
改訂 祇園祭と戦国京都
河内将芳著
創作物を通じて戦国期の祇園祭に託された「権力に抵抗する民衆の祭」というイメージは実態に合うものなのか。イメージと史実を比較し、中世都市祭礼・祇園祭の実像に迫る。
1000円

ブ-1-1
儀礼と権力　天皇の明治維新
ジョン・ブリーン著
日本の「近代」創出に天皇がはたした身体的役割とは何か。天皇はいかにして「神話の体現者」となったのか。従来とは異なる儀礼論的アプローチから迫ったユニークな試み。
1300円

も-1-1

梁の武帝
仏教王朝の悲劇

森三樹三郎著

皇帝菩薩と呼ばれた武帝の餓死、王朝の滅亡は、仏教溺信が招いた悲劇だったのか。類い稀な皇帝のドラマチックな生涯とその時代の精神を描出した不朽の傑作。解説＝船山　徹

1000円

む-1-1

天平芸術の工房

武者小路穣著

正倉院や東大寺をはじめとする花やかな天平芸術の創造にたずさわった工人たちの盛衰を明らかにしていくなかで、古代国家の文化の形成基盤の全体像を考察。解説＝山岸公基

1200円

た-3-1

改訂 歴史のなかに見る親鸞

平　雅行著

数少ない確実な史料を緻密に検証することで、歴史研究者として親鸞の事蹟の真偽を究明する一方、民衆の苦難と自らの思想信条とのはざまで悩み苦しむ親鸞の姿をも描きだす。

1100円

す-1-1

東洋の合理思想

末木剛博著

インド仏教、中国仏教、中国古典に形式論理を見いだし、西洋思想とは異なる、非自我的な「楕円思考」を東洋の合理思想の根幹として解明する。野矢茂樹氏の解説も再録。

1200円

か-3-1

増補 菩薩ということ

梶山雄一著

迷いと悟りの世界を生きる菩薩の存在は、大乗仏教の真髄である。大乗仏教がめざした人間像を探究しつづけた著者が最終的に到達した菩薩像と、その生き方とは。解説＝桂紹隆

1000円

キ-2-1

ウィトゲンシュタイン・文法・神

アラン・キートリー著
星川啓慈訳

ウィトゲンシュタインの「文法」概念を宗教研究に応用し、自然主義・相対主義・還元主義をのりこえる視点を提供。そして「本物の宗教」に迫らんとする、宗教哲学の好著。

1200円

か-4-1

死と運命

中国古代の思索

金谷治著

「この_のっぴきならない生命とはいったい何なのか」。孔孟、老荘、荀子等の言葉をてがかりに、中国古代における死、運命、欲望に関する思索を討尋する。解説＝中嶋隆藏

1100円

よ-1-1

劉裕

江南の英雄　宋の武帝

吉川忠夫著

劉裕は微賤な武人に生まれながらも、卓越した行動力と徹底した現実主義によって皇帝となった。だが、即位後その生彩に翳りが——。南朝の権力機構の本質を明らかにする好著。

1000円

か-5-1

一遍語録を読む

金井清光
梅谷繁樹著

一切を捨てた「捨聖」一遍。その思想的背景と生涯を法語から読み解き、巻末では一遍の和讃「別願和讃」を『節用集』『日葡辞書』などを駆使して詳論する。解説＝長澤昌幸

1200円

な-1-2

祭祀と供犠

日本人の自然観・動物観

中村生雄著

動物を「神への捧げもの」とする西洋の供犠との対比から、日本の供養の文化を論じ、殺生・肉食の禁止と宗教との関わりに新たな光を当てた名著が文庫化。解説＝赤坂憲雄

1500円

さ-4-1

ラジオの戦争責任

坂本慎一著

戦前最強の「扇動者」、ラジオ。その歴史を五人の人物伝から繙き、国民が戦争を支持し、また玉音放送によって瞬く間に終戦を受け入れるに至った日本特有の事情を炙り出す。

900円

は-1-1

明治維新と宗教

羽賀祥二著

近代「神道」の形成と特質を仏教までも含んだ俯瞰的な視野から考察し、「国家神道」に止まらない近代「神道」の姿をダイナミックに描いた、日本近代史の必読文献。

1800円

と-1-1

文物に現れた北朝隋唐の仏教

礪波護著

隋唐時代、政治・社会は仏教に対していかに関わり、仏教はどのように変容したのか。文物を含む多彩な史料を用いスリリングに展開される諸論は隋唐時代のイメージを刷新する。

1200円

こ-1-1

神々の精神史

小松和彦著

カミを語ることは日本人の精神の歴史を語ること。竈神や座敷ワラシ。酒呑童子、ものくさ太郎に、山中の隠れ里伝承など、日本文化の深層に迫った妖怪学第一人者の処女論文集。

1400円

み-1-1

江戸のはやり神

宮田登著

お稲荷さん、七福神、エエジャナイカ——民衆の関心で爆発的に流行し、不要になれば棄てられた神仏。多様な事例から特徴を解明し、背景にある日本人の心理や宗教意識に迫る。

1200円

さ-5-1

信仰か、マインド・コントロールか
カルト論の構図

櫻井義秀著

社会はカルトやマインド・コントロールの問題にどう対処すべきか。九〇年代以降のメディアや裁判記録などの分析を通じて、これらの問題を考えるための基礎的理論を提示する。

1100円

う-1-1

日蓮の女性観

植木雅俊著

仏教は女性蔑視の宗教なのか？ 仏教史における男性観、女性観の変遷、『法華経』における提婆達多と龍女の即身成仏を通して検証し、また男性原理と女性原理について考える。

1300円